体育与健康

主　编　郭国富　顿文军

编　者　陈　平　樊　华　柴建成　韩燊城

　　　　詹雪锋　涂建军　于　坤

清华大学出版社

北京

内 容 简 介

本书立足职业院校体育教学的实际编写，是多年从事一线教学的教师团队丰富教学经验的总结。它针对传统体育教学中存在的不足，进行了细致的研讨和审慎的修正，较好地协调了内容的理论性、知识性、通俗性、趣味性。全书分理论知识、运动技能和休闲体育运动三篇，共 18 章，内容包括：体育与健康概述、体育与健康基础知识、体育医疗；篮球、排球、足球、乒乓球、羽毛球、网球、游泳、体操与健美、田径、武术各项运动；健身健美、康乐游戏、运动竞赛、养生保健和探险拓展 5 类休闲体育运动。

本书内容翔实、栏目丰富，既可作为高等职业院校、高等专科学校和成人高等学校的体育教材，也可作为中等职业学校的体育教材，还可作为相关人员自学和体育教师的参考用书。

图书在版编目（CIP）数据

体育与健康 / 郭国富，顿文军主编.

北京 : 清华大学出版社, 2025. 5.

ISBN 978-7-302-69081-8

Ⅰ. G807.4；G717.9

中国国家版本馆 CIP 数据核字第 2025ZX3747 号

责任编辑：贾旭龙
封面设计：秦　丽
版式设计：楠竹文化
责任校对：范文芳
责任印制：丛怀宇

出版发行：清华大学出版社

　　　　　网　　　址：https://www.tup.com.cn，https://www.wqxuetang.com
　　　　　地　　　址：北京清华大学学研大厦 A 座　　　　　邮　　编：100084
　　　　　社 总 机：010-83470000　　　　　邮　　购：010-62786544
　　　　　投稿与读者服务：010-62776969，c-service@tup.tsinghua.edu.cn
　　　　　质量反馈：010-62772015，zhiliang@tup.tsinghua.edu.cn

印 装 者：三河市人民印务有限公司
经　　销：全国新华书店
开　　本：185 mm×260 mm　　　　印　　张：19.5　　　　字　　数：400 千字
版　　次：2025 年 6 月第 1 版　　　　印　　次：2025 年 6 月第 1 次印刷
定　　价：68.00 元

产品编号：104034-01

前 言

Preface

党的二十大报告提出，"广泛开展全民健身活动，加强青少年体育工作，促进群众体育和竞技体育全面发展，加快建设体育强国。"本书在编写过程中坚决贯彻党的二十大精神，以学生的全面发展为培养目标，针对当代青少年学生的年龄、心理和生理特征以及健康状况编写而成。

全书从教学实际出发，遵循教育规律和青少年学生身心特点，汲取和借鉴体育学科最新研究成果，内容新颖、通俗易懂、简单易学、图文并茂，适合作为职业院校学生公共体育课教材。

本书面向职业院校学生，遵循"够用、适用"的原则，在教学内容和练习方法上具有以下特点。

（1）"健康第一"的指导思想。把"健康第一"作为选编教学内容的基本出发点，增加了健康教育、健康生活方式和休闲体育运动等内容，重视课程的文化含量。

（2）实用性强。根据职业院校学生的特点，选编的内容力求少而精，讲究实效，并注意与中学教材的衔接。

（3）结构合理。教材体系的安排符合学生的认知规律，有助于学生学习。根据本书的特性和以往职业院校体育教材教学所取得的经验，本书较多地使用了图表，减少枯燥的文字讲解，适当地进行了"直观化""图表化""模块化"设计，以方便学生的学习和教师的教学。

（4）课程思政深度融入。结合爱国主义、诚信、友善、进取、奉献、坚韧、团结协作等核心价值观，引导学生树立"热爱体育、坚持运动、健康生活"的理念。通过与时俱进的课程思政案例，本书将教育元素融入教学全过程。

本书由湖北信息工程学校郭国富、顿文军主编，参加编写的人员还有沙洋县职业技术教育中心陈平、韩燊城，沙洋县后港中学詹雪锋，湖北信息工程学校樊华、柴建成、涂建军，荆门职业学院于坤教师。

本书在编写过程中参阅和借鉴了国内外的体育教材和同行的研究成果，在此一并表示衷心的感谢。由于编者水平所限，书中不足之处在所难免，敬请专家与读者批评指正。

编者

2025 年 1 月

目 录
Contents

第一篇　理论知识篇

体育是人类社会一种特有的文化现象，其历史源远流长。在原始社会，体育表现为人类为了生存而与自然界进行的各种斗争。现在，体育已经成为人们锻炼身体、增强体质、娱乐身心的重要手段，被赋予了更多的人文色彩，其内容也得到了极大的充实。

随着我国体育事业的发展，作为祖国未来的青少年学生更应该掌握体育基础知识，养成终身参与体育锻炼的好习惯。

中国田径协会正式发布了《2023中国田径大众达标系列赛赛历（1—6月）》，半年时间里，共举办了59场赛事，遍布全国39个城市，参赛人次超4.5万，覆盖人群达千万。该系列赛为大众搭建了一个兼具达标与娱乐的健身平台，吸引了更多人从观赏者转变为参与者，深入推广了全民健身的理念。

第一章　体育与健康概述

第二章　体育与健康基础知识

第三章　体育医疗

第一章　体育与健康概述

本章导语

在人类的历史长河中，人的一生是宝贵而短暂的。如何度过这有限的年华，每个人自然都会有自己美好的理想与愿望。当人类跨入21世纪，随着知识的密集和科学技术的迅猛发展，传统观念的更新和生产节奏的加快，脑力劳动强度和竞争压力也与日俱增。在这样一个充满竞争和挑战的时代，如果没有健康的体魄和敢于挑战困难、战胜困难的良好心理素质，以及快速适应社会的能力，就很难适应社会发展的要求。

青少年学生正处于青春期，是人生走向成熟的阶段。在这个阶段，青少年不仅处于机体成长、成熟的关键期，也处于心理成熟的关键时期。因此，在此阶段促进青少年的身体全方位地健康成长并形成健康的观念和生活方式是一件不可忽视的大事。

第一节　体育

虽然体育的历史十分悠久，但是"体育"这个词的出现比较晚。在古希腊，体育活动包括当时进行的所有身体操练，那时往往用"体操"来表示。在我国古代则用导引术、养生术、武术等名词来标记有明确锻炼、防御目的的身体活动。

一、体育的概念

体育也称体育运动，是指人们根据生产和生活的需要，遵循人体的生长发育规律和身体活动规律，以身体练习为基本手段，结合日光、空气、水等自然因素和卫生措施，以达到增强体质、提高运动技术水平、丰富社会文化娱乐生活为目的的一种社会活动，是社会文化教育的组成部分，受一定社会政治和经济的制约。

随着国际交往的扩大，体育事业发展的规模和水平已是衡量一个国家、社会发展进步的一项重要标志，也成为国家之间外交及文化交流的重要手段。

二、体育的种类

体育可分为学校体育、竞技体育和社会体育等种类，包括体育文化、体育教育、体育活动、体育竞赛、体育设施、体育组织和体育科学技术等诸多要素。

1. 学校体育

学校体育也称体育教育，是学校教育的重要组成部分，也是国民体育的基础。作为教育和体育的交叉点和接合部，学校体育是国家体育事业发展的战略重点。为了达到教育、教养及身体发展的总目标，不同层次的学校体育按不同教育阶段和年龄特征，通过体育课程、课余体育训练及课外体育活动这三种基本组织形式，围绕"增强体质"这一核心，全面落实学校体育的各项任务，并与其他教育环节共同构成一个完整的教育过程，使学生在德、智、体、美等方面得到全面发展。

现代学校体育既要注重增强体质的近期效益，又要着眼于将来学生对"享受"和"发展"的需要，即重视包括生理、心理及社会等综合效果。为此，学校体育在充分注重体现现代体育主要特征的基础上，还必须拓宽体育的社会渠道，满足个人的体育兴趣和爱好，启发主动参与体育的意识，讲究体育锻炼的科学性，不断提高体育欣赏水平，并创造条件为国家输送和培养竞技体育人才，以适应当代社会和青年对精神、文化生活日益增长的需要。

学校体育的发展水平已成为大众体育普及水平的重要标志。同时，学生在学校体育教育中所养成的观念、能力和习惯，将有助于他们在踏入社会后，成为大众体育的生力军，从而极大地推动大众体育的发展。

2. 竞技体育

竞技体育也称竞技运动，是在全面发展身体素质的基础上，最大限度地挖掘体力、智力与运动才能，以取得优异运动成绩及追求"更快、更高、更强"为目标而进行的科学训练和各种竞赛活动。竞技体育在现代奥林匹克运动会（以下简称奥运会）的推动下，现已有 50 多种用于奥运会的运动项目，设有相应的国际体育组织和单项运动协会。随着竞技水平的不断提高，为应付日趋激烈的赛场竞争，广泛采用先进的科学训练方法和手段，以探索人类运动的极限。

知识窗 ———

马拉松（Marathon）长跑是国际上非常普及的长跑比赛项目，全程距离 26 英里 385 码，换算为 42.195 km（也有说法为 42.193 km）。它分全程马拉松（full Marathon）、半程马拉松（half Marathon）和四分马拉松（quarter Marathon）。

《2023 中国田径协会路跑工作报告》显示，2023 年上半年全国共备案 133 场路跑赛事。

这类体育活动由于具有高超的竞技性和强烈的观赏性，能够广泛吸引观众，因此作为一种极具感染力且易于传播的精神力量，在丰富社会文化生活、弘扬民族精神、提升国际影响力以及增进各国人民友谊与团结等方面，发挥着独特的社会教育功能。

3. 社会体育

社会体育也称大众体育，是指以健身、娱乐、休闲、医疗和康复为目的的体育活动。社会体育吸引的对象主要为一般民众，活动领域遍及家庭乃至整个社会，因此可以被称为活动内容最广、表现形式最新、趣味性最强、参加人数最多的一项群众性体育活动。社会体育作为学校体育的延伸，可使人们的体育生涯得以继续维持。

社会体育开展的广泛性和社会化程度，取决于国家经济的繁荣、生活水平的提高、余暇时间的增多及社会环境的安定等。从世界发展趋势来看，作为现代体育发展的重要标志，其普及程度及重要性都大于竞技体育。

知识窗

　　广场舞是深受广大群众喜爱的一项文化体育活动，尤其在中老年女性中普及率较高。

　　广场舞源于社会生活，是由人民群众自发创作的舞蹈形式。经过多年发展，广场舞已经成为具有鲜明特色的民间艺术，深深融入社会生活。

三、体育的属性

体育兼具社会科学与自然科学属性，属于综合科学，体现了社会属性与自然属性的统一。体育科学以社会中的体育现象和参与运动的人为研究对象，运用多学科的理论知识和方法进行研究。根据现代科学技术的分类，体育科学体系一般分为基础科学、应用科学和技术科学三个层次。

将体育作为一门科学进行研究始于 20 世纪初，而对其科学体系的系统探讨则是近年来的事。体育科学的研究范围广泛，包括研究人的生长、发育和发展，发掘人的潜能，并涉及众多社会科学和自然科学领域。具体而言，体育科学涉及哲学、史学、经济学、管理学、社会学、教育学等社会科学，以及生理学、解剖学、运动医学、心理学、生物化学、生物力学、统计学等自然科学，甚至还包括一些相关的边缘科学。作为一门新兴学科，体育科学正是在多学科交叉融合的基础上发展起来的。

四、体育课程的性质

体育课程是以身体练习为主要手段，以体育与健康知识、技能和方法为主要学习内容，以提升学生体育素养水平、增进学生身心健康为主要目标的课程。体育课程是各级各类学校课程体系的重要组成部分，对落实学校教育立德树人的根本任务具有重要的支撑作用。它具有基础性、实践性、健身性、选择性和综合性等特征。

1. **基础性**

体育课程的基础性是基于课程学习与学生未来生活之间的联系而言的。学校生活只是人生成长的一个阶段，任何人最终都要从学校生活走入社会生活。学生在学校生活中习得的知识与积累的经验都是为今后适应社会生活做准备。这种准备的过程通常被称为"打基础"。这个意义上，体育课程为学生在未来社会生活中的体育参与起到了奠基的作用。教育部颁布的《义务教育体育与健康课程标准（2022年版）》和《普通高中体育与健康课程标准（2017年版，2020年修订）》都对体育课程的这一性质进行了强调，具体而言：义务教育体育与健康课程"强调培养学生掌握必要的体育与健康知识、技能和方法，养成体育锻炼习惯和健康的生活习惯，为学生终身体育学习和健康生活奠定良好的基础。"高中体育与健康课程"强调在义务教育基础上进一步全面提高学生的学科核心素养，为学生终身体育锻炼和保持健康奠定坚实的基础。"理解体育课程的基础性，有助于从生命成长周期的全过程去思考学生对体育课程的需要问题，进而为制定更符合学生成长需要的体育课程提供导向。

2. **实践性**

体育课程的实践性是基于其学习方式与学校其他课程特别是智育课程的区别而言的。众所周知，在诸如语文、数学等典型的智育课程学习中，学生主要是以内隐的理论性思维为学习手段，其参与过程不需要有对身体产生较强刺激的身体活动。体育课程则不同，其学习过程主要是在身体练习的场景下进行的。身体练习不仅是掌握体育课程特有知识——运动技能的学习途径，也是支撑课程的健康目标达成、体育品德养成的学习途径。在体育的语境内，身体练习实际上就是对各种体育动作形式的实践过程。可以说，没有明显的基于体育动作的身体练习实践，体育课程就不可能真实地存在。因此，在国家颁布的课程标准中明确指出，体育与健康课程"强调以身体练习为主要手段，关注学生通过适宜的运动负荷和方法进行体能练习和运动技能学习"，"通过体育与健康学习、体育锻炼以及行为养成，提高学生的体育与健康实践能力"。对于学校体育工作者来说，理解体育课程的实践性十分重要，否则体育课程在具体的实施中就很可能失去"体育"的意蕴。

3. **健身性**

体育是人类进行身体完善、身体发展的重要教育形式，体育课程为生命发展提供了能量支持。体育课程通过一系列有规律的身体运动方式，使人的身体在运动负荷下发挥自身生命潜能，进而实现身体从"有序"到"混沌"再到新的"有序"状态。体育课程对人身体的这一作用过程就是其"健身性"的体现。从价值的层面来看，体育课程的健身性是其独特育人价值的集中体现。此外，体育课程的健身性也是对其实践性的进一步规定。这意味着体育课程在突出以身体练习为手段的同时，还要考虑身体练习具有一定的负荷要求。在《义务教育体育与健康课程标准（2022年版）》中，这一要求表达为："课程强调在学习体育与健康知识、技能和方法的过程中，通过适宜负荷的身体练习，提高体能和运动技能水平，促进学生健康成长。"需要说明的是，对义务教育阶段体育课程的这一规定其实是适用于大、中、小学所有学段体育课程的。理解体育课程的健身性，对于在体育课程的构建与实施中，切实体现"健康第一"的学校体育指导思想具有重要的引导作用。

4. 选择性

作为一种知识形态，运动技能是体育课程知识体系中特有的知识，这种知识因其所关联的项目不同，又具有多种自成体系的类别，例如，田径运动技能、体操运动技能、游泳运动技能、篮球运动技能等。根据 2006 年国家体育总局《关于重新公布我国正式开展的体育运动项目的通知》，目前我国正式开展的体育运动项目除棋类和电子竞技外，有 78 个大类。很显然，在有限的课程时间内，学生是不可能对每一项运动技能都进行学习的。事实上，在最新实施的《普通高中体育与健康课程标准（2017 年版，2020 年修订）》中，仅要求高中阶段学生系统地学习 1～3 个运动项目。那么，作为学生个体，需要系统学习的 1～3 个运动项目该如何来确定呢？这主要取决于两个要素：一是学生所在学校能够开设的项目范围；二是在学校开设的范围内，学生最感兴趣的项目是什么。以此来看，所谓体育课程的选择性实际上是基于对学生作为学习主体地位的尊重而言的。换句话说，在体育课程的构建与实施中，应当把尊重学生的兴趣爱好作为一条重要的原则。因此，正确理解体育课程的选择性，对于学校体育教育工作者始终能从学生主体需要出发去规划课程具有重要的现实意义。

5. 综合性

体育课程的综合性反映在三个方面。一是课程自身的知识结构体系。众所周知，自 2001 年体育新课程改革后，原来的"体育课"逐步更名为"体育与健康课"。这一名称的改变，使得传统以运动技能为单一主线的课程知识体系变为以"运动技能"和"健康"两条主线的课程知识体系。体育课程的知识范围由此得以扩容，课程知识本身的综合性得到增强。二是课程对学习者的参与要求。前面在阐述体育课程的实践性和健身性特征时就讲过，体育课程的学习必须以具有一定负荷的身体练习为途径，这决定了体育课程的学习必须要有积极的身体参与。同时，运动技能及其相关知识的身体练习过程也始终伴随着思维判断和情绪体验。因此，对学习者来说，体育课程的学习参与是一种身心并行的综合性参与。三是课程的育人效益。课程的育人效益与课程自身的知识体系和实施途径密切相关。正因为体育课程在知识体系和实施途径上都具有很强的综合性特征，所以学生的身体、心理和社会适应能力都能在体育课程的学习中得到锻炼和发展。对学校体育教育工作者来说，正确理解体育课程的综合性对于从事体育课程的内容整合、途径选择和效果评价都具有十分重要的指引作用。

第二节 健康

世界卫生组织（WHO）前总干事马勒博士指出："健康并不代表一切，但丧失了健康就丧失了一切。"这充分说明了健康对于人的价值和重要性。人们对于健康的认识已上升到理性高度。

一、健康内涵的演变

传统的健康概念把"健康"简单定义为"机体处于正常运作状态，没有疾病"。通常我们确实把疾病看成机体受到干扰，导致功能下降，生活质量受到损害（主要由肉体疼痛引起）或早亡。以上对于健康的看法，在以往被社会广泛认可和接受。时至今日，随着社会和经济的发展，一般认为心理、社会适应能力甚至道德都对健康产生了深远的影响。

1946年，世界卫生组织成立时在它的宪章中提出健康的概念："健康乃是一种在身体上、心理上和社会上的完满状态，而不仅仅是没有疾病和虚弱的状态。"1990年，它对健康的阐述是：在躯体健康、心理健康、社会适应良好和道德健康四个方面皆健全。

面向未来，国际卫生机构和医学专家相继提出跨世纪卫生工作和人类健康的新的认识和理论。1994年6月，世界卫生组织亚太地区执委会提出了"健康新地平线"战略来迎接21世纪。其中明确提出，未来医学和卫生工作的侧重点应该是"以人为中心，以健康为中心。"而不是以疾病为中心，并且必须将重点放在有利于健康的工作上，作为人类发展的一部分。

二、健康内涵

世界卫生组织关于健康的概念指出：健康是由身体健康、心理健康和道德健康等方面组成的。因此，对于维护人体健康，上述几个方面缺一不可。现代医学认为，心理健康同生理健康同样重要。据医学专家测定，良好的心态，能促进人体分泌更多有益的激素，能增强机体的抗病能力，促进人体健康长寿。

1. 生理健康

生理健康是一种最基本的健康状况。借助规范的体检，人们可以通过各种物理和化学检测获得的数据来判断一个人生理上是否健康。现行的健康观念认为生理健康应该达到以下标准：精力充沛、不易生病、体重正常、睡眠良好、食欲旺盛、排便通畅、牙齿完整、眼睛明亮、皮肤柔润、体脉正常、性功能良好等。

要保证生理上的健康，至少需要从两个方面入手：一是不能做破坏生理健康的事，日常生活没有规律，个人生活习惯不好，如暴饮暴食、经常熬夜等都会使人的生理处于一种疲惫状态，从而对人的生理健康造成影响；二是要养成良好的习惯，使自己的身体处于一种长期的良好稳定状态。生理健康是人们正常生活和工作的基本保障。

2.心理健康

心理健康是指人的精神、情绪和意识方面的良好状态，包括智力发育正常，情绪稳定乐观，意志坚强，行为规范、协调，精力充沛，应变能力较强，能适应环境，能从容不迫地应付日常生活和工作压力，保持充沛的精力，乐于承担责任，人际关系协调，社会适应良好，能从容应付生活和工作的挑战。

社会适应良好是指能积极调整并适应社会环境以及有益或有害的刺激，避免长期处于封闭或压抑的状态。简单地说，保持良好的心态和有效的沟通很重要。

人的心理活动和人体的生理功能之间存在内在联系，良好的心理状态可以使生理功能处于最佳状态，促进人体健康。体育运动对人际适应性的影响不容小觑。人在进行体育运动时，既需要交往与合作，又存在相互竞争，正是在这种人际互动的过程中，人们提高了交往与合作能力。实践证明，经常参与体育运动，尤其是集体性的体育运动，有助于个体增强合作意识，也有助于个体培养团队精神。

特别需要指出的是，这种在体育运动过程中形成的交往、合作与竞争的意识和行为会迁移到日常生活、学习和工作中，使人们能够顺利地适应变化的人际环境，学会以豁达平和的心态对待成功与失败，以及以超然的心态和自我调控能力对待挫折与疾病，从而保持生理、心理平衡和良好的社会适应力。这些对青少年学生的成长成才至关重要。

3.道德健康

道德健康是健康新概念中的一项内容，主要指能够按照社会道德行为规范准则约束自己，并支配自己的思想和行为，有辨别真伪、善恶、美丑、荣辱的是非观念和能力。把道德纳入健康范畴有充分的科学依据。

据《论语·雍也》记载，孔子说："知者乐水，仁者乐山；……知者乐，仁者寿。"巴西著名医学家马丁斯研究发现，贪污受贿的人易患癌症、脑出血、心脏病和精神过敏症。品行端正、为人正直、心地善良、心胸坦荡的人，会心理平衡，有助于身心健康。相反，有违社会道德准则，胡作非为，则会导致心情紧张、恐惧等不良心态，最终有损健康。我们想一想就能明白，一个食不知味，夜不能寐的人，何谈健康！

知识窗

世界卫生组织提出衡量一个人是否健康的10个标准：

（1）精力充沛，能从容应对日常生活和工作的压力而不过分紧张；

（2）处事乐观，态度积极，乐于承担责任；

（3）善于休息，睡眠充足；

（4）应变力强，能适应社会、环境的各种变化；

（5）抵抗力强，能抵抗一般的传染病或其他疾病；

（6）身材匀称，体重适当，发育良好；

（7）眼睛明亮，反应敏捷；

（8）牙齿清洁，无痛无洞，牙龈红润，不出血；

（9）头发光泽，无头皮屑；

（10）肌肤有弹性，走路轻快。

三、亚健康

1. 亚健康的定义

世界卫生组织认为：亚健康状态是健康与疾病之间的临界状态，各种仪器及检验结果为阴性，但人体有各种各样的不适感觉。亚健康是一类次等健康状态，是介于健康与疾病之间的状态，实际上就是人们常说的"慢性疲劳综合征"。因为其表现复杂多样，国际上还没有一个具体的标准化诊断参数。

2. 导致亚健康的因素

（1）饮食不合理。当身体摄入热量过多或营养缺乏时，就会导致身体失调。吸烟、酗酒、睡眠不足、缺乏运动、情绪低落、心理障碍以及大气污染、长期接触有毒物品，都可能导致这种状态。

（2）休息不足，特别是睡眠不足。起居无规律、作息不正常已经成为当今社会常见现象。青少年常因沉迷于影视、网络、游戏、跳舞等娱乐活动，以及备考时熬夜，常打乱生活规律。成人有时也会因为娱乐（如打牌、打麻将）或看护病人而影响休息。

（3）过度紧张，压力太大。特别是一些大学生成为"宅男宅女"，身体运动不足，体力透支。

（4）长久的不良情绪影响。调查发现，处于亚健康状态的患者年龄多在 18 ～ 45 岁，其中尤其是女性占多数。这个年龄段的人因为面临升学、就业、人际交往、职场竞争等压力，长期处于紧张的环境中。如果不能科学地进行自我调适和自我保护，身体就容易处于亚健康状态。

3. 亚健康状态产生的主要原因

亚健康状态产生的主要原因是人体脏器功能下降，感觉身体和精神上的不适，如疲乏无力、情绪不宁、头痛、失眠、胸闷等，但各种仪器和生化检查很难确诊。

导致亚健康形成的因素主要有以下几点：首先，工作和生活的过度疲劳使身心透支；其次，不科学的生活方式，如不吃早餐、偏食、暴饮暴食，以及饥一顿、饱一顿等，引起营养不良，导致机体失调；再次，环境污染和接触过多有害物质。此外，人体生物钟周期低潮或自然老化，也可能出现亚健康状态。应当指出的是，亚健康状态在很大程度上是慢性疾病的潜伏期。

人的机体有一定范围的适应能力，亚健康状态既可趋向健康，也可导致疾病。如果已处于或即将进入亚健康状态，只要采取科学的生活方式，克服不良生活习惯，通过合理的饮食、心理的调养和环境的改变，消除疲劳，祛除致病因素，提高身体素质，就能改善和消除亚健康状态，早日恢复到健康状态。

4. 亚健康状态的调理

健康的关键因素是每日饮食是否适宜、体育锻炼是否适当以及情绪（包括精神和心理状态）是否良好或稳定。

1）合理的饮食

对于每个人来说，合理的饮食是保健因素中关键的关键，远比其他因素更为重要。

（1）文体活动的开展、良好情绪的保持是以恰当的饮食为前提的。如果饮食不当而生病或体质变弱，就没有精力从事学习和体育锻炼，也难以保持良好的情绪。

（2）各种食物成分是人体细胞、组织、器官生长和更新的原料，更是维持内分泌及新陈代谢等生理活动不可缺少的物质资源，所以人的健康状态和情绪的好坏，直接受到食物的影响。

（3）食物既可养生保健、防病，也能致病，这主要取决于是否合理摄取饮食，尤其是利用碱性食物的抗疲劳作用（如西瓜、桃、李子、杏、荔枝、哈密瓜、草莓等水果均是碱性食物）。

（4）食物是生命存在和每日生活、工作的物质基础，若缺少或过量，皆不利于身体健康。应注意以下几个方面。一是脂肪类食物不可多食，也不可不食。脂类是大脑活动所必需的，缺乏脂类会影响大脑的正常思维；但若食用过多，则会使人产生昏昏欲睡的感觉，而且长期累积就会形成脂肪。二是维生素作用很大，不可缺乏。大学生容易产生眼肌疲劳，视力下降，维生素 A 对预防视力减弱有一定效果，可通过多吃鱼肉、猪肝、韭菜、鳗鱼等富含维生素 A 的食物来补充；经常在教室上课，日晒机会少，容易缺乏维生素 D，需要多吃海鱼、鸡肝等富含维生素 D 的食物；当人承受巨大的心理压力时，消耗的维生素 C 将显著增加，而维生素 C 是人体不可或缺的营养物质，应尽可能多吃新鲜蔬菜、水果等富含维生素 C 的食物。三是补钙和安神。学习和工作中为了避免上火、发怒、争吵等情绪激动现象，饮食中需要有意识地多摄入牛奶、酸奶、奶酪等乳制品，以及鱼干、骨头汤等，这些食品包含丰富的钙质。研究表明，钙具有镇静作用，能防止攻击性和破坏性行为发生。四是及时、恰当的生活调理，减少聚餐应酬。饭店的食品美味诱人，但往往多油多盐、碳水化合物含量过高，而维生素和矿物质含量相对不足，应减少外出就餐次数。

2）适当的体育锻炼

适当的体育锻炼可以增强呼吸机能和肠胃的消化功能，活跃大脑、神经以及全身的血液循环系统，并能起到调节情绪、增强体能、健身祛病、抵御衰老的效用。

3）调节心理

及时调节心理，保持良好的情绪即心理上的稳定，可抑制不必要的紧张心态，抵御或排除忧愁、烦恼、恐惧等不良影响，从而避免引起内分泌失调，以保持血液质量、脏器功能及神经系统的正常活动。人类是理性的动物，同时也是情感的动物。理性和情感犹如活动的两个轮子相互补充，并驾齐驱。如果没有理性，人类的行为就像脱缰的野马，狂奔乱闯；如果没有情感，人生就会变得乏味。理性给人的行为以方向，情感给人的活动以色彩。列宁曾说过："没有人的感情就从来没有也不可能有人对真理的追求。"健康可以影响人的情绪，情绪也可以影响人的健康。世界著名长寿作家胡夫兰德说："在一切不利的因素中，最能使人短寿夭亡的是不良的情绪和恶劣的心境。"

4）做好调整与休息

持续而高强度的快节奏生活，难免令人不堪承受，疲劳、头痛、失眠等不适症接踵而至，这些信号提醒你机体已经超负荷运转，该进行调整与休息了。运动是人体最好的调整，我们须劳逸结合、重视运动。每天抽出一点时间静坐，完全放松全身的肌肉，摈弃头脑中的一切杂念，将意念集中于丹田，调整全身的脏器活动。到户外去，空气中的负离子浓度较高，不仅能调节神经，还可以促进胃肠消化功能，加深肺部的呼吸，能对体力、脑力、心理等各方面起到良好的调节作用。长时间在教室坐着上课，应该每隔1小时活动一下，可以做简单的保健操，也可以随意活动筋骨，这样，虽然用时不多，却可以有效防止由"静坐"所导致的慢性疾病。午睡不容忽视，可以保证学习的效率。午睡时间宜在半小时左右，关键是注意午睡质量。午睡时最好能平躺在床上，使身体伸展开来。不要趴在桌上睡，这种体位容易使人呼吸受限，颈项和腰部的肌肉紧张，醒后很不舒服，易发生慢性颈肩病。

四、影响健康的因素

健康是许多因素相互制约、相互作用的结果。一个健康人的机体机能和其生活、工作的环境一般处于相对稳定的平衡状态，这种平衡一旦被破坏，就会影响人的健康。根据健康的整体观念，现代医学将影响健康的因素分为四大类，即生物学因素、环境因素、卫生服务因素、行为与生活方式因素。

1. 生物学因素

从古至今，导致人类死亡的重要原因是病源微生物引起的传染病或感染性疾病、内分泌失调和免疫功能失常等。这些致病微生物或遗传因素称为生物性致病因素。在社区人群中，特定的人群特征如年龄、民族、性别，对某些疾病的易感染性，遗传危险性等，也是影响该社区人群健康水平的生物学因素。例如，随着老龄化社会的到来，社区中的老年人越来越多，老年人的生理、心理等因素决定了他们对卫生保健服务的需求和依赖远远大于其他人群。

2. 环境因素

人生活于自然与社会环境之中，人类健康与环境息息相关。自然环境恶劣、营养匮乏、卫生条件差导致传染病、寄生虫病和地方病流行。社会环境涉及政治制度、经济水平、文化教育、人口状况、科技发展等诸多因素，良好的社会环境是人们健康的根本保证。开展爱国卫生运动，创建文明卫生城市，在农村大力开展推行改水改厕，就是致力于为广大居民创造一个优美、文明、健康、清洁的生活和工作环境。健康与社会发展的双向促进作用已越来越多地为实践所证实。

3. 卫生服务因素

卫生服务是卫生医疗机构和专业人员为达到防治疾病、促进健康的目的，运用卫生资源和医疗保健手段向个人、群体和社会提供必要服务的过程。卫生服务的范围、内容与质量直接关系到人的生、老、病、死及由此产生的一系列健康问题。因此，卫生服务的提供与利用对人的健康有着至关重要的作用。

4. 行为与生活方式因素

生活方式是指在一定环境条件下形成的生活意识和生活行为习惯的统称。大量研究表明，在现代社会，不良生活方式和有害健康的行为习惯已经成为危害人们健康、导致疾病的原因。例如，吸烟、酗酒、缺乏锻炼、不良饮食习惯是致使人群高血压、冠心病、糖尿病等"现代生活方式病"的患病率不断增高的危险因素。1992年世界卫生组织估计，从全球看，生活方式因素占比发达国家为70%～80%，发展中国家为40%～50%。

总之，对健康及其影响因素的理解，有助于我们进一步认识人的整体性，以及人与自然环境的统一。人在与环境的相互协调过程中往往处于主动地位，其自身行为和生活方式对健康和社会更有举足轻重的作用。这种对健康与疾病多因多果的关系的认识是健康观念的更新，是我们在开展健康教育工作时的必要认识基础。

知识窗 ——————————————————————————————

　　没有一个朋友能够比得上健康，没有一个敌人能够比得上疾病。（印度）《五卷书》忽略健康的人，就是等于在与自己的生命开玩笑。（陶行知）

第三节 体育锻炼对心理健康的影响

一、心理健康概述

随着社会的发展，人们的生活节奏加快，竞争日趋激烈，个体的情绪处于较为紧张的状态，因此，心理健康问题日益成为现代人关注的重要内容之一。在传统社会中，人们认为健康主要是指身体的健康、生理的健康，因而采取各种措施，增强生理机能水平，提高适应自然、抵御疾病的能力。由于生产、生活方式的改变，人们越来越意识到精神世界的冲突与纷争。那种"无病即健康"的生物学健康观已经过时，而发展成为生物、心理和社会三维健康观。世界卫生组织认为，健康是指在精神、身体和社会上保持健全的状态，精神健康的标准是：第一，具备自我控制能力；第二，能正确对待外界影响；第三，内心世界处于相对平衡的状态。

人类在对健康内涵的认识不断丰富和深化的同时，个体的心理健康日益得到现代社会的广泛重视。

1.心理健康的定义

对于心理健康的认识许多学者有不同的观点，例如，《简明不列颠百科全书》对心理健康的定义是：心理健康是指个体心理在本身及环境条件许可的范围内所能达到的最佳功能状态，而不是指绝对的十全十美的状态；日本的松田岩男指出：心理健康是指人对内部环境具有安全感，对外部环境能以社会上认可的形式来适应，即个体遇到任何障碍和困难问题，心理都不会失调等；第三届国际心理卫生大会认为，心理健康是指在躯体上、智能上、情感上与他人的心理健康不相矛盾的范围内，将个人心境发展成最佳状态。

综合各种认识，心理健康是个体的一种持续的积极的内部状态，个体表现出良好的社会适应性，并充分发挥其身心的各种潜能，在应付各种问题和环境时更多表现出积极的倾向。

2.心理健康的标准

心理健康的标准至今说法不一，综合国内外各种观点，心理健康应符合以下条件。

（1）智力正常。智力是个体从事一切社会活动的前提和基础，是其了解、认识外部世界的十分必要的条件。只有智力正常的人才能正确地评价自己，并具有情绪体验能力，从而增强自信；智力落后者经常遭遇失败，伴随烦恼、痛苦的体验，产生自卑感。

（2）适当的情绪调节能力。由于社会环境的影响，个体在生活中总会遇到挫折和困难，如果不能正确处理，个体就会被消极情绪所困扰，如果这些消极情绪得不到有效宣泄，就可能使自己患上心理疾病或生理疾病。同时，不良情绪的发泄方式必须考虑道德及社会的评价。

（3）自我评价恰当。心理健康者能充分了解自己，既看到自己的长处，又看到自己的不足，以便扬长避短，在学习、工作上获得成功，在生活中同他人和谐相处。心理不健康者，往往将失败归因于机遇和任务难度，整日怨天尤人，或将自己看得一无是处。

（4）具有良好的人际关系。心理健康者乐于与他人交往，建立了较为和谐、积极的人际关系，反之，就会离群索居，对他人不信任，自己处在烦恼和痛苦中。

二、体育锻炼对个体心理健康的促进

保持积极的情绪状态，正确对待生活中不可避免的困难和挫折，充分发挥自己的潜能，对每个人的一生都是十分重要的。那么，如何保持良好的心理健康状态呢？参加体育活动就是调节个体的情绪状态、促进心理健康的重要手段之一。

1. 体育锻炼有助于发展智力

智力是个体圆满完成工作、学习任务的基础条件。经常参加体育锻炼可以使个体的记忆、观察、思维和想象等能力得到充分发展，还可以使其获得良好的情绪体验，保持乐观自信、精神振奋、精力更加充沛的状态。

研究表明，由于体育锻炼能有效地促进血液循环，增强心肺功能，使大脑获取更多的氧气，保障大脑的记忆和思维，因此能够提高脑力劳动的效率。另外，体育活动不仅可以使神经系统的兴奋和抑制调节更加有效，使其对各种刺激的反应更加迅速、准确，还可以提高人的视觉、听觉、神经传导速度、神经系统的均衡性和灵活性，促进神经系统功能的增强。

人们在学习过程中，大脑皮层的相关区域处于高度兴奋状态，但随着学习时间的延长会产生疲劳，导致学习效率下降。体育活动有助于大脑皮层的相关区域形成兴奋与抑制合理交替的机制，降低疲劳感，提高学习效率。同时，个体的体质增强、身体机能水平提高有助于充分地挖掘与开发学习潜能。

2. 体育锻炼有助于获得良好的情绪体验

情绪状态的调控能力是衡量体育锻炼对心理健康影响的最主要的指标。个体在复杂多变的社会环境中，常常会产生紧张、压抑、忧虑等不良情绪反应，体育锻炼可以使个体从烦恼和痛苦中摆脱出来，降低应激水平，增强处理应激情境的能力。麦克曼等的研究表明，经常参加身体锻炼者的焦虑、抑郁、紧张和心理紊乱等消极的心理变量水平明显低于不参加身体锻炼者，其愉快等积极的心理变量水平则明显要高一些。

体育锻炼之所以能够调节情绪，是因为体育锻炼的参与者能体验到运动带来的愉快感觉。心理学家认为，适度负荷的体育锻炼能够促进人体释放一种多肽物质——内啡肽，它能使人们获得愉快、兴奋的情绪体验。因此经常参加体育锻炼，尤其是参加那些自己喜爱和擅长的体育锻炼，可以使人从中得到乐趣，振奋精神，从而产生良好的情绪状态。

3. 体育锻炼有助于良好的意志品质的形成

意志品质是指一个人的自觉性、果断性、坚韧性和自制力，以及勇敢顽强和独立主动的精神，是一个人行为特点的稳定因素的总和。意志品质需要在克服困难的实践过程中培养。体育锻炼本身就需要不断克服各种困难，包括客观（气候条件的变化、动作的难度或外部障碍等）和主观困难（如胆怯和畏惧心理、疲劳和运动损伤等）。只有如此，才能取得成功。任务越艰巨，对个体的意志品质锻炼的作用越大，而良好的意志品质进一步提升人的活动（尤其是体育锻炼方面）效果。

4. 体育锻炼使自我概念更加清晰

自我概念是个体主观上对自己的身体、思想和情感等的整体评价，由许多自我认识组成，例如：我是什么人、我主张什么、我喜欢什么、我不喜欢什么等。自我概念可分为社会方面的自我概念和身体方面的自我概念。其中，身体方面的自我概念包括身体表象和身体自尊。身体表象是指头脑中形成的身体图像；身体自尊则主要包括一个人对自己运动能力、身体外貌（吸引力）以及抵抗能力和健康状况的评价。身体表象和身体自尊障碍在正常人群中是普遍存在的，据报道，54% 的学生对他们的体重不甚满意。与男性相比，女性倾向于高估身高和低估体重，而且，身体肥胖的个体更可能有身体表象和身体自尊方面的障碍。身体表象和身体自尊与整体自我概念有关，无论是男性还是女性，对身体表象的不满意会使其身体自尊变低，并产生不安全感和抑郁症状。

坚持体育锻炼可使体格强壮、精力充沛，因而，体育锻炼对于改善人的身体表象和身体自尊至关重要。研究表明：锻炼者比非锻炼者具有更积极的总体自我概念；体能强的人比体能弱的人倾向于具有更高水平的自我概念；肌肉力量与身体自尊、情绪稳定性、外向性格和自信心呈正相关，并且加强力量训练会使个体的自我概念显著增强。因此，更积极的自尊心，更高水平的自我概念与高水平的体能状况相关。

5. 体育锻炼有助于形成和谐的人际关系

现代社会生活节奏的加快使人们越来越趋向封闭的状态，从而造成人与人之间情感交流缺乏，人际关系疏远。体育锻炼则打破了这种封闭，让不同职业、年龄、性别、文化素质的人相聚在运动场上，进行平等、友好、和谐的交往，互相之间产生信任感，有效进行情感和信息的交流，产生默契和交融。研究表明，增加与社会的联系会给个体带来心理上的益处。外向性格者比内向性格者的社会需要更强烈，这种社会需要可以通过跳舞、球类、团体操等集体性活动来得到满足。

由此可见，人们可以通过体育锻炼认识更多的朋友，大家和睦相处、友爱互助，这种良好的人际关系将令人心情舒畅、精神振奋。

6. 体育锻炼有助于消除心理疾患

社会竞争的日益激烈和生活压力的加大可能会使一些人产生悲观、失望的情绪，进而导致忧郁、孤独、焦虑等各种心理障碍。人们参加某个运动项目并坚持锻炼，掌握并发展一些运动的技能和技巧，其生理技能、身体素质将会得到改善。由此，个体会以自我锻炼反馈的方式传递其成就信息至大脑，从而获得自我成就的认知和情感体验，产生愉快、振奋和幸福感。因此，适宜的体育锻炼能使有心理障碍的个体获得心理满足，产生积极的成就感，从而增强自信心，摆脱压抑、悲观等消极情绪，并消除心理障碍。

临床研究表明，通过参加一些如慢跑、散步、徒手操等身体练习能有效地减轻焦虑和抑郁症状，增强自信。许多国家已将体育锻炼作为心理治疗的手段之一。美国的一项调查显示，1750 名心理医生中，80% 认为体育锻炼是治疗抑郁症的有效手段之一，60% 认为应将体育活动作为一个治疗手段来消除焦虑症。除此之外，体育锻炼的心理治疗效应还应用在对精神分裂症、酗酒、滥用药物、体表体型症状的研究中。目前，这些心理疾病的病因以及体育锻炼有助于治疗心理疾病的基本机制尚在研究中，但体育锻炼作为一种心理治疗手段已开始实施。在学生群体中，体育锻炼可以减缓或消除因学习或其他方面的挫折而引起的焦虑和抑郁症状，帮助宣泄不良情绪，预防心理障碍或疾病的发生。

总之，体育锻炼能有效地促进智力的发展、调节情绪、培养良好的意志品质、增强自我概念、改善人际关系，从而增进心理健康，使个体发挥最优的心理效能。

三、如何发挥体育锻炼的心理效应

1. 影响体育锻炼产生良好心理效应的因素

影响体育锻炼产生良好心理效应的因素很多，主要有以下几种。

（1）不喜爱的体育活动。个体如果不喜爱所参与的体育活动，就无法获得愉快的情绪体验，也无法在活动后产生满足感和快乐感。只有在参加体育锻炼过程中感受到满足、愉快、舒畅，才能使个体坚持锻炼，并更加积极主动地去接受挑战和克服困难。

（2）运动负荷过小或过大。个体在整个锻炼期间的心率是最大心率的 60% ～ 90%，每次活动 20 ～ 30 min，每周进行 3 次或 3 次以上，才有利于心理健康。运动负荷过小会导致个体的唤醒水平较低，兴奋性较差；而运动负荷过大则可能导致疲劳。这两种情况都不利于心理健康。

（3）运动时长和次数不合理。运动的总时长以及每周运动的次数应根据个人特点，并事先在计划中确定、在运动过程中调整。研究表明，随着运动时间的增长，体育锻炼所产生的良好心理效应就会增强，但要保持适合自己的时长和次数。

2. 发挥体育锻炼心理效应的策略

1）选择适宜的体育锻炼项目

对于个体来说，参加体育锻炼能否取得良好的心理效应关键在于其是否能从活动中获得乐趣并感到愉悦。运动愉悦感是一种积极的情绪体验。个体如果不能从体育锻炼中体验愉悦，就很难持久地坚持下去，体育锻炼也就很难产生积极的心理效应。研究表明，体育锻炼中体验到的愉悦感具有直接的心理健康效应。对于那些长期参加体育锻炼的人来说，愉悦感是他们能够坚持下来的主要原因。因此，个体选择自己感兴趣的活动项目是十分必要的。此外，有氧练习、封闭式运动、没有人际竞争的体育锻炼有助于锻炼者的心理健康，研究表明，娱乐性游泳、慢跑等项目与降低个体的消极情绪，如紧张、焦虑、抑郁、愤怒和慌乱等有关。个体在没有竞争性的情景中锻炼，有助于降低应激水平，避免因失败而产生的消极心理。

2）控制科学的运动负荷

控制科学的运动负荷即控制体育锻炼的强度、持续时间和频率。活动强度是个体在单位时间内所做的功，人体的最大吸氧量与心率之间存在着对应关系，体育锻炼的大、中、小强度与耗氧量密切相关，耗氧量又与最大吸氧量存在一定的比例关系，因此，人们一般用心率指标作为评价运动强度的依据。运动心理学规定：体育活动的大强度相当于最大吸氧量的70%～80%，即相当于最高心率的80%～90%；中等强度相当于最大吸氧量的50%～60%，即相当于最高心率的65%～75%；小强度相当于最大吸氧量的40%左右，即相当于最高心率的60%左右。研究表明，中等强度的体育活动能取得较好的心理效应。

当然，在选择科学的运动负荷时，还应考虑体育活动参与者的个体差异，那就是与个性特点、年龄、性别、生理状况相结合保证取得良好的心理效应。

3）设置相应的情境和目标

可以在体育活动过程中设置相应的情境，有意识增加任务的难度，让个体在克服困难、战胜挫折的过程中获得成功的体验，对自己的能力更为自信，消除自卑和挫折感，从而养成敢于正视现实、勇于挑战的良好意志品质，增进心理健康。对于那些自卑性格比较内向的人，可以适当降低任务难度，创设相对易于完成的情境，使其能够在活动过程中获得成功的体验和愉悦感。同时，在团体练习中增加互动，有效发展个体的协作能力，提高人际沟通的基本技能。

在体育活动中设置合理的目标，确定实现目标所采取的有效的步骤、策略和科学的时长和频率，使个体在一步步实现目标的过程中保持良好的心态，增强对自我能力的信心。

第四节　体育锻炼对人体各系统的作用

生命在于运动，要使身体健康，就要经常运动。适宜的运动可以锻炼人的意志，增强人体各系统的功能，提高机体的适应能力，提高身体对疾病的抵抗力，而不运动或错误的运动方法则不利于健康。

人体是由神经系统、运动系统、呼吸系统、循环系统、消化系统等组成的，人体的运动是由人体各系统协调配合完成的。体育运动能增强人体各个系统的机能。

一、体育锻炼对神经系统的影响

神经系统是人体机能的调节系统，人体的各种活动都需要在神经系统的控制、调节下进行，而人体的各种活动，又反过来使神经系统得到锻炼。经常参加体育锻炼的人，其神经系统对外界刺激的反应更准确、更快，分析综合能力及协调反应能力更强，神经细胞抗疲劳的能力也得到提高，能保持长时间的大脑清醒、思维敏捷，学习、工作效率提高。

反复的肌肉活动训练，使神经系统兴奋和抑制调节能力更趋完善，调节了大脑皮层的功能。特别是轻松、休闲的运动，可以缓和神经肌肉紧张，起到放松、镇定的作用，对神经紧张、情绪抑郁、失眠、高血压等，都有良好的治疗作用。

科技工作者在对出生 6 周的婴儿进行脑生物电流测量后发现，长期对婴儿进行右手的屈伸练习，能加速大脑左半球语言区的成熟；科学研究还发现，以右手劳动为主的成年人，其大脑左半球的体积也大于右侧，这些足以证明运动有助于神经系统的发育和完善。一个乒乓球运动员能够对瞬间反弹回来的球进行准确的还击，他们的大脑能够快速判断、分析和反击，这在没有长期锻炼的情况下是难以奏效的。

二、体育锻炼对运动系统的影响

人体所进行的各种运动都是在神经系统的支配下，进行肌肉的收缩和放松，牵动骨骼来完成的。运动系统由骨骼、关节、肌肉组成，正常成年人全身共有 206 块骨头。经常进行体育锻炼能加快血液的循环，加快体内新陈代谢，为运动器官提供充足的营养，促进骨骼的发育，防止骨质疏松。据中学生身高状况的调查，经常参加体育锻炼的学生比不经常锻炼的学生身高高 4 ～ 8 cm。经常进行体育银炼，可增强韧带和肌肉的弹性，使关节周围的关节囊、韧带和肌腱增厚，伸展能力、肌肉力量增大，关节的活动幅度灵活性提高，并能更好地防止关节脱位、韧带拉伤和撕裂等关节软组织损伤的发生。

人体的一切活动都需要通过肌肉的收缩来完成。人体肌肉共有 600 多块，占体重44.25%（女性为 35%）。肌肉收缩产生的力量，对人体的劳动和运动极为重要。通过体育锻炼，肌肉收缩能力增强，肌肉内蛋白质等营养物质增多，能使肌肉纤维变粗，肌肉横断面积增大，变得粗壮；肌肉内的脂肪在肌肉收缩时会产生摩擦和消耗，通过减少多余脂肪健美体形并提高运动能力。

三、体育锻炼对呼吸系统的影响

人体不断地吸入氧气呼出二氧化碳，以此来维持人体的生命运动。一旦呼吸停止，人的生命也就停止了。人体的呼吸系统主要包括呼吸道和肺。长期的体育锻炼，特别是耐力性项目的练习如长跑，可以使呼吸肌力量增大，胸围、胸腔容积扩大，呼吸差增大，从而提高呼吸功能、增加肺活量。我国正常成年人的肺活量分别为男子 3500 ～ 4000 mL，女子 2500 ～ 3500 mL，而经常锻炼的人可达 5000 mL 左右。经常游泳的人肺活量增加最明显。

四、体育锻炼对循环系统的影响

人体通过心脏有节律地收缩，向全身供给血液，把氧气和营养物质输送到人体各组织细胞中，同时又把组织、组胞在新陈代谢过程中产生的二氧化碳和废物排出体外，维持人体正常的生理功能。体育锻炼使体内血液循环加快，输送的营养物质增加，心肌毛细血管大量增生，心肌纤维变粗，心壁增厚，心容量增大，心脏变得丰满壮实，比一般人的心脏肥厚。医学上称之为"运动性心脏肥大"，它能适应长时间的大负荷工作。同时，体育锻炼可以使血管壁弹性增强，保持血压正常或较低，延缓血管弹性降低或硬化，还可以使血液中的红细胞和白细胞增多，提高运输氧气的能力和增强身体抵抗疾病的能力，促进青少年生长发育，延缓中老年人衰老。

五、体育锻炼对消化系统的影响

体育锻炼能使消化系统的功能加强，使食物更好地被消化和吸收；运动后食欲增强，饭量增大摄入营养增多；能增强腹部肌肉的功能，使腹腔内的消化器官保持正常的位置，防止内脏下垂或便秘等疾病的发生。

知识窗

> 体育锻炼对各年龄段人群均有益处，但青春期是其效果最佳、影响最为深远的阶段。青春期是人体各组织器官增长最迅速的时期，生理变化最为显著，遗传特征也得以充分展现。在卫生学上，这一时期被称为"生长发育突增期"；在体育学科中，这一时期被称为"体质增长敏感期"。在此期间，若施加与内在生理变化相适应的适宜外部刺激，将产生最为显著的生理效应。

第二章　体育与健康基础知识

本章导语

　　21世纪是一个挑战与机遇并存的年代，社会各领域的竞争日益激烈，人才的竞争是一切竞争的根本，国民素质的高低将决定一个国家的实力和未来。参与体育运动，加强身体锻炼，增强学生的体质，不仅能提高国民素质，而且能培养现代人的良好生活方式，因此，体育锻炼在促进人的全面发展方面有着不可低估的作用。

　　保持健康，不仅要注意科学的锻炼，还要掌握一定的体育与健康基础知识。

第一节　体育锻炼与营养

一、营养与营养素

　　营养素的吸收、利用与机体健康、运动能力、体力适应与恢复、运动性疾病等有着密切的关系，只有供给机体足够的营养物质，身体才能正常工作，以抵抗外来的细菌或其他致病微生物的侵袭。

　　运动和营养素都是维持和促进人体健康不可或缺的因素，两者相辅相成。运动可以增强机体的代谢功能，促进血液循环，使营养物质更快地被输送到人体的各个组织。良好的运动能力，离不开营养的合理供给。因此，运动、营养与健康之间存在着相辅相成的关系。

　　1. 营养

　　"营养"一词早已为人们所熟悉。"营"在汉字里是谋求的意思，而"养"有养身或养生之意，"营养"即"谋求养生"。

　　营养是机体摄取食物，经过消化、吸收进行新陈代谢，利用食物中的营养素和其他对身体有益的成分构成机体组织、调节各种生理功能，维持人体正常生理活动的过程。营养是保证机体生命存在和延续的重要条件。

　　2. 营养素

　　食物中可以被人体吸收利用的物质叫营养素。糖类、脂肪、蛋白质、维生素、水和无机盐（膳食纤维被称为第七大营养素）是人体所需的六大营养素。各类营养素具有独特的功能，但在体内代谢过程中又密切联系。它们在人体中的比例和功能如图2-1所示。

$$\text{构成机体纽织}\begin{cases}\text{蛋白质（15\%～18\%）}\\\text{糖（1\%～2\%）}\\\text{脂肪（10\%～15\%）}\\\text{水（55\%～67\%）}\end{cases}\begin{array}{l}\\\text{供给热量}\end{array}$$

$$\left.\begin{array}{l}\text{矿物质（4\%～5\%）}\\\text{维生素（微量）}\\\text{膳食纤维（微量）}\end{array}\right\}\text{调节生理机能}$$

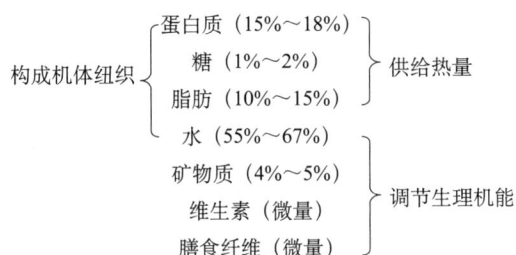

图 2-1　营养素在人体中的比例和功能

　　营养与健康的关系十分密切，合理营养不仅能够增进健康，还能防止疾病。营养失调不仅使人体质衰弱，而且可引起疾病，影响机体的免疫能力。营养不良导致抵抗力下降，容易感染疾病。营养对机体的应激状态和伤病后的康复也有重要影响，良好的营养能提高机体的应激能力，促进康复。营养与疾病相互影响，在疾病的预防和治疗上，营养都是十分重要的。著名营养学家、诺贝尔奖获得者莱纳斯·波林斯推断："合理营养可使人的寿命延长 20 年。"中国有句名言："药补不如食补。"这都说明了营养对健康的重要意义。

　　由于体育运动时机体内的代谢对营养有特殊的需求，因此需要根据不同运动项目的特点，科学地供给营养来提高运动成绩。研究表明，优异的运动成绩取决于三个要素：正确选材、科学训练和合理营养，三者缺一不可。

　　各类营养素或膳食成分的主要功能和食物来源如表 2-1 所示。

表 2-1　各类营养素或膳食成分的主要功能和食物来源

营养素	主要功能	食物来源
蛋白质	蛋白质是生命的基础可增生新细胞和修补破损的细胞，维持体内生理活动和调节生理功能，如促进机体的生长、组织的修复，调节各种酶和激素的生化反应，组成抗体，维持渗透压，传递遗传信息等，同时还给机体供给热量	①动物蛋白（肉、奶、鱼、蛋）；②植物蛋白（面食、杂粮、蔬菜、水果）
糖（碳水化合物）	碳水化合物是人体主要的热源物质，在能量代谢中十分重要，是运动中的主要能量来源，对人体运动能力有很大影响	谷类、薯类和杂豆类
脂类	脂类是机体储存和供给能量的主要营养素。机体细胞膜、神经组织、激素的构成均离不开它。脂肪具有保暖隔热、保护内脏和关节、维持组织结构、促进脂溶性维生素吸收的作用	①动物性脂肪，来源于动物性食物，如猪油、牛油、肥肉、乳类、蛋类和鱼类等；②植物性脂肪，如豆油、花生油、菜油、芝麻油等
维生素	维生素是维护身体健康、促进生长发育和调节生理机能所必需的一类（低分子）有机化合物。能促进机体吸收能量和构成基本物质的原料，调节物质代谢和能量转换等。若摄入维生素不足，会影响正常代谢和生理机能，严重的会发生维生素缺乏症	维生素 A：红萝卜、胡萝卜、绿叶蔬菜、动物肝脏。维生素 C：水果，绿叶蔬菜，蕃茄，马铃薯等。维生素 B_1：糙米、豆类、牛奶、家禽。维生素 E：鸡蛋、肝脏、鱼类、卷心菜、莴苣等。不同维生素食物来源不同

续表

营养素	主要功能	食物来源
矿物质	人体中含量较多的元素有钙、磷、钠、钾、氯、硫、镁7种，称为常量元素。含量较少的铁、碘、氟、硒、锌、铜等，称为微量元素。矿物质对人体十分重要，各种元素都有独特的功能，包括构成机体组织、调节生理机能、维持正常代谢等	钙：奶类制品和绿叶类蔬菜。 镁：坚果、大豆和可可。 钠：食用盐（氯化钠，主要来源）、牛奶和菠菜。 钾：豆类、五谷和香蕉。 氯：食用盐是氯的主要饮食来源。 硫：肉类、蛋和豆类。 铁：红肉、绿叶蔬菜（特别是菠菜）
食物纤维	食物纤维具有解毒作用，能刺激消化液分泌，促进胃肠蠕动，预防结肠癌、心血管疾病和糖尿病等，能控制肥胖、缓解疾病	谷皮、麸皮、蔬菜与水果等
水	水是人体除氧以外赖以生存的最重要的物质，也是维持生命必需的物质，机体的物质代谢、生理活动均离不开水。人体细胞的重要成分是水，正常成人水分占体重约为60%～65%。水有利于体内化学反应的进行，在人体内还起到运输物质、维持体温稳定的作用	包括直接饮入的水、食物中含的水，以及蛋白质、脂肪和碳水化合物在体内代谢产生的水

知识窗

水与运动

研究表明，运动的人通常只补充了运动中流失水分的50%。2%的脱水就会使心血管耐久力下降6%～7%。长时间的体育锻炼，大量出汗，水分的出入量失去平衡，严重时会发生昏厥。运动前补充水分并在运动中也不时喝水的运动员的耐久力要比不补充水分的运动员高33%。

二、健康运动的合理膳食营养

体育锻炼与营养都是维持和促进身体健康的重要因素，营养与身体健康状况和寿命长短密切相关，营养不足会影响运动能力，所以在参加体育锻炼的同时，对营养的摄入也应该给予重视。

1. 合理膳食营养

合理膳食营养是指为人体提供符合卫生要求的平衡膳食，使膳食的质量能适应人体的生理、生活、劳动以及其他活动的需要。也就是一日三餐所吃食物提供的热量和多种营养素与其完成日常生活和锻炼所需能量和各种营养素之间需要保持平衡。平衡膳食由多种食物构成，蛋白质、脂肪、糖类的含量和比例要适当，还需要有充足的无机盐、维生素、微量元素和水分，满足人体的正常生理需要，并保持各营养素之间的数量平衡，以利于消化、吸收和利用。合理膳食营养的要求如下。

1）食物的多样性

注意协调食品结构：第 1 类为谷物、薯类、杂豆类，主要提供糖类，是热能的主要来源；第 2 类为动物性食品，包括肉、禽、蛋、鱼、奶等，主要提供蛋白质、脂肪、矿物质，以及维生素 A、维生素 B；第 3 类为大豆及其制品，主要提供膳食纤维、蛋白质、脂肪、矿物质和维生素 B；第 4 类为蔬菜水果，主要提供膳食纤维、矿物质、维生素 C 和胡萝卜素；第 5 类为纯热能食物，主要包括植物油脂、各种食用糖和酒类，可直接提供热能。

2）饮食适度

保持和维护人体的正常体重是健康的重要指标。适度饮食、饥饱适当，使热能和蛋白质的摄入与消费相适应，避免体重超重或消瘦。进食时应细嚼慢咽，使肌体能从容准确地感知饱腹状况，从而避免过食引发的热能过量。可用正常男女体重标准来衡量体重状况。

3）油脂摄入适量

应避免过多地摄入脂肪，尤以少食饱和脂肪酸为主，过多的食入饱和脂肪酸，会明显地增加血液中的胆固醇，它是引发心血管疾病的主要因素之一。这类食物的摄入应以不超过总热量需求的 30% 为宜。

4）适量增加膳食纤维含量较高的食物

膳食纤维主要是指随食物摄入体内的不被分解的纤维。它能刺激胃肠道蠕动，减少慢性便秘，而且对心血管疾病、糖尿病、结肠癌等有一定的预防作用。在每天的饮食中，应适当增加富含膳食纤维的食物，如粮食、豆类、蔬菜、水果等。

5）少食甜食

少食甜食，尤其是糖。食糖仅能提供热能，而其他营养物质极少。过多地摄入糖可能诱发多种疾病。

6）合理搭配三餐

合理搭配三餐，包括食物的选择搭配和热能的合理分配。热能的合理分配，应以早餐占全日总热能的 30%、午餐占 40%、晚餐占 30% 为宜。其中，早餐的质量应更高。

中国居民平衡膳食宝塔（Chinese food guide pagoda，以下简称宝塔）如图 2-2 所示，是根据《中国居民膳食指南（2022）》的准则和核心推荐的，它把平衡膳食原则转化为各类食物的数量和所占比例的图形化表示。

2. 营养补充

经常参加体育锻炼，就会消耗人体大量的能量和营养，如果不及时补充，将对身体健康产生不良的影响。那么，体育运动主要消耗哪些物质呢？不同的体育运动项目与营养补充如表 2-2 所示。

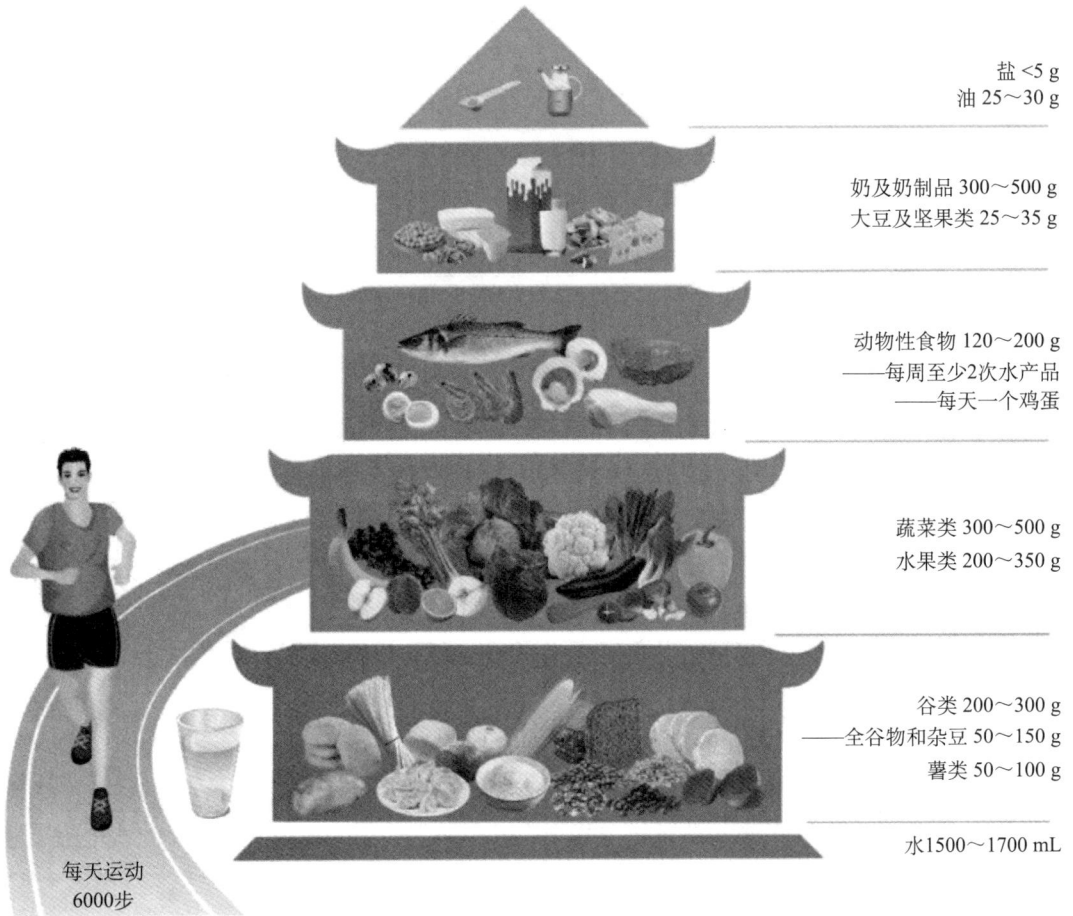

盐 <5 g
油 25～30 g

奶及奶制品 300～500 g
大豆及坚果类 25～35 g

动物性食物 120～200 g
——每周至少2次水产品
——每天一个鸡蛋

蔬菜类 300～500 g
水果类 200～350 g

谷类 200～300 g
——全谷物和杂豆 50～150 g
薯类 50～100 g

水 1500～1700 mL

每天运动
6000步

图 2-2　中国居民平衡膳食宝塔（2022）

表 2-2　不同的体育运动项目与营养补充

运动项目	营养补充特点
耐力型运动项目 （长跑、马拉松）	需要充分的能量营养素维持水、无机盐和维生素的平衡
力量型运动项目 （举重、投掷、短跑等）	注意补充优质、充足的高蛋白食品，并增加蔬菜、水果的摄入，以提高体内的碱储备
技巧型运动项目 （体操等）	营养摄入时应注意减少脂肪，并增加钙、磷、维生素的摄入，以提高应激水平
球类运动项目 （篮球、排球、足球、羽毛球等运动）	应注意补充维生素和钙、钾和磷等微量元素，提高肌肉的强度，促进神经系统的功能，扩大视野，增强分辨色觉，提高迅速适应环境的能力和集中精力等

知 识 窗

　　人体运动时，肌肉所需的热量取决于运动强度。肌肉糖原是高强度运动的主要"燃料"，而低强度运动则主要消耗脂肪。一旦肌肉糖原被消耗尽，肌肉运动的质量就会下降。总而言之，如果肌肉内存储的糖原很多，就会在长时间耐力运动中表现得很好，如骑自行车、长跑等。摄入的食物以及进食时间会直接影响体内存储肌肉糖原的数量。值得注意的是，不仅身体需要热量，我们的大脑也需要食物提供持续、平稳的热量。

　　3.健身运动与合理膳食营养

　　健身运动能量代谢与体力劳动能量代谢不同，健身运动能量代谢集中在短短的几小时内，具有强度大、消耗率高、肾上腺皮质和髓质激素分泌增加、酶和辅酶的活性加强、酸性代谢产物堆积等特点，可使体内的营养素代谢和需要发生变化。科学实验证实，合理的营养可调节器官、组织和细胞的功能，有利于运动中代谢过程和中间反应顺利进行，从而提高人体运动机能，并促进运动后的恢复。因此，合理的膳食营养是保证健身运动效果的一个有力的保证。合理的膳食营养在健身运动中的作用如下。

　　1）合理膳食营养应为运动健身者提供适宜的能量

　　任何形式的运动均以能量消耗为基础，但人体内可能快速动用的能源储备有限，如果无充足可利用的能源物质，即体内糖原水平极低时，就不能满足运动中需要不断合成三磷酸腺苷（ATP）速率的要求。ATP使运动健身者具有适宜的体重和体脂成分，并保证运动中能源物质的良好利用。因此，健身运动应该注意摄取含糖类丰富的食物以保证体内有充足的肌糖原和肝糖原储备，保证健身运动中ATP再合成速率的需求。

　　2）合理膳食营养应为健身者提供充分的维生素和微量元素

　　能源物质在体内储存或分解需要一系列辅酶的催化，维生素和微量元素多数是辅酶的组成成分或激活剂。充分的维生素和微量元素营养可促进健身者体内代谢，提高抗氧化能力，满足运动中水分和电解质的生理需求；有利于改善运动能力，增进健康。这些营养素的缺乏会使运动能力受到影响，不利于运动者的健康。

　　3）合理膳食营养应为健身者防止运动损伤提供物质保证

　　肌纤维中能源物质（糖原）的水平与运动外伤的发生有直接的联系。据报道，当快速收缩的肌纤维中糖原耗尽时，人体会发生疲劳，控制和纠正运动动作的能力受损害，运动外伤的发生也随之增加。因此，体内糖原储备充足，有利于预防外伤。

　　4）合理膳食营养有助于健身者在健身运动后的恢复

　　健身者运动后身体功能的恢复在于恢复身体的能量供应及其储备的肌肉糖原和肝糖原、代谢能力、体液。代谢能力的恢复主要靠合理营养措施实现。

5）合理膳食营养可延缓或减轻健身者的运动性疲劳

引起健身者运动性疲劳的常见原因有：脱水引起体温调节障碍使体温增高，酸性代谢产物堆积，电解质平衡失调造成的代谢紊乱，能源储备耗竭等。合理的营养措施，可保持良好的身体机能状态，延缓疲劳的发生或减轻疲劳的程度。

知识窗

> 　　食物经过咀嚼咽下后，在消化道中会发生哪些变化？首先，消化道中的酶会把食物分解为更小的单位，这样可以被身体更好地吸收。碳水化合物被分解成为葡萄糖分子，脂肪分解成为油脂，蛋白质则变成氨基酸。这些分子单位随后经过肠胃进入血液循环系统，然后被血液运往内脏、运动的肌肉或者脂肪细胞等各个地方。尽管身体也分解脂肪细胞中的脂肪并从中获取热量，但葡萄糖是热量的主要来源，它在肌肉中以糖原的形式储存。
>
> 　　深加工的零食通常包含大量脂肪、糖和盐，最好不吃这类零食。如果想限制总体的热量摄入量和脂肪摄入量，应该选择低脂肪、低糖的食物和饮料。深加工的食物也可能包含许多受损脂肪，最好远离它们。

第二节　体育卫生

体育卫生是指为达到增强体质、增进健康的目的，改善和创造合乎生理要求的体育锻炼条件和环境所应采取的卫生措施和要求。违反体育卫生原则和要求而盲目地进行体育锻炼，不但不能达到良好的锻炼效果，而且会导致各种运动伤病，损害人体健康。

一、体育运动环境卫生

运动环境是指人们进行体育活动时的外界条件，包括空气、水、场地和运动建筑、设备等。作为人类赖以生存的自然环境的一部分，运动环境同样受自然环境的影响。人体进行体育活动时，体内物质代谢增强，与环境的关系更加密切，受环境的影响就会更大。因此，要获得强身健体、防治疾病的锻炼效果，就必须注意运动环境的卫生。

1. 自然环境

在环境优雅、空气清新、阳光和煦的户外进行体育锻炼，都会有一种心旷神怡之感。

由于进行体育活动时，体内代谢加强，肺通气量增加，普通成年人吸入的空气约9 L/min，而在剧烈运动时，吸入的空气可达100 L/min，增加了十余倍。若空气中包含有害成分，运动时吸入体内的有害物质就比平时多得多，对身体的危害更大，因此，应当选择空气清新、没有空气污染的地方进行锻炼。例如，在城市中心，应避开上午和下午交通最繁忙的时段，因为此时汽车排出的废气最多，空气中的氮氧化物含量最高，交通干道两旁

20 m 内的空气都会受到较重的污染，不宜进行运动；在人数较多、通风换气不充分的体育馆或密闭的室内进行体育锻炼时，由于空气中的二氧化碳含量过多，可使人头晕、运动能力下降，对人体产生不良影响。此外，空气中的水汽形成雾，雾中通常含尘埃、细菌和有害物质，对身体健康有不良影响，所以不应在雾中进行体育活动。

气温过低对人体同样会造成损害，低温可使肌肉僵硬，血液的黏滞性提高，容易造成运动损伤。气温过低还会造成机体的局部冻伤或全身体温降低，人体的正常体温是 37℃，最低体温耐受限度为 35℃。当大脑温度下降时，可发生意识丧失甚至死亡。另外，寒冷的刺激可提高神经系统的兴奋性，使肾上腺分泌增加，心跳加强，自流加快，血压上升，外周血管收缩，回血量增多，因此老年人和有心血管疾病的患者应注意减少在低温下活动，避免心血管疾病发作。

空气湿度是指空气的含水量，通常是指空气的相对湿度。相对湿度是空气绝对湿度（1 m³ 空气中所含的水蒸汽重量）与最大湿度（1 m³ 空气中可包含的最大水蒸汽重量）的比值。进行体育锻炼时，空气湿度以 20%～30% 为宜。

2. 室内光照条件和空气质量

在温度恒定、光线明亮的室内进行体育锻炼，会给人一种温馨舒适之感。室内环境如果有阳光直接照射，且锻炼人群集中，对卫生条件就有更特殊的要求：如体育馆光线照度不能小于 50 Lx，应以不刺眼、均匀、不闪烁、不眩目、无浓影、不污染空气、不显著提高温度为准，放射光谱最好接近日光光谱；室内气温需要控制为 23℃～25℃；有良好的自然通风条件和人工通风设备。这样才能保证室内氧气含量足以维持锻炼者的正常生理活动。

3. 运动场地

体育活动的场地不能过于狭窄，球场或跑道周围应留有一定的余地，运动场地应无碎石杂物，木制地板应平坦坚固，没有木刺和裂缝。场地过硬、过软或过滑，不符合体育活动的要求就会影响运动能力的发挥，并有可能造成意外的伤害事故。室内游泳池的水质应为无色透明、无臭无其他异味的清洁水。

4. 运动服装与器械

运动服装应符合运动项目要求，并具有透气性、吸湿性，既有利于身体活动，又能防止运动损伤，如自行车运动员应穿短袖上衣，较长短裤，戴护掌和头盔；冰球运动员要戴护具头盔，着特制服装；越野跑及马拉松比赛时最好穿旧鞋及旧运动服，防止发生足部水泡和皮肤擦伤等。在炎热的夏季，运动服装应透气、质轻、宽松和色淡。在寒冷的冬季，室外运动服装既要保暖，又要不妨碍动作的完成。运动后潮湿的运动服装应及时换掉，以免受凉感冒。

运动器械要坚固，安装得当，并注意检查维修，防止生锈以及连接处脱落，器械旋转应保持一定距离，避免练习时发生冲撞而受伤。

知识窗 ——

　　体格强壮的青少年，可以参加任何喜爱的体育项目，但应针对自己的身体素质，有意识地加强对薄弱环节的锻炼。例如：臂力差的人可以通过打羽毛球、器械练习等重点提高臂部力量；柔韧性差的可以练习瑜伽、普拉提等，力求身体各部位得到均衡发展。

　　体质弱者，可以选择太极拳、气功、徒手操等。

　　患病的人最好在医生的指导下选择适宜的项目。病愈初期，可以选择散步，随着病情好转逐渐加快步速；身体基本恢复后再选择其他项目锻炼，并且逐步提高运动强度和负荷。

二、体育运动的身体卫生

1. 体育运动与合理的进餐时间

　　一般在餐后 3～4 h，胃已基本排空，因此，饭后应休息 2.5 h 再进行激烈运动。餐后 4 h 以上可出现饥饿感或血糖下降，人体的运动能力下降，蛋白质的消耗增加。有些学生不吃早餐而参加上午的体育课，这对身体健康是十分有害的，空腹时间过长会出现神经肌肉震颤、血糖降低、注意力不集中、头晕、心慌等现象，经常这样，还会引起肠胃病。运动结束后不宜立即进食，这是因为消化系统的功能此时还处于相对抑制状态，因此，应当在运动后休息 30 min 以上再进食，大运动量训练后应当休息 45 min 以上。由于运动后会产生饥饿感，用餐时应注意不要狼吞虎咽，更不能暴饮暴食。

2. 体育运动后的洗浴与健康

　　洗浴时的水压不宜过高，时间不宜过长，水温以 42℃ ±2℃ 为最适宜，一般时间为 10～15 min，最长不要超过 20 min。

　　桑拿浴和蒸气浴具有镇静、扩张皮肤毛细血管、加快血液循环等作用，从而加速人体内由于运动而产生的代谢产物的排泄，可以帮助消除疲劳。但是也有医生认为桑拿浴和蒸气浴所造成的高湿环境对人体健康有不利影响，强调不要运动结束后立即进行桑拿浴或蒸气浴。因此，运动后一定要至少休息 30 min 再进行桑拿浴或蒸气浴。

　　运动后体内温度较高，此时不要用冷水洗浴，冷水的刺激会使神经系统的兴奋性升高，体表血管收缩，心跳加快，肌肉紧张度增加，不利于疲劳的消除，并可能引发感冒等疾病。

3. 体育锻炼时的饮水卫生

　　在剧烈运动中或运动后，不应一次饮水过多，大量水分短时间进入体内，会对身体造成不良影响。最好是在平时饮食中注意摄取足够的水分，在锻炼时尽量不喝或少喝水。有时虽然感到口渴，但并不是体内真正缺水，而是由于运动时口腔和咽喉黏膜的水分蒸发、尘埃刺激或唾液分泌减少造成的口渴感。这样的口渴不应多喝水，可以漱口以解除口渴感。

在天热和出汗多的情况下，应注意补充水分，但要少量多次。此外，锻炼中或锻炼后不宜喝凉水，更不要立即吃冷饮，因为它们会对胃肠道产生强烈的刺激，造成胃肠痉挛和消化不良。

4. 女生月经期的体育卫生

身体健康、月经正常的女生，月经期可参加适当的体育运动，如做徒手操、活动性游戏、打乒乓球等，可以提高和调整神经系统的活性，改善人体的功能和情绪，对身体是有益的。参加体育运动可交替收缩和放松腹肌和盆底肌以起到按摩子宫的作用，有利于经血的排出，一些月经病的患者也可以采用体育疗法。所以，只要不是严重的痛经、经血量过多或有严重的妇科疾病，不必过于限制经期体育运动。

女运动员在月经期间，如果月经正常，无特殊反应，可以参加训练，但在开始时应减少运动负荷，促进身体适应，然后逐渐增加运动负荷，并应加强医务监督。

至于月经期间能否参加体育比赛，以健身为目的的人不建议在月经期间参加比赛；训练水平一般，特别是月经初潮期间的女运动员也不宜参加比赛，因为比赛时运动强度很大、精神紧张、神经系统往往不能适应，容易引起内分泌失调，导致月经紊乱、痛经或闭经（月经停止达两个月以上）；而平时有经期参加训练的习惯、训练水平较高的女运动员，月经期间可以参加比赛。具体还要因人而异。

知识窗 ————————————————————————————

在感冒后打球、跑步、出一身大汗，感冒症状的确会减轻一些。然而，这种情形多见于少数体质较强或感冒初期、症状较轻的人。对于多数人，尤其是儿童、体弱者和女性来说，感冒时参加体育锻炼是有害的。

5. 运动时自我监督与评价

1）自我监督的目的和意义

自我监督又称自己检查，就是运动者在体育锻炼过程中，对自己的健康状态和生理功能变化做连续观察，并定期记录于锻炼日记中，供本人、指导者和医师参考。其目的在于评价锻炼效果，调整锻炼计划，防止过度疲劳和运动损伤，更有利于健康水平的提高。自我监督对于增进信心、坚持科学锻炼、防止运动过量或不足、提高锻炼效果和养成运动卫生习惯等都有重要意义。

2）自我监督内容和方法

自我监督的内容包括主观感觉和客观检查，自我监督可依据表 2-3 所示的内容进行实施和观察。

表 2-3　自我监督内容和方法

监督内容	监督方法
运动心情	正常时精神饱满、精力充沛、自信心强；情绪低落、心情不佳时则厌烦甚至害怕运动
身体感觉	正常时自我感觉良好，身体无不适感觉。如果运动中或运动后异常疲劳，有头昏、恶心、呕吐、全身无力、肌肉酸痛等，为不良反应
睡眠	良好的睡眠应是入睡快、睡眠深而少梦，早晨醒后头脑清醒、精神状态好。如果入睡慢、多梦、易醒，日间无力、嗜睡、精力不集中、容易疲劳等，表明睡眠失常
饮食	参加体育锻炼能量消耗大，所以食欲会变好。如果运动后不想进食，食量减少，表明运动量安排不当或身体健康状态不良
排汗量	排汗量和平时无明显差别时，尿量应无大变化。当轻微活动就会大量出汗时，表明疲劳或机能不良，特别是有自汗和夜间盗汗现象时，表明身体极度疲劳或其他疾病
心率	一般在早晨醒后未下床前测定晨脉（数 15 s 的脉搏，乘 4，获得每分钟脉搏）。一段时间内晨脉应相对稳定（锻炼后可稍有下降）。如出现晨脉增快（每分钟超过原来心率 10 次），或心率不齐，可能与疲劳和过度训练有关，应注意观察
体重	进行耐力运动（中等运动强度）时，体重应该是平稳的。但在锻炼初期，由于身体的水分和部分脂肪的丢失，可使体重下降 2～3 kg；以后因肌肉体积增加，体重还会稍回升而保持平衡。如果体重持续下降，表明有严重的疲劳或患其他消耗性疾病
肺活量	有条件时，应在运动前做一次肺活量检查。参加有氧代谢运动后，肺活量会增加一些。如持续下降则表明肺功能不良
血压、心电图	在有条件时，或某些患有心脑血管疾病者，要定期检查，并做运动前后对比试验
锻炼情况及成绩	记录完成计划情况、训练量和测验成绩等
其他记录	缺席情况、受伤情况、中断运动时间和气象条件等
指导员和医师的评语	主要是对运动量、锻炼方法、运动操作和某些注意事项等给予指导

第三节　体育锻炼的基本原则与方法

体育锻炼又称身体锻炼，是人们运用各种身体练习方法，并结合自然力和卫生因素以发展身体、增强体质、增进健康、陶冶情操、丰富文化生活、完善人体为目的的身体活动。

随着科技的创新和社会文明的飞跃发展，人们逐步从繁重的体力劳动中解放出来。然而社会的进步也带来了多种"现代文明病"，如肥胖人群增多，进而使心血管疾病患者增多等。

自古以来，人们就一直在苦苦探求预防疾病、抵抗衰老、延长寿命的奥秘，时至今日，人们更加认识到健康的可贵，注重提高生活的质量，于是为人们所喜闻乐见的各种体育锻炼被越来越多的现代人接受。

一、体育锻炼的特点

（1）以增强体质、增进健康为目的。注重健身实效，提高人体各器官的功能水平，而不是单纯追求运动成绩或技艺的精湛。

（2）具有全民普及性。无论男女老少，何种职业，都可以参加适当的锻炼。

（3）内容和方法的个性化。人们可以根据自身需求和喜好，有针对性地选择不同的锻炼内容和方法。

（4）组织形式的灵活化。锻炼人数可多可少，可以在统一规定的时间内进行体育锻炼，也可以分散安排锻炼，可以组织比赛，也可以用游戏的形式进行。

总之，体育锻炼以健康为目的、以遵循人的身心发展规律为原则，应得到大力推广。值得我们注意的是，尽管体力劳动也具备体育锻炼的一些特征，对锻炼身体有一定促进作用，但是体力劳动不能代替体育锻炼，因为很多体力劳动都是在某种特定姿势下进行大量的重复，容易引起局部肌肉疲劳，长此以往，这很可能形成局部劳损或职业病。

二、体育锻炼的基本原则

生命在于运动，运动有益健康。体育锻炼的原则是体育锻炼客观规律的反映，也是参与者安排锻炼计划、选择锻炼内容、运用锻炼方法必须遵循的基本准则。为了达到体育锻炼的目的，提高体育锻炼的效果，在锻炼中我们应遵循如表 2-4 所示的六条基本原则。

表 2-4　体育锻炼的基本原则

名称	基本原则
自觉积极性原则	体育锻炼不同于人们日常生活中的一般躯体活动，更区别于动物所具有的走、跑、攀登等自然的本能动作，人们所从事的体育锻炼是有一定的目的和意识的身体活动过程，因此要发挥自觉积极的主观能动性。自觉积极性原则是指体育锻炼者有明确的健身目标，充分认识体育锻炼的价值，自觉积极地从事体育锻炼活动。体育锻炼是一个自我锻炼、自我完善，并需要克服自身的惰性，战胜各种困难的过程。同时，要有一定的时间规划作保证，把体育锻炼当作生活中不可缺少的一部分才能奏效
讲求实效原则	讲求实效原则是指在选择锻炼内容、方法和安排运动负荷时，应根据个人的性别、年龄、职业、健康状况、对锻炼的爱好和需求，以及生活条件等实际情况来确定，按科学方法进行锻炼，以取得最佳的锻炼效果。 每个锻炼者的主客观条件都不相同，因此在选择锻炼内容、方法、运动负荷时要因人而异、量力而行，特别要注意运动负荷适量。 运动负荷适量是指体育锻炼要有恰当的生理负荷量，锻炼效果与锻炼时生理负荷的适宜与否有极为密切的关系。运动负荷量太小，机体得不到适宜的刺激，身体的变化不明显，锻炼效果也就不好。相反，运动负荷量过大，不仅不能增强体质，反而会损害健康。运动负荷量可以通过练习动作的次数、组数、时间、距离、负荷重量等特征表现；运动负荷强度可以通过练习动作的速度、难度、密度、练习间歇时间的长短、单次负重的大小、投掷的距离、跳跃的高度和长度等表现。量和强度要处理适当，强度大，量就要相应地减少；强度适中，量可以相当地加大。如何做到适量，以锻炼者能够承受并有一定的运动疲劳来判断

名称	基本原则
持之以恒原则	持之以恒原则是指体育锻炼必须经常性进行，使之成为日常生活中的行为习惯。从生物学角度看，人的体质增强是一个不断积累、逐步提高的过程，不可能一劳永逸。人体机能水平的提高、各种运动素质的发展、运动技能的形成与巩固，这些体育效应都依赖较长时间经常性地锻炼，才能使机体产生一系列适应性的变化。 体育效应通过机体活动进行反复多次经常的强化来实现的。体育锻炼是对机体给予刺激的过程，每次刺激都会产生作用；连续不断的刺激，会在机体内产生作用的积累，这种积累能使机体产生新的适应性，从而使体质不断增强，动作技能形成的条件反射也会不断得到强化。锻炼效应具有不稳定性，当锻炼出现间断或停顿时，已获得的锻炼效应就会逐渐退化以至完全丧失，使体质逐渐下降。因此，体育锻炼贵在坚持，不能幻想在短时间内取得显著效果，必须长久地积累
循序渐进原则	循序渐进原则是指体育锻炼必须遵循人体自然发展和机体适应的基本规律，合理安排运动负荷，循序渐进地提高锻炼水平。 在体育锻炼过程中，运动负荷的大小直接影响人体机能的变化。运动负荷的大小因人、因时而异，同一个人在不同的机能状态、不同的时间，对负荷的承受能力也不尽相同。人体对内、外环境变化的适应是一个缓慢的由量变到质变的过程。只有遵循循序渐进原则才能取得良好的锻炼效果。否则会引起机体损伤和运动性疾病，损害身体的健康。青年学生争强好胜，容易因一时情绪激动，违背体育锻炼的渐进规律，使机体超负荷运转而造成伤害。因此，进行体育锻炼时应循序渐进，随时调整运动负荷，逐步提高锻炼水平
全面性原则	全面性原则是指体育锻炼必须追求身心全面和谐发展，使身体形态、机能、身体素质及心理素质等方面得到全面协调的发展。 人体是由大脑皮层调节的有机统一的整体，人体各部位、各器官的机能与身体素质和基本活动能力之间是相互联系、相互制约的。身体素质是人体在运动过程中表现出来的力量、速度、耐力、柔韧和灵敏等机能，具体通过肌肉活动表现，同时反映着内脏的机能和对肌肉的供能情况。 对于处于生长发育关键时期的青年学生来说，全面发展尤为重要。每种运动项目对身体都有独特的锻炼作用，即具有侧重性，如长跑有益于锻炼心血管系统和呼吸系统，并加强中枢神经系统。我们可结合自己的身体条件和兴趣，选择1～2个运动项目每天坚持锻炼，同时参加其他项目以弥补主项的不足。在全面锻炼的过程中还应注意培养心理素质，如群体意识、团队精神等
安全性原则	安全性原则是指锻炼者须定期进行身体检查，根据体检结果制定不同的运动规划，保证身体素质不断提高。 安全性原则是随着社会的快速发展孕育而成的。目前，它的必要性显得尤为重要。先进的医疗技术使我们能够方便地用医疗设备测量人体各项指标，再根据个人情况制定适宜的运动方案，做到自我监控、量力而行，切忌盲目模仿他人。安全性原则强调运动前的准备活动，要顺应季节变化采取不同的锻炼方法，并随着自我机能在运动过程中的不同变化采取不同的安全措施。例如：早晨雾大不宜锻炼；女生月经期不宜做强度太大的腹部运动等。总之，要针对自己的体能特征制定安全的防范措施，避免出现不良影响

知识窗

百分之十原则是指每周的运动强度或持续运动时间的增加不得超过前一周的10%。例如，如果每天持续跑步60 min，下一周希望超负荷练习，那么跑步的持续时间不能超过66 min。该原则用于指导锻炼者既遵守运动超负荷原则，又避免因过度运动而损伤身体。因此，参加体育运动特别是需增加运动强度时都应遵循百分之十原则。

三、体育锻炼的方法

体育锻炼不仅要遵循体育锻炼的基本原则，还应掌握正确的锻炼方法，以达到锻炼的目的。体育锻炼的方法如表 2-5 所示。

表 2-5 体育锻炼的方法

名称	体育锻炼的方法
重复锻炼法	在锻炼的过程中，用多次重复同一练习，两次（组）练习间安排适当的休息时间，从而增强体质的锻炼方法叫作重复锻炼法。此方法的关键是一次练习后，休息时间应当充分，这样可以有效提高锻炼者的无氧、有氧混合代谢能力，提高技术动作的熟练性与机体的耐久性。不同的练习次数对身体的作用不同，重复次数越多，身体对运动的负荷量就越大。但负荷量是有限度的，如果重复次数不断增加，使身体负荷量超过极限，就会影响身体的正常状态而造成损害。 重复锻炼可分为单一重复、连续重复和间歇重复锻炼三种
间歇锻炼法	在锻炼的过程中，对多次练习的间歇时间做出严格规定，使机体处于不完全恢复状态，反复练习的方法叫作间歇锻炼法。该方法的关键是严格控制间歇时间，要求每次练习的时间较长，负荷强度适中。此方法可使锻炼者的心脏功能明显增强。通过调节负荷强度，可使机体机能产生与锻炼项目相匹配的适应性变化，从而提高有氧代谢供能能力，增强体质。 人们常常认为体质增强是在运动中实现的，其实它主要是在间歇中实现的，即在休息过程中取得了超量恢复。间歇对增强体质的作用不亚于运动本身，自古以来就有以静养身的经验。在现代科学的基础上，人们更清楚地认识到在锻炼的间歇时间内有机体的各种变化，认识到保持同化优势的重要性，所以把间歇锻炼法作为一种健身的基本方法
连续锻炼法	在锻炼的过程中，为了保持有价值的负荷量而不间断地连续运动的方法叫作连续锻炼法。此方法要求负荷强度较低、时间较长且无间断地连续运动。从增强体质的角度出发，不能只讲究间歇，还要讲究连续，在整个锻炼过程中实现连续、间歇、重复的锻炼过程。连续、间歇、重复各有其独特的作用，而连续的作用在于持续保持负荷量不下降，使身体充分地感受到锻炼的影响
循环锻炼法	循环锻炼法是在练习前设立几个不同的练习点（或作业站），锻炼者按照既定的顺序和路线依次完成每个练习点的任务，即一个练习点完成迅速进入下一个练习点，完成了所有练习点算完成了一次循环。该方法的要素包括：每个练习点的内容、运动负荷、练习点的点数、安排顺序和之间的间歇，每次循环的间歇和组数。 循环锻炼法对技术的要求不高，且各练习点都采用轻度负荷的练习，简单有趣，可有效地提高不同层次和水平锻炼者的情绪和参与积极性；可以根据情况合理设置锻炼密度，做到区别对待；可以防止身体局部的负担过重，交替刺激不同的部位进行综合锻炼，从而达到身体全面发展的效果
变换锻炼法	通过不断变换运动负荷、练习内容、练习形式以及条件，以提高锻炼者的积极性、适应能力和应变能力的方法叫作变换锻炼法。此方法可以有效地调节运动负荷，提高人体兴奋度，强化锻炼意识，克服疲劳和厌倦情绪，以达到增强锻炼效果的目的。例如，刚参加锻炼时，可多做些诱导性练习和辅助性练习，随着锻炼水平的提高，应加大练习的难度，用越野跑代替田径场的长跑等。由于锻炼条件变化，产生新奇的刺激，提高兴奋度、激发锻炼的兴趣，从而提高机体对负荷的承受能力，增强锻炼效果。另外，不断地对锻炼的内容、时间、动作、速度等提出新的要求，也可有效地调节生理负荷，使机体不断产生适应性变化，达到更好地锻炼身体的目的
负重锻炼法	负重锻炼法是利用杠铃、哑铃、沙袋等重物进行身体锻炼、增强体质的方法。该方法既适用于锻炼身体，又适用于运动员进行身体训练，还适用于患者的康复。 为增强体质而进行的负重锻炼，应该采用最大摄氧量和最大心输出量以下的负荷，过大的负荷可能给心血管和呼吸系统带来不良的影响。为了保证该方法对身体的良好作用，在运动负荷合理范围内（心率为 120～140 次 / min）可以多次重复或连续

续表

名称	体育锻炼的方法
有氧锻炼法*	有氧锻炼法是指锻炼者在锻炼过程中没有负氧债的情况下进行身体锻炼的方法。该方法可以有效地提高心血管和呼吸机能，促进新陈代谢，并能减少脂肪积累，是目前普遍采用的锻炼方法。 该方法的关键是控制运动强度，使锻炼者能够不负氧债。在锻炼时，通常控制心率在130次/min左右，不高于150次/min，运动强度在70%以下。 采用有氧锻炼法的典型项目有：长跑、竞走、游泳、骑自行车、滑雪、韵律操、徒步旅行等。对于其他锻炼项目，只要坚持慢速、较长距离或持续时间5 min以上，均可达到有氧锻炼的效果
娱乐消遣法*	娱乐消遣法是指为了寻求生理和心理上的放松，轻松度过闲暇时间而采用的锻炼方法。该方法运动强度不大、轻松愉快，具有消除疲劳的特殊功能。随着社会的发展，闲暇时间的增多，人们娱乐消遣的项目越来越多，如散步、旅行、郊游、踏青、登山、日光浴、空气浴、垂钓、泛舟等
保健养生法*	我国古代流传下来的很多保健养生方法至今仍深受广大锻炼者的喜爱，这种锻炼方法讲究内外统一、神形兼顾，要求身体的外部动作与内在气血运行一致，使身体运动与卫生保健相结合，达到健身祛病、延年益寿的目的。该方法中有明显外部动作的，如导引、五禽戏、易筋经、八段锦、太极拳等，也有相对静止、外部动作不太明显的，如行气、静养动、按摩等

注：* 这三种运动方法是现代流行的锻炼法。

知识窗 ————————————————————————————

　　超负荷原则是指锻炼时身体或特定的肌肉受到的刺激强于不锻炼时或强于已适应的刺激强度。在进行体育锻炼时只有遵循超负荷原则，身体素质才能在现有的基础上逐步得到提高。

　　超负荷原则可用于提高关节和肌肉的柔韧性，通过增加肌肉的拉伸长度、拉伸持续的时间和加大关节活动的幅度来实现。

　　运用超负荷原则指导体育锻炼时务必实事求是，要根据自身素质和现有水平采取循序渐进的方法提高锻炼效果。

第三章 体育医疗

本章导语

体育医疗主要是针对体育运动中出现的生理反应及运动损伤进行的医学治疗。运用合理的医疗方法，及时消除运动带来的疲劳，及时处理损伤，避免出现二次伤害。

第一节 体育运动中常见的生理反应与处理方法

在体育运动过程中，人体的生理平衡受到暂时性破坏，会出现某些生理反应，这些反应称为运动生理反应。常见的运动生理反应及处理方法如表3-1所示。

表3-1 常见的运动生理反应及处理方法

呼吸困难	症状	在运动过程中出现一定程度的喘息是正常的生理反应，但出现以下症状必须警惕：说话含糊不清、喘息严重、浑身无力、头重脚轻、意识不清等，这些症状表明运动者存在呼吸困难
	预防与处理	在有症状时逐渐降低运动强度，克服身体不适继续向前跑几步或走几步，让血管的调节恢复正常，同时注意加深呼吸。随着运动强度降低，身体的需氧量下降，大多数呼吸困难的症状会自行缓解。如果上述办法不能奏效，则应寻找可依附的物体，逐渐降低重心，注意避免摔伤，随着身体体位的改变，大部分头晕及呼吸困难的症状会逐渐缓解
心慌	症状	在运动过程中偶尔发生心悸、心慌现象，即心跳剧烈，短时间不能自然缓解（医学上称为阵发性心动过速）
	预防与处理	①深呼吸并放松肌肉。②用指腹轻轻揉压喉结两侧凹陷处，心跳会反射性地减缓或减弱，心悸、心慌的症状逐渐缓解。③用手指轻缓地按压眼球，刺激副交感神经，可使心跳减缓或减弱，逐渐恢复正常。症状缓解后，一定要去医院彻底查明原因，进行必要的治疗
肌肉酸痛	症状	运动后肌肉酸痛
	预防与处理	运动后肌肉酸痛多数是由于平时缺乏锻炼或运动量过大而引起的，因此，运动前要做好准备活动，运动开始时运动量从小到大逐渐增加，运动后完成放松动作。酸痛部位可采取局部按摩、热敷或涂抹缓解肌肉酸痛的药膏等方法，以促进气血通达，缓解酸痛
运动中腹痛	症状	运动时膈肌运动异常，血液淤积在肝脾两区，引起两肋间疼痛
	预防与处理	运动中腹痛的原因可能是准备活动不充分，运动前饮食过多，或情绪过于紧张引起胃肠痉挛等，因此，必须做好准备活动，运动负荷也要循序渐进，并注意保持自然呼吸，切忌闭气。如跑步中已发生腹痛或不适，应减慢速度，加深呼吸，揉按疼痛部位或弯着腰跑一段，一般可缓解疼痛；腹痛严重时应停止运动并及时就医

肌肉痉挛（抽筋）	症状	运动中出现肌肉痉挛
	预防与处理	运动中出现肌肉痉挛的原因是肌肉突然猛力收缩或用力不匀，受到过冷环境温度的刺激，或肌肉收缩与放松不协调等。在运动前针对容易发生痉挛的部位做好充分的准备活动，并可适当进行按摩；运动间歇时注意保暖。如已产生痉挛，对痉挛部位立即做强制性牵拉或按摩，知道穴位的同学可同时点按委中、承山、涌泉穴
运动性昏厥	症状	在运动过程中，脑部突然血液供给不足，达到一定程度时，发生一时性知觉丧失现象，具体表现为面色苍白、手脚发凉、呼吸缓慢、眼前发黑、失去知觉而昏倒
	预防与处理	运动性昏厥的主要原因是：长时间的剧烈运动，下肢回流血液受阻；突然进入激烈运动状态（如疾跑、冲刺）；在极度疲劳状态下勉强锻炼；久蹲后骤然站起；空腹锻炼出现低血糖等。应注意经常参加体育锻炼，增强体质。运动时要控制运动负荷，防止过度疲劳。如一旦出现运动性昏厥，应立即使患者平卧，脚高于头部，并进行由小腿向大腿往心脏方向的推摩，知道穴位的也可点按人中、合谷穴。如发生呼吸障碍，必须立即进行人工呼吸。轻微患者可由同伴搀扶着慢走，并协助做伸展运动和深呼吸等
极点和第二次呼吸	症状	运动时出现胸闷、呼吸急促、下肢沉重、动作不协调，甚至恶心、呕吐等
	预防与处理	由于剧烈的运动，下肢回流血量减少，大脑氧债不断积累，达到一定程度时，就会出现症状，这就是运动生理学中所称的极点。平时应加强体育锻炼，不断提高机体对运动的适应力，可有效延缓极点出现的时间并减轻症状。当极点出现时应适当减小运动负荷，加深呼吸，一般异常反应可逐渐缓解或消失。极点过后，动作会变得轻松、协调，运动能力将得到提高，这种现象称为第二次呼吸。极点是运动中常见的生理现象，不必疑虑和恐惧
中暑	症状	运动中出现乏力出汗、头痛头晕、耳鸣眼花、胸闷恶心、体温正常或略高等中暑先兆；除以上症状外，有面色潮红、皮肤灼热、恶心呕吐、体温升高至38℃以上等轻度中暑症状；除轻度中暑症状外，还有痉挛、腹痛、昏迷等重症中暑症状
	预防与处理	在炎热的夏季烈日下进行体力消耗大的活动，如果人体无法通过排汗散热，又没有及时补充流失的水分和营养，就有可能中暑。中暑是一种急症，严重时可危及生命。如有中暑症状或中暑的同学，应立即移到或转移到通风阴凉处休息，或口服凉盐水、含盐饮料，也可服用十滴水或藿香正气水，一般30 min至数小时内即可恢复。尽快物理降温，如用凉水或酒、酒精擦身体，或在头部、腋窝、腹股沟处放置冰袋。对重症中暑者应注意保持呼吸畅通，并及时送往医院抢救

第二节　运动处方

常言说：身体在于锻炼，生命在于运动。每个人的身体素质各不相同，要提高身体素质、造就一个健康的体魄，就必须进行科学的体育锻炼。因此，我们要多了解有关运动处方的知识。

一、运动处方概述

运动对机体有好的作用，也有不良的作用。如同药物一样，不同剂量和服用方法对疾病的效果不同。不同负荷和练习方法的运动对人体的锻炼效果也不一样，适宜的运动可以增强体力，提高机体的防御能力，预防和治疗疾病。

很多人都有通过体育运动促进健康的强烈愿望，可是一旦开始运动，疑虑就来了：最适合我的运动是什么？如果跑步，一星期该跑几次？每次应该跑多快、多远、多长时间？只有跑步才能使我改善体质吗？等疑问。运动处方能够解决大家的疑虑。

运动处方的概念最早是由美国生理学家卡波维奇在 20 世纪 50 年代提出的。20 世纪 60 年代以来，随着康复医学和康复训练的发展，运动处方开始受到人们的重视。就像医生给患者开的处方一样，运动处方用来指导锻炼者通过运动改善体质、促进健康。

运动处方的完整概念是：康复医师或体疗师根据医学检查资料（包括运动试验和体力测验），针对从事体育锻炼者或患者，按其健康、体力以及心血管功能状况，用处方形式规定运动种类、强度、时间及频率，提出运动中的注意事项。运动处方是指导人们有目的、有计划和科学地锻炼的一种方法。

二、制定程序

运动处方的制定首先应对参加锻炼者或患者进行系统的检查，以获得制定运动处方所需要的医学检查资料。

制定和实施运动处方的基本流程如图 3-1 所示。

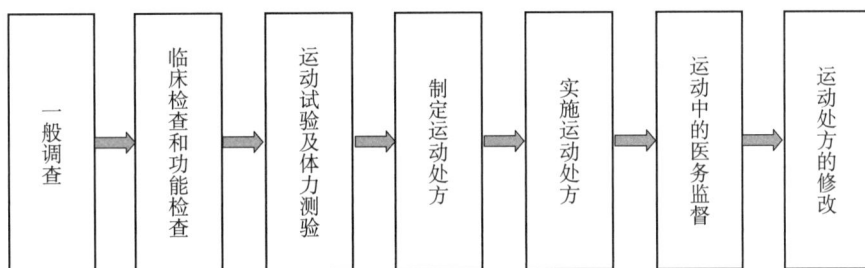

一般调查 → 临床检查和功能检查 → 运动试验及体力测验 → 制定运动处方 → 实施运动处方 → 运动中的医务监督 → 运动处方的修改

图 3-1　制定和实施运动处方的基本流程

运动处方制定后，锻炼者或患者就要按照运动处方所规定的内容进行锻炼。经过一个周期，需要对身体健康情况进行评估，如取得满意的运动效果，可以坚持原处方或进行相应调整，如增加运动强度等；未达到运动效果，则要查明原因，及时调整运动处方。

三、运动处方的主要内容

1. 运动方式

运动方式即选择的运动项目，可根据锻炼的目标来选择，如为了健身、改善肺功能，或防治冠心病、糖尿病、肥胖症等，可选择步行、慢跑或游泳等耐力性运动项目；为了消除疲劳、放松精神或防治高血压，可选择气功、太极拳、体操或按摩等。

2. 运动强度

掌握合适的运动强度是制定和执行运动处方的主要内容，它与锻炼效果和安全有直接的关系。国内外通常采用心率做指标，即在运动处方中规定运动时应达到且不能超过的心率。

3. 每次运动的持续时间

一般耐力性运动项目的持续时间为 15 ～ 60 min，其中达到适宜心率的时间应持续在 5 min 以上。在锻炼中可穿插短暂的休息，但计算运动量时要扣除休息时间。运动强度和运动持续时间决定其运动量。运动量确定后，如运动强度大时，运动持续时间相对减少。一般青年学生可以选择运动强度大而持续时间短的锻炼方法，老年人应选择运动强度小而持续时间长的锻炼方法。

4. 运动频率

所谓运动频率就是每周锻炼的次数。锻炼次数的多少决定锻炼的效果。如按合理的运动频率来锻炼，并能持之以恒，就会收到很好的效果。老年人一般每天或隔一天锻炼一次较为合适。

5. 注意事项

根据运动项目的特点及锻炼者或患者的实际情况，总结运动中应注意的问题，特别是明示运动中须自我观察的内容，并给出出现哪些自觉症状时应停止锻炼等。

四、常用运动处方

针对不同的锻炼者或患者的年龄和身体状况，运动处方多种多样。最常用的运动处方包括有氧综合运动处方、减肥运动处方和健身运动处方。

1. 有氧综合运动处方

有氧综合运动处方采用综合运动项目训练，一般对青年学生较合适（见表 3-2）。

表 3-2　有氧综合运动处方

健康状况及病史询问	家族史：家族无遗传病和传染病史，无其他特殊病史。既往史：既往身体健康，无特殊病史。健康状况：目前健康状况良好
体格检查	经检查未见身体形态、机能、心理等明显异常
运动项目	慢跑、游泳、骑自行车、打太极拳、跳健身舞、跳绳；球类运动如篮球、足球等
运动时间	运动时间最好安排在 14：00—18：00，持续 30 ～ 60 min
运动频率	每周运动 3 ～ 4 次
运动强度	中等强度：20 ～ 150 次 / min；心率：140 ～ 170 次 / min

2. 减肥运动处方

随着现代生活方式的改变，青少年肥胖问题越来越严重。肥胖不仅影响外貌，还会引发一系列健康问题，如高血压、糖尿病等。因此，减肥成为一些青少年学生的需要。青少年减肥运动处方如表 3-3 所示。减肥并不是一件容易的事情，需要科学的方法和坚持不懈的努力。

表 3-3　青少年减肥运动处方

运动项目	（1）有氧运动。有氧运动是减肥的最佳选择，可以加速新陈代谢，消耗脂肪，提高心肺功能。适合青少年的有氧运动包括跑步、游泳、骑车、跳绳等。 （2）力量训练。力量训练可以增加人体肌肉量，提高基础代谢率，从而消耗更多的热量。适合青少年的力量训练包括俯卧撑、仰卧起坐、深蹲等。 （3）瑜伽。瑜伽可以帮助青少年放松身心，减轻压力，提高身体柔韧性。 （4）户外运动。户外运动可以呼吸新鲜空气，享受大自然的美景，同时可以消耗较多的热量。适合青少年的户外运动包括爬山、徒步、滑雪等
运动频率与时间	（1）有氧运动每周进行 3～5 次，每次 30～60 min。 （2）力量训练每周进行 2～3 次，每次 20～30 min。 （3）瑜伽每周进行 2～3 次，每次 30～60 min。 （4）户外运动每周进行 1～2 次，每次 1～2 h
运动强度	一般运动强度可达本人最大吸氧量的 60%～70%，或最高心率的 80%～85%
注意事项	（1）除了运动，还需要注意饮食和生活习惯。每天保证充足的睡眠，避免熬夜；每天摄入足够的蔬菜、水果和蛋白质，避免过多的高热量食物。 （2）运动疗法必须和控制饮食相结合，注意膳食的营养与酸碱平衡，即荤素、粗细粮、干稀、咸淡搭配，特别要注意控制脂肪、糖类摄入，每餐七八成饱，少吃多餐。 （3）当在运动中感觉轻松或吃力时，可以适当地调整运动量。运动量以运动后的第二天不感觉疲劳为宜。 （4）运动中或运动后，身体有不适感，应立即停止运动；遇感冒、发烧、腹泻、疲劳或睡眠不足等情况，也必须暂停锻炼

3. 健身运动处方

随着人们生活水平的提高，越来越多的人对自身体质和体型的要求日益提高。运动健身的理念也因此逐渐形成。健康成人的健身运动处方如表 3-4 所示。

表 3-4　健身运动处方

临床检查结果	有无既往病史：无 。 体质成分分析：身高 170 cm；体重 63.3 kg；握力 45.8 kg；脂肪 11 kg；无机质 3.4 kg；体水分 35 kg（其中蛋白质 10.0 kg，细胞内液 23.3 kg；细胞外液 11.7 kg，其他 3.0 kg）
机能检查结果	呼吸系统（肺活量）：3485 mL。 运动系统：肌肉力量（握力、仰卧起坐）为 45.8 kg；肌肉爆发力（立定跳远）为 2.53 m；柔韧性素质（坐位体前屈）为 16.9 cm
运动试验结果	台阶试验：41 次 / min
体力测试结果	台阶试验：41 次 / min
运动目的	增强人体机能，提高身体素质；提高工作效率；减少或治疗慢性疾病；提高锻炼中的安全性；丰富生活，调节心理状态，提高生活质量。 （1）针对肌肉爆发力（立定跳远）为 2.53 m，握力 45.8 kg，应加强上肢及下肢的力量锻炼，并加强耐力训练。 （2）呼吸系统（肺活量）：3485 mL，属中等水平，体脂含量稍低，还要增加 1.4 kg 才能达到标准，体重增加 0.9 kg 达到标准

运动项目	（1）上肢力量训练：引体向上、俯卧撑、哑铃推举、拉拉力器练习。 （2）下肢力量训练：深蹲起、跳台阶、快速跑；有氧耐力运动：长跑、健美操。 （3）脂肪形态指标：体重、体脂率；运动内容：进行增强肺活量的有氧和无氧耐力运动、肺活量专项练习
运动强度	（1）上肢力量：引体向上 20 个 ×3 组、俯卧撑 50 个 ×3 组、哑铃推举 20 次 ×3 组、拉拉力器 15 次 ×3 组。 （2）下肢力量：深蹲起 50 次 ×3 组、跳台阶 20 级 ×3 次、快速跑 100 m×3 组。 （3）有氧耐力运动：长跑 3000 m，健美操作为准备活动练习；无氧耐力运动包括爆发运动，连续跳高 20 次 ×3 组，连续三次跳远 50 m×3 次，运动负荷为 120 ～ 150 次 / min 的运动量
运动频率	开始训练时，如果运动后 1 ～ 3 天身体不适，效果不蓄积；1 周运动 2 次，酸痛和疲劳减轻，效果有点蓄积，不明显；1 周运动 3 次，无酸痛和疲劳，效果蓄积明显；1 周运动 4 ～ 5 次，逐渐增加，最后形成每周运动 5 次，休息 2 天的规律
运动时间	每次运动的持续时间为 15 ～ 60 min，一般必须持续 20 ～ 40 min，其中达到适宜心率的时间必须在 15 min 以上。 周一、周五上午进行上肢力量练习，下午进行无氧耐力运动；周二、周四上午进行下肢力量练习，下午进行有氧耐力运动；周六、周日进行腿部力量练习，周三、周五休息。 上午时段：9：00—10：30，下午时段：16：00—19：00
注意事项	力量练习注意： （1）力量练习不应引起明显疼痛。 （2）力量练习前后应做好充分的准备活动及放松整理活动。 （3）练习时保持正确的身体姿势。 （4）必要时请求保护和帮助。 （5）练习前检查器械、设备，确保安全。 有氧和无氧耐力运动注意： （1）有氧适能的运动强度宜采用 70% ～ 85%HR_{max}，这一运动强度的范围通常是 55% ～ 70%VO_{max}。 （2）运动中注意正确的呼吸方式和呼吸节奏。 （3）做好充分的准备活动和放松整理活动。 （4）爆发力较差的人应注意缩短运动距离，以长跑为例，可以从每天 500 m 开始，逐渐过渡到 800 m、1000 m 等。 （5）适当控制饮食，减少糖、油脂的摄入，多吃蔬菜、水果。 （6）生病时停止运动

第三节　运动损伤的原因与预防

运动损伤是大家既熟悉又陌生的话题，熟悉是因为它经常发生，陌生是因为大多只知道现象，但却不懂得它发生的原因，以及如何预防。通俗地讲，凡是在运动过程中发生意外对人体造成伤害的，都是运动损伤。常见的运动损伤有扭伤、擦伤、拉伤等。

一、运动损伤的原因

导致运动损伤的原因有很多，如运动前没做好准备活动、运动中激烈的对抗、运动量太大、服装和鞋袜不合适等，其主要原因与表现如表 3-5 所示。

表 3-5 运动损伤的原因和表现

原因	表现
思想因素	思想上麻痹大意，缺乏科学锻炼的知识，在运动中存在盲目性，情绪急躁、急于求成
准备活动不充分	准备活动与将要进行的运动项目不匹配，准备活动的负荷量过大或距正式运动的时间过长
运动技术上的缺点和错误	违反了人体结构的特点和各系统活动的规律，以及运动时的力学原理
身体局部负担过重	运动负荷超过了锻炼者可能承受的生理负荷，尤其是局部负荷量过大
身体的机能状况不良	睡眠不足，患病、带伤期间，伤病初愈阶段以及疲劳和营养状况不良时，锻炼者生理功能和运动能力相对下降
违反体育运动的原则	运动缺乏系统的安排，随意性大，科学性差，缺乏对自己行为的控制能力
场地、设备等条件因素	运动场地不平整、地面有小碎石或杂物、场地太滑或太硬、器材或器械状况不良、缺乏必要的保护设备、运动时的服装和鞋袜不符合体育卫生要求等
不良的气候条件	气温过高、湿度较大，易发生中暑和疲劳；气温过低，易发生冻伤或出现肌肉僵硬，身体协调性下降而引起肌肉拉伤；场地照明不足，会使锻炼者在运动中反应迟钝

分析运动损伤的原因，体育教师要做好如下工作。

（1）加强运动安全教育，克服麻痹思想，提高预防能力。

（2）安排学生做好准备活动，对可能发生运动损伤的环节和易伤部位，要提前做好预防措施。

（3）合理安排学生运动量，防止局部运动器官负担过重。

（4）加强运动保护与帮助，特别是要提高青年学生自我保护意识和能力。

知识窗

运动损伤包括扭伤、拉伤、刮伤等，处理时有四大禁忌，归纳为 HARM。

H 代表热敷（heat）：在撞伤或扭伤后，切忌热敷，因为伤处的血液流通不顺畅，如果过早进行热敷，会加剧出血，加重肿胀。

A 代表酒精（alcohol）：受伤后禁止饮酒，酒精会加速血液循环，导致出血或肿胀恶化。

R 代表跑步（running）：受伤后要好好休息，如果继续运动，会增加损伤的程度或损伤的范围，使疼痛加剧。

M 代表按摩患处（massage）：受伤后切忌搓揉、按摩受伤部位，会加重局部软组织的损伤。

二、常见运动损伤的预防

运动损伤主要从被动方式和主动方式两个方面来进行预防。

（1）被动方式就是通过运动鞋、护具、辅助器材等外部辅助条件，增强人体运动系统的能力，特别是保护或增强人体运动系统的能力。

（2）主动方式就是通过科学的锻炼方法来增强肌肉、韧带、骨骼、神经等的性能和协同能力，主动增强人体运动系统的能力。

常见运动损伤的预防如表 3-6 所示。

表 3-6　常见运动损伤的预防

部位	说明	预防
踝关节	人在踮脚尖时，踝关节处在不稳定的状态，这时如果踩在不平的地面上，或者受到侧向的力量冲击，很容易造成内翻扭伤。轻度的内翻扭伤伤及韧带，严重的会伤及血管、神经或骨骼。脚踝肿起、疼痛剧烈，说明伤到了血管或神经。当踝关节受伤时，必须尽快就医	踝关节扭伤的主动预防措施是做好准备活动，其顺序是： （1）做轻度的静力拉升，适度激活身体的主要关节。 （2）慢跑，激活人体的心肺功能，降低肌肉的黏滞性。 （3）做一些动力性的拉伸，进一步增强关节灵活度和肌肉韧带的延展性。 （4）做专门拉伸，主要针对要参加的运动项目的特点，对一些关节做专门的拉伸
膝关节	半月板是夹在股骨和胫骨之间的软垫，位于膝关节的关节间隙，是膝关节最易受伤的部位。在正常的屈膝和伸膝时，对半月板的刺激是良性的，半月板虽然会有形变，但是可以复原。当股骨和胫骨发生特殊的相对扭转时，夹在中间的半月板就会被挤压扭转变形。若扭转挤压过度，就会对半月板造成损坏，即半月板撕裂、脱落。若损伤较重，可能会造成永久性的损伤，导致走路不适，甚至无法参加跑步或其他复杂的体育运动	膝关节受伤的主要预防措施是： （1）做好准备活动，充分激活人体运动系统，重点对膝关节做好充分的拉伸，可采用跪姿后仰、小腿屈膝内收和外展练习。 （2）采取主动的预防方法，加强膝关节的练习，采用单腿（双腿）跳和落地保持、单腿X跳等练习
大腿后侧肌肉	大腿后侧肌肉拉伤的专业名称为"腘绳肌拉伤"。腘绳肌是股二头肌、半腱肌和半膜肌三块肌肉的统称，它们共同完成屈膝动作，是控制膝盖弯曲的重要肌体，只要弯曲膝关节的动作都需要腘绳肌的参与。在快速奔跑时，人体需要使出较大的力气高频地屈伸膝关节，腘绳肌的负荷也随之增加。跑得越快，负荷越大，腘绳肌越容易受伤	在注意着装、热身的前提下，加强腘绳肌的练习。在健身房用组合器械来实现腘绳肌的向心收缩和离心收缩①，坐姿且背部靠近椅背，用屈小腿的方式来提升负荷
肘部	"网球肘"是肘部损伤的一种，也是较普遍的运动损伤之一，主要是由于反复地伸肘和用力抬手腕形成的。在网球击球的瞬间，需要伸手腕并保持手臂伸直，这时前臂手腕伸肌是离心收缩的，但是在手腕充分抬起后，收缩的肌肉却要用力保持不动，加上网球击打在拍面上，对手腕产生较大的力矩，从而加强了对前臂手腕伸肌的反向牵扯，也对前臂手腕伸肌的肌健有很强的拉扯作用。若长时间反复出现，就会导致该区域软组织的损伤，产生疼痛	（1）采取肘关节外旋和腕关节后伸抗阻练习。 （2）运动后可以用热敷或按摩的方式帮助肢体缓解疲劳、促进恢复

① 向心收缩即肌肉缩短的收缩，这是最普遍的收缩方式。如我们用力弯曲上臂，前侧的肌肉拉动了前臂，收缩后就会鼓起来，这时肌肉的收缩力大于负荷的力量。离心收缩则是肌肉的收缩力小于负荷的力量，肌肉虽在收缩，但是却在不断地被拉长，就如我们屈肘握住一个哑铃，由于力量不够，虽在坚持，但是手肘仍被哑铃的力量慢慢拉直。

知识窗 ——————————————————————————————

应急处置又称 RICE 原则，主要包括：制动（rest）、冷敷（ice）、加压（compression）和抬高（elevation）四个方面。

制动就是免除负重，对于骨骼肌的损伤来说是不可缺少的；冷敷在应急处置中是效果最为明显的；加压包扎既可使患部内出血及瘀血现象减轻，还可防止浸出的体液渗入组织内部，并能促进其吸收；抬高是把患部抬高到比心脏高的位置，加快血液回流心脏，促进伤口消肿，加快伤口愈合。

在体育活动后，可采用一些按摩方法来进行放松，一些简单易行的自我按摩方法如表 3-7 所示。

表 3-7　自我按摩方法

部位	动作说明	动作要领
预备姿势：两足左右开立，两手半握拳，自然下垂于体侧		
按摩后颈部	双手抱住头颈，头部往前倾，用双手左右摩擦 20 次左右	头部可随摩擦缓慢摇动，使颈部完全放松
按摩臂部	两手半握拳，交替扣击两臂的上、下、左、右四面	被扣击臂用力作反击动作
按摩肩部	两手半握拳，交替扣击左右肩的上、下、左、右四面	力量稍大，主要扣击三角肌
按摩胸部	两手半握拳，交替扣击胸部各部分	胸肌紧张用力挺出，叩击胸大肌
按摩肋部	两手半握拳，交替扣击肋部	肋部肌肉稍紧张，用力不大从上到下
按摩背部	两手半握拳，交替扣击背部	力量要大，左手击右背，主要叩击背阔肌
按摩腹部	两手半握拳，交替扣击腹部	力量稍小，主要叩击腹直肌
按摩臀部	上体稍微前屈，两手半握拳于体后，交替扣击臀部各处	扣击臀大肌，力量稍大
按摩腿部	上体前屈，两手半握拳，分别交替扣击大小腿	击小腿时下肢前屈成蹲式

减少运动损伤的决定因素是：正确的损伤预防理念；安全第一的思想基础；科学的锻炼方法；合理有效的预防措施；严格的医务监督制度。

第四节　运动急救常识

运动出现一些意外情况是难免的，因此，我们每个人都需要多了解一些运动受伤的急救小常识。

在突发意外事件的情况下，首先要打求助电话寻求援助，常用紧急求助电话有 110（公安报警）、119（火警报警）、120（急救中心）和 122（交通报警）。在等待救援的同时，每个人都应该知道我们正在和时间赛跑，要努力用我们所掌握的急救知识去帮助危难的伤者，为挽救他们的生命做力所能及的事情。

一、心肺复苏

心肺复苏是最基本和最重要的抢救呼吸、心搏骤停患者生命的医学方法，也是每一个人都应该掌握的急救技能。心肺复苏的方法有多种，最简单最有效的是口对口人工呼吸法，其次是胸外心脏挤压法，如表 3-8 所示。

表 3-8　人工呼吸的方法

口对口人工呼吸法	胸外心脏挤压法
（1）使患者仰卧，松开其衣领、裤带，使头部后仰，清理口腔内异物。 （2）救护者一手捏紧患者鼻孔，另一只手掰开口腔。 （3）救护者作深吸气后，紧贴患者嘴部往里吹气。 （4）松开患者鼻、嘴，让其自行呼气 3～4 s。 （5）此过程一直进行到患者能自主呼吸	（1）使患者仰卧，松开其衣领、裤带，使头部后仰，清理口腔内异物。 （2）两手相叠，手掌根置于患者胸骨下三分之一部位。 （3）用掌根向下按压 3～4 mm，约 60 次 / min。 （4）按压后手掌迅速放松，让其胸廓自行弹起。 （5）重复进行以上动作，直至患者的心跳、呼吸恢复
 （1）清理口腔异物　　（2）鼻孔朝天头后仰 （3）贴嘴吹气胸扩张　　（4）放开鼻嘴好换气	 （1）向下按压 （2）手掌放松
患者苏醒的表现： （1）面色好转，由紫绀转为红润。 （2）瞳孔由大变小，收缩正常。 （3）有可检查出的呼吸和脉搏，有知觉、反应及呻吟等	

资料来源：《中国公众心肺复苏卫生健康指南》，中华医学会等 2019 年发布。

二、创伤急救

1. 创伤的概念和常见的创伤原因

创伤是指机械性致伤因素或者外力造成的机体损伤。常见的创伤原因有交通事故中的撞击、碾压、减速等，日常生活中发生的切割、烧烫、跌倒，以及自然灾害中或冲突中发生的挤压、爆炸等。这些都会造成各种创伤，导致人体组织结构损害或功能障碍。

2. 创伤的分类

按照伤口分类，创伤可以分为开放性损伤和闭合性损伤。开放性损伤包括擦伤、割伤和穿刺伤；闭合性损伤包括挫伤、扭伤、拉伤、挤压伤、爆震伤、关节脱位、闭合性骨折和内脏损伤等。在日常的体育运动中，我们经常遇到的是拉伤、扭伤，严重时会出现骨折。

3. 创伤的处理方法

常见运动损伤——扭伤和骨折的处理方法如下。

1）扭伤的处理方法

踝关节、膝关节和腕关节扭伤的处理方法相同。

（1）扶伤员坐下或者躺下，使其尽量舒适。

（2）不要随意搬动或者揉捏受伤的部位，以免加重损伤。

（3）用冷毛巾或者冰袋冷敷肿胀处 30 min 左右。

（4）用厚布垫或者绷带固定肿胀部位，注意不要太紧，以免影响血液循环。包扎完毕后可以拿书本或者硬板固定伤肢。

（5）记录包扎的时间，每隔 10 min 检查伤肢远端血液循环。如果循环不好应及时调整包扎，并尽快送伤员到医院检查治疗。

需要注意的是，受伤后 72 h 之内不要热敷受伤部位，以免加重出血和肿胀。

2）骨折的处理方法

首先，判断骨折是开放性的还是闭合性的。开放性的骨折能看到骨折端与外界相通；闭合性的骨折端不与外界相通。

（1）闭合性骨折。闭合性骨折因为看不到断端是否与外界相通，有时会误以为只是扭伤。这时，需要观察伤者表现出的疼痛是否剧烈，被移动时是否有剧痛；肢体是否有畸形，呈现短缩、旋转等现象；触压伤者手指或者足趾询问是否有触觉、能否自主活动。如果有剧痛、肢体有短缩、旋转等现象，手指、足趾无触觉、无法自主活动即为骨折，首先需要先固定伤肢，在找不到专业夹板的情况下，用杂志、硬纸板、书本、木板甚至雨伞都可以作为临时夹板，夹板的长度应该长于骨折处的上下关节。用三角巾将夹板和受伤肢体固定。如果是上肢骨折，最后要用三角巾悬吊伤肢，手的高度高于肘关节高度。注意露出指端，方便检查末端血液循环。如果现场没有三角巾和绷带，可以使用围巾、T恤、衬衫等来应急。

（2）开放性骨折。如果是开放性骨折，不要拉动，也不要试图把伤骨送回伤口内，不要冲洗、不要涂药、先止血再包扎。如果现场没有任何可以利用的工具，就用衣服、围巾等来固定伤肢，然后把伤肢跟身体固定在一起。常用止血方法是：使伤口处在高于心脏的位置，用干净的纱布、手绢或布带放在伤口上用力按压止血，没有这些东西时可直接用手指按压止血；把布带叠成 5 cm 宽当作止血带，扎在伤口近心端部位止血，每 30 min 松开一次止血带，再扎紧。

需要提醒的是，在做这些处理的同时，务必先拨打 120，寻求专业人员救护。这里所讲的内容需要反复练习。如果在没有把握的情况下，先止血，然后等待 120 救援。

三、常见急症急救

常见的急症一般有休克、晕厥、昏迷、心绞痛、癫痫、哮喘等。运动时当你身边的人发生这些状况时，应该在第一时间提供救助。一般常见急症的处理如表 3-9 所示。

表 3-9　一般常见急症的处理

急症	处理
他人晕厥	晕厥一般发生在老年人、长期缺乏运动的人、严重心脏病患者、身体虚弱或者体质不好的人等。晕厥的特点是"来得快去得也快"。遇到身边有同学晕厥时，应该立即让患者仰卧在平地上，头略放低，松开衣领和腰带，开窗保持室内空气流通。观察患者生命体征，有无摔伤。多数晕厥患者都能够迅速缓解，无需紧急救治。患者苏醒后可让患者喝一些水，或者含糖的饮料或食物。千万不要急于让患者站起来甚至走路，必须给患者一个适应的过程，以免再次摔倒。患者清醒后如果有以下情况，如大汗淋漓、头痛头晕、恶心呕吐、胸闷、脉搏过快或过慢等，应立即拨打 120 呼叫救护车
自己感觉即将晕厥	如果是自己发生晕厥，千万不要强迫自己站立，应该立即主动降低体位，一般能够缓解。在长时间的卧、坐或蹲之后，千万不要猛然站立，否则容易出现晕厥。如果晕厥得不到缓解，须及时求助
心绞痛	心绞痛是因为劳累、突然用力、剧烈运动、情绪激动、吸烟等诱发冠状动脉内不稳定粥样斑块破裂引起的。其主要的表现是胸痛胸闷，还会伴有呼吸急促、出汗、恶心呕吐等。遇到心绞痛时应立即原地静卧休息，千万不要走动，尽量少说话，深呼吸。患者采取卧位、半卧位或者任何舒适的体位，并保持镇静，尽量放松身体。协助患者舌下含服硝酸甘油等，同时立即拨打急救电话，说明需要装备电子除颤器的救护车。注意，心绞痛患者在发病后第一个小时最容易发生致命性的心律失常，因此，一定要拨打 120 等医生来，千万不要自己送患者去医院，否则一旦出现意外可能会危及患者生命
癫痫	遇到癫痫发作的患者，立即把患者平放在地上以免摔伤，已经倒地的患者应置于平地，移除周围可能造成伤害的物体。使患者头偏向一侧，清除口腔异物，松开衣领和腰带，将薄毛巾折叠或衣物垫在患者头下方以保护患者头部，在抽搐发作时在口腔塞一条小毛巾，避免患者咬破嘴唇及舌头，注意保持呼吸畅通。救助的同时拨打 120
哮喘	哮喘患者在运动时需要注意不能运动强度太高，如果发现有同学有哮喘病史，在出现哮喘的先兆或者发病时，应叮嘱患者尽量放松自己，将呼吸困难的患者移到空气流通的安全环境中，松开衣领和腰带，保持呼吸畅通，有条件的情况下给予吸氧。立即拨打 120，将患者送至就近的医院进行诊治

遇到上述急症，在处理时需要注意的是，首先，需要将患者放置在安全、空气流通和较舒适的地方。其次，务必保持患者呼吸畅通。救助的同时需要拨打急救电话，寻求专业人员的帮助。

知识窗

自动体外除颤器（automated external defibrillator，AED），又称自动体外电击器，是一种便携式的医疗急救设备，可以自动识别心脏的异常心律，通过电击使其恢复正常。通常为心脏病突发的患者以及需要做心肺复苏的患者进行电除颤，帮助患者恢复心律。

在患者心跳骤停时，只有在最佳抢救时间的"黄金 4 min"内，利用自动体外除颤器对患者进行除颤和心肺复苏，才是最有效防止猝死的方法。

第二篇　运动技能篇

　　运动技能又称动作技能，是指人们在运动中必须掌握并有效地完成专门动作的能力，包括不同肌群间的协调性，即大脑在准确的时间和空间内正确支配肌肉工作的能力。运动技能的形成和发展受许多因素的影响，如教学训练方法、训练程度、学习目的和自觉性，以及身体健康程度等。

　　运动技能主要有篮球、排球、足球、乒乓球、羽毛球、网球、游泳、健美操、田径和武术等。

　　第十九届亚洲运动会（以下简称亚运会）开幕式于 2023 年 9 月 23 日晚在浙江省杭州市举行。国家主席习近平出席了开幕式并宣布本届亚运会开幕。

　　杭州第十九届亚运会开幕式以"潮起亚细亚"为主题，秉承"简约、安全、精彩"理念，以"数实融合"的形式完成主火炬点燃，通过零碳排放的主火炬和电子烟花，体现主办城市的环保意识，展现大国担当，为推动构建人类命运共同体注入深厚持久的文化力量。

第四章　篮球运动

本章导语

　　篮球运动是一项综合性的活动性游戏，它可以活跃身心、强身健体。篮球运动是以投篮为中心，以投篮得分多少决定胜负，集移动、运球、传球、投篮、突破与防守为一体的、游戏性很强的集体对抗性运动，需要默契的团队配合及精湛的个人技术。同学们、广大篮球爱好者们，想提高你们的篮球技术吗？拿起手中的篮球，让我们一起领略篮球运动的乐趣吧！

第一节　篮球运动概述

一、篮球运动起源与发展

　　现代篮球运动起源于美国马萨诸塞州普林菲尔德市体育教授詹姆斯·奈·史密斯于1891年发明的一项室内游戏。

　　起初，詹姆斯将两只桃篮分别钉在键身房内看台的栏杆上，桃篮上沿距离地面3.04 m，用足球作比赛工具，向篮投掷。投球入篮得1分，按得分多少决定胜负。每次投球进篮后，要爬梯子将球取出再重新开始比赛。以后逐步将竹篮改为活底的铁篮，再改为铁圈下面挂网。

　　1893年，形成了近似现代的篮板、篮圈和篮网。最初的篮球比赛，对上场人数、场地大小、比赛时间均无严格限制，只要求双方参加比赛的人数必须相等。比赛开始，双方队员分别站在两端线外，裁判鸣哨并将球掷向球场中间，双方跑向场内抢球，开始比赛。持球者可以抱着球跑向篮下投篮，首先达到预定分数者为胜。1892年，詹姆斯制定了13条比赛规则，主要规定是不准持球跑，不准有粗野动作，不准用拳击球，否则判犯规，连续3次犯规判负1分；比赛时间规定为上下半时，各15 min；对场地大小也做了规定。上场比赛人数逐步缩减为每队10人、9人、7人，1893年规定每队上场5人。

　　1904年，在第三届奥运会上第1次进行了篮球表演赛。1908年，美国制定了全国统一的篮球规则，出版后发行于全世界，篮球运动逐渐传遍美洲、欧洲和亚洲，成为世界性运动项目。1936年，第十一届奥运会将男子篮球列为正式比赛项目，并统一了世界篮球竞赛规则，此后，到1948年的十多年间，规则曾多次修改。特别是20世纪50年代后期以来，规则的改变对篮球比赛的攻守速度，运动员的技术、战术和意志、作风等各方面都不断提出新的更高的要求，促进了篮球运动技术水平的迅速提高。女子篮球是 1976 年第二十一届奥运会上才列为正式比赛项目的。

篮球运动是 1896 年前后由天津中华基督教青年会传入中国的，随后在北京、上海基督教青年会里也有了此项活动。在 1910 年旧中国举行的第一届全运会上举行了男子篮球表演赛之后，在全国各大城市的大、中学校的篮球活动逐渐开展起来，其中以天津、北京、上海开展得较好，水平也较高。篮球运动能在我国得以持续发展，是因为它有着广泛的群众基础，特别是在各级学校开展较为普及，深受广大青少年的喜爱。

20 世纪 80 年代以后，特别是以美国职业篮球运动进入奥运会为标志，世界篮球运动发展进入了一个新阶段，原来世界篮球运动发展的高、快、准、变、全的总趋势延续下来，并被赋予了新的内涵与意义。

二、三人篮球运动

三人篮球运动（以下简称三人篮球）是一项由孩子们创造的竞技活动，随后在世界各地得到普及和发展。最早的三人篮球赛可以追溯到 1965 年，霍尔考比·洛克在纽约的哈林区 145 号球场举办的 3×3 室外篮球赛，此时期的赛事一般由民间机构组织。2017 年 6 月，国际奥林匹克委员会正式将三人篮球列为奥运比赛项目。

三人篮球每队最多由 4 名球员（3 名上场球员和 1 名替补球员）、1 名教练员和 1 名领队组成。

比赛在罚球线以跳球开始，主队面向篮筐。跳球后，获得球权的队即可尝试投篮，不必将球传至三分线外。在随后的所有跳球情况、下节比赛开始和决胜期比赛开始都将采用球权交替拥有的规则。

第二节 篮球运动基本技术

篮球运动作为一个竞技运动项目，是以投篮得分决定胜负的攻守交替、集体对抗的球类项目。篮球运动的基本技术包括：移动、传接球、投篮、运球、持球突破、防守技术、抢篮板等。作为健身技能，篮球运动主要是以移动、传接球、运球、投篮四大基本技术为主。

按篮球技术动作的攻守属性分类，可分为进攻技术和防守技术。进攻技术包括移动、传接球、投篮、运球、抢篮板球；防守技术有防守基本动作、移动、抢球、打球、断球、封盖、抢篮板球。抢球、打球、断球是进攻性很强的防守技术，也是积极防守战术的基础。

一、移动

移动技术是篮球的基本技术之一，指队员在比赛中为改变位置、方向、速度和争取高度而采用的各种脚步动作。在进攻中，队员通过移动来摆脱防守；在防守中通过移动来防住对手。移动技术主要包括：基本站立姿势、起动、跑（侧身跑、变向跑）、急停（跨步、跳步）、转身（前转身、后转身）、滑步等。

1.基本站立姿势

队员在球场上经常保持的一种既稳定又能突然起动的站立姿势。

动作要领：两脚前后或左右开立，距离与肩同宽，膝稍屈，身体重心支撑点落在两脚前脚掌，上体稍前倾、抬头、收腹、含胸、两臂稍屈肘自然置于体侧，注意场上情况，以便及时向球场任何方向移动。

2.起动

起动是队员在球场上由静止状态变为运动状态的一种动作，是获得位移初速度的方法。

动作要领：向前起动是用后脚的前脚掌短促有力地蹬地，重心前移，上体前倾，迅速向前迈步。向侧起动是用异侧脚的前脚掌用力蹬地，同时上体迅速向起动方向侧转并前倾，重心跟随移动，迅速向跑动方向迈步。

3.跑

跑是为了观察场上情况而采取的脚步动作，跑分为侧身跑和变向跑。

侧身跑：跑动时为了观察场上情况，并随时准备接侧后方传来的球而经常采用的跑动方法。

动作要领：脚尖和膝盖对着跑动方向，头和腰部向球的方向扭转，侧肩，上体和两臂放松，随时观察场上情况。

变向跑：变向跑是队员在跑动中突然改变方向的一种脚步动作。

动作要领：以右向左变向跑为例，队员跑动中最后一步用右脚前脚掌制动，同时脚内侧蹬地、屈膝、脚尖稍向内扣、腰部随之左转，重心左移，上体稍前倾，同时左脚向左前方跨出一小步，右脚再迅速向左腿的侧前方跨出一大步，加速跑动。

4.急停

急停是队员在跑动中突然制动速度的一种动作，是衔接其他技术动作和摆脱对手的有效方法。急停包括：跨步急停和跳步急停两种。

跨步急停动作要领：急停时第一步跨出稍大，脚跟先着地滚动到前脚掌撑地，脚尖由向前方转为向侧方，同时重心下降，并先落在后脚上，身体稍向后坐，以减缓向前的冲力。第二步着地时，前脚掌内侧用力蹬地，脚尖稍向内转，两膝弯曲并内收，上体稍前倾，重心落在两脚之间。两臂屈肘张开，帮助控制身体平衡。

跳步急停动作要领：队员在跑动时用单脚起跳，两脚同时落地，前脚掌用力蹬地，两膝迅速弯曲，重心下降。两臂屈肘张开，保持身体平衡。

5. 转身

转身时，一只脚作为中枢脚进行碾地旋转，另一只脚随之转动以改变身体方向。这种动作在比赛中应用广泛，常与其他脚步动作结合使用。转身可分为前转身和后转身。

动作要领：两膝弯曲，收腹，含胸，上体稍向前倾。转身时重心移向中枢脚，中枢脚以前脚掌为轴用力碾地，另一脚前脚掌内侧蹬地，同时以肩带动腰向前或向后转动身体方向。在转动过程中，身体重心要在一个水平面上，不能上下起伏。

6. 滑步

滑步是防守移动的主要动作之一，易于保持身体平衡，可向侧、前、后方向滑动。

动作要领：两腿平行站立，上体略向前倾，两臂侧伸。向左滑步时，左脚向左迈出的同时，右脚蹬地滑动向左脚靠近，两腿保持一定距离，左脚继续滑出。向后滑步时，一只脚向后撤步着地的同时，前脚紧接着向后滑动，保持前后开立姿势。向前滑步时，前脚向前迈出一步，着地同时，后脚紧接着向前滑动，保持前后开立姿势。注意屈膝降低重心。侧滑步和跨步急停的技术要领图解如表4-1所示。

表4-1　侧滑步和跨步急停的技术要领

侧滑步	跨步（两拍）急停
以向左滑步为例。屈膝、降重心，两臂侧伸。右脚蹬地，左脚向左跨出，两脚贴地滑行，身体不能上下起伏，保持身体平衡	快速移动中先向前跨出一大步，再上第二步，屈膝降重心，前脚掌内侧蹬地，保持身体平衡
练习方法： （1）由基本防守姿势开始，听信号或看手势向左、右侧滑步。 （2）由基本防守姿势开始，左、右往返侧滑步或三角形连续侧滑步。 （3）在慢跑中做徒手接球跨步（两拍）急停。 （4）传球后接回传球跨步（两拍）急停	
注意事项： （1）两脚协调，脚、腿、腰、胯用力。 （2）两膝弯曲，重心要低、要稳，保持身体平衡，应做好与其他步法相衔接的准备	

二、传、接球

传接球技术（见表4-2）是篮球运动中的主要技术之一，是进攻队员在场上相互联系和组织战术的纽带，也是实现战术配合的具体手段。传接球的质量直接影响战术执行的效果和攻击的成功率，甚至可能决定比赛的胜负。

传接球技术分为传球技术和接球技术。传球技术分为双手胸前传球、单手肩上传球、双手传反弹球；接球技术分为双手接球和单手接球。所有的传、接球都是用手指完成的，而不是用手掌。

表4-2　传、接球的技术要领

持球	接球
两手五指自然分开，拇指相对成八字形，用指根以上部位触球的两侧后下方，手心空出，两臂弯曲，肘下垂，持球于胸部	眼看来球，手臂前伸迎球，五指分开。触球时，收臂后引、屈肘缓冲，两手握球持于胸腹部
双手胸前传球	**单手胸前传球**
双手持球于胸腹部，后脚用力蹬地，重心前移，向传球方伸臂，急速抖手腕，用食、中指拨球	以右手传球为例。双手持球于胸腹部，传球时稍右转体将球举至约肩高，右手后屈，传球手快速前伸小臂，急促抖手腕，用食、中指拨球
单手肩上传球	**双手胸前反弹传球**
以右手为例。双手持球于胸前，左脚先向前跨半步，右转体引球至肩上头侧，手腕后仰托球，重心在右脚。右脚蹬地，左转体前移重心带动肩肘，挥前臂扣腕，用食、中指拨球	传球方法与双手胸前传球相同。传球时向前下方伸臂，靠抖腕、指，使球击地后弹起

练习方法：
（1）原地对墙做各种传、接球。
（2）原地两人或多人做各种传、接球。
（3）原地或行进间加防守的各种传、接球。
（4）行进间两人双手胸前、单手胸前传接球及双手胸前反弹传球

注意事项：
（1）做到伸臂、抖腕、拨指及上下肢协调用力。
（2）视野开阔，人到球到；传球准、接球稳，并注意传球要有隐蔽性。
（3）传与接应衔接好，特别应做好与运球、投篮技术的衔接

三、运球

运球和突破技术是个人进攻的重要手段。良好的运球和突破技术，不仅可以直接投篮得分，而且可以顺利地组织全队战术配合，攻破紧逼防守，打乱防守阵脚，为同伴创造良好的投篮机会。

运球（见表4-3）的动作很多，有高手和低手运球，体前变向换手和不换手运球，背后运球，运球转身和胯下运球等。

表 4-3　部分运球动作的技术要领

基本姿势	
两脚前后分开站立，两膝弯曲，上体稍前倾，抬头看前。运球手五指分开，指根以上触球，手心空出，指腕放松，异侧手屈肘抬起。按拍球时，以肩、肘为轴，手臂上下张扬，腕、指向下用力并控制球，球的落点在运球手侧脚的侧方	

行进间快速高手运球	运球急停急起
抬头看前方，上体稍前倾，臂对运球方，用指、腕向前推按球的后上方，球反弹的高度约在腰胯部，保持上下肢的协调	快速运球中突然降速，用两拍急停。急停时，两膝弯曲，降低重心，手按拍球的前上方；急起时，两脚后蹬突然起动，上体前倾，推按球的后上方加速超越

体前变向换手运球
以左手运球为例。从防守左侧突破时，先向防守右侧做突破假动作，当防守重心右移时，用左手向右推按球的左后上方使球弹至右侧，左脚迅速向右前方跨出，上体右转探肩，迅速换右手向前运球超越

续表

运球转身
以右手运球为例。左脚在前为中枢脚，右脚蹬地快速后转身，将球拉至右后侧方，然后换左手推按球，加速运球超越
练习方法： （1）原地、行进间各种运球，听信号做各种运球。 （2）绕篮球场边线做各种运球，绕障碍物做体前变向换手运球和运球转身。 （3）加防守的各种运球
注意事项： （1）手型正确，上下肢协调配合，控制和保护好球。 （2）养成抬头运球的习惯，根据防守的情况及时变换运球方法。 （3）运球应结合好传接球、投篮、突破；尽可能做到不违例

四、持球突破

持球突破技术包括交叉步突破、同侧步突破（见表4-4），以及前转身突破、后转身突破。持球突破技术主要由蹬跨、侧身探肩、推放球和加速四个环节组成。

表4-4　持球突破

交叉步突破	同侧步突破
以左脚为中枢脚，从防守者右侧突破为例。两脚左右分开站立，两膝弯曲，持球于胸腹部。先用动作诱骗防守，接着右脚蹬地并向左前方跨出一步，上体左转侧身探肩，同时推放球于左侧前脚外侧方，左脚蹬地向前跨出，迅速运球超越防守	以左脚为中枢脚从防守者左侧突破为例。突破前动作与交叉步突破相同。突破时，右脚蹬地迅速向防守左侧跨出一步，上体右转侧身探肩，左脚离地前右手放球于右脚外侧前方，左脚蹬地迅速运球超越防守
练习方法： （1）徒手做交叉步、同侧步突破。 （2）抛球后跳起接球急停的持球突破。 （3）有障碍物、有防守的持球突破。 （4）移动中摆脱防守接球急停后的持球突破	

续表

注意事项：
（1）蹬跨、侧身探肩、推放球和加速 4 个环节应连贯。
（2）突破前的假动作应逼真，中枢脚不能移动。
（3）应与传接球、运球、投篮相结合

五、投篮

投篮是进攻队员为将球投向对方球篮而采用的各种专门动作的总称，是篮球运动中一项关键性技术，也是得分的唯一手段，更是篮球运动员应掌握的最重要的进攻技术。一切技术、战术的目的都是创造更多更好的投篮机会。投篮技术由持球手法、瞄篮点、投篮动作、球的旋转和投篮抛物线等环节组成。投篮的技术要领如表 4-5 所示。

表 4-5　投篮的技术要领

单手持球	双手持球
投篮手五指自然分开，用指根以上部位托球的后下方，手心空出，手腕后仰，球的重心在食指、中指之间。肘自然下垂，将球置于投篮手肩的前上方	两手五指自然分开，拇指相对成八字形，用指根以上部位触球的两侧后下方，手心空出。两肘自然下垂，将球置于胸、颚之间
瞄篮点：投空心球时，以篮圈前沿的正中点或篮圈的中心点为瞄篮点。投碰板球时，角度越小，距离越远，瞄篮点离篮圈越高、越远；角度越大、距离越近，瞄篮点离篮圈越低、越近	
原地单手肩上投篮	原地跳起单手肩上投篮
以右手投篮为例。右手在后，左手在侧，双手持球于肩上，右手屈肘，上臂与地面平行；右脚在前，两膝弯曲，抬头看瞄篮点。下肢用力蹬地，腰腹伸展，右臂向前上方伸直，手腕前屈，用食、中指拨球	以右手投篮为例。双手持球于胸前，起跳时，屏住呼吸，两脚屈膝用力蹬地向上垂直跳起，双手举球至肩上，右手托球，左手扶球，保持身体平衡。当身体接近最高点时，迅速向前上方伸直右臂，手腕前屈，用食、中指拨球

接球急停跳投	行进间单手低手投篮
以右手投篮为例。在快速移动中接球采用跨步或跳步急停时，两膝弯曲，降低重心，抬头看瞄篮点，接着迅速起跳。起跳后的投篮动作与原地跳起单手肩上投篮相同	以右手投篮为例。在运球和移动中接球时，右脚向前跨出一大步的同时双手持球，接着上左脚用力起跳，右膝提起，右手向上托举球。当身体接近最高点时，手腕上挑，用食、中、无名指向上拨球

练习方法：
（1）对墙或两人相对做投篮动作。
（2）定点、定时间、定次数的投篮。
（3）多点移动接球投篮；有障碍物或有防守的投篮。
（4）结合运球、传接球的行进间单手低手投篮

注意事项：
（1）瞄篮点正确，控制好投篮出手高度和抛物线。
（2）应做好下肢用力、举球、伸展身体、保持空中平衡、伸臂、屈腕、拨指。
（3）应与运球、摆脱防守接球、突破、抢篮板球相结合

六、抢篮板球

投篮不中后，双方争夺从篮板或篮圈上反弹球的技术，包括抢占内线有利位置、判断球的落点、起跳、空中抢球和得球后动作等，是篮球比赛攻防战术的重要组成部分。抢篮板球是攻守转换的重要手段，是控制球权的重要方式，对比赛胜负有直接的影响。抢篮板球的技术要领如表4-6所示。

表4-6　抢篮板球的技术要领

抢防守篮板球	抢进攻篮板球
当对方投篮后，必须快速移动和转身抢占有利位置，用身体将对手挡在身后。抢位后，两膝弯曲，张开两臂，用身体紧贴对手，挡住对手的移动路线；正确判断球的反弹方向和距离，迅速起跳，身体在空中充分伸展，用单手、双手、点拨球等方法将球抢获	投篮后，迅速判断球的反弹方向、距离，运用假动作摆脱防守，冲向篮下迅速起跳将球抢获；做好篮下投篮或运、传球出篮下重新组织进攻

抢防守篮板球	抢进攻篮板球

练习方法：

（1）将球抛向空中，跳起用单手、双手抢球，两人相对，面向球篮者向篮板掷球，背向球篮者转身抢位、挡人，然后抢篮板球。

（2）两人相对，面向球篮者向篮板掷球，然后摆脱对手冲向篮下抢球。

（3）两人篮下相对、第三者做投篮，相对两人争抢攻守篮板球

注意事项：

（1）正确判断、抢位、起跳及时，空中充分伸展身体，落地后保护好球。

（2）抢防守篮板球应与快攻第一传、突破、接应相结合；抢进攻篮板球应与补篮、投篮相结合

七、防守

靠进攻赢得比赛，靠防守赢得冠军。成为一名优秀防守球员并非易事，防守依靠的不仅是手部技巧，更依赖脚步的灵活运用，脚步技巧是成就卓越防守者的关键！防守的技术要领如表4-7所示。

表4-7　防守的技术要领

防守无球队员
防守队员应站在对手与球篮之间的内侧，保持与对手有适当的距离和角度，做到以人为主，人球兼顾，使对手和球处于自己的视野之内，随对手的动作积极跟进移动，调整防守位置，堵截其移动和接球的路线，手臂配合做出伸出、挥摆、上举等动作，干扰对手接球，争取抢、断球

防纵切，A传球给B，a及时偏向球侧错位防守；当A向篮下纵切要球时，a应抢前防守，合理运用身体堵住对方的切入路线，同时伸臂封锁球，迫使对手向远离球的方向移动	防横插，A持球，C欲横插过去要球，c应上步挡住对手，并伸臂不让对手接球，用背贴着对手，随其移动到有球一侧	防溜底，A持球，C溜底时，c要面向球滑步移动，至纵轴线内时，迅速上右脚前转身，错位防守，右臂伸出不让对方接球

防守有球队员
抢占对手与球篮之间的有利位置，阻挠对手的传球、投篮，积极移动以便堵截对手的运突，做到"球到人到"。根据对手的进攻特点，采取有针对性的防守行动。控制好身体重心，不能轻易丢失已建立起的合法防守位置。当对手运球停止后，立即上前封堵。尽量避免犯规

防守姿势	
平步防守：两脚平行站立，两膝弯曲，降低重心，两臂侧伸。这种防守姿势控制面积大，便于左右滑动，对防守突破较有利	斜步防守：两脚前后斜步站立，两膝弯曲，降低重心，前脚同侧的手臂伸向前上方，另一手臂侧伸。这种防守姿势便于前后移动，对防守投篮较有利

防守方法
占据对手与球篮之间的有利位置，保持与对手一臂的距离。对手离篮远则远，离篮近则近。防投篮较准的对手时，采用贴身防守，使其难以投篮出手；当对手投篮时，及时封盖，并防止对手冲抢篮板球。防擅于突破的对手时，积极移动，堵中逼边；当对手运球停止后，迅速上前封堵其传球和投篮。防擅于传球的对手时，加强判断，积极挥臂阻挠其传球，使对手传球不能形成威胁二、传、接球

练习方法：
（1）两人相对，听信号后攻方队员用假动作做摆脱，防守者及时移动 进行堵截，并合理阻挠。
（2）全场一打一。防守者合理运用脚步动作进行移动，并封堵对手运球路线。
（3）一人持球突破或持球投篮，防守者采用平步防守或斜步防守。
（4）两人或三人定点站位传球，一人或二人进行防守

注意事项：
（1）移动快，选位正确，及时控制对手。
（2）防守要有攻击性，合理运用抢、打、断、封盖球技术。
（3）尽量避免犯规

第三节　篮球运动主要战术

篮球运动基础战术是篮球比赛中队员所运用的攻守方法的总称，体现了队员个人技术的合理运用和队员之间相互协同配合。其目的是更好地发挥本方队员的技术与特长，制约对方，力争掌握比赛的主动权。

一、进攻战术基础配合

篮球主要的进攻战术基础配合如表 4-8 所示。

表 4–8　篮球主要的进攻战术基础配合

传切配合	掩护配合
传切配合是指两三名进攻队员之间利用传球和切入组成的简单配合。④传球给⑤后，立即摆脱对手向篮下切入，接⑤的回传球投篮	掩护配合是指两三名进攻队员之间采用合理行动，用身体挡住同伴的防守者的移动路线，使同伴借以摆脱防守，从而创造进攻机会的一种简单配合。常用的有侧掩护，⑤传球给④后跑到防守队员的侧后方做掩护，④利用这一机会，持球突破上篮。⑤掩护后利用后转身跟进篮下抢篮板球
突分配合	**策应配合**
突分配合是指持球队员突破后，利用传球与同伴之间的配合。④从防守者⑦的左侧突破，吸引防守队员⑤和⑦"关门"防守。此时⑦及时跑到有利的进攻位置上去接④传来的球投篮	策应配合是指进攻队员背对或侧对球篮接球，以他为枢纽，与同伴相互配合而形成的里应外合的一种配合。⑤将球传给④后，向底线做切入的假动作，突然摆脱防守跑到罚球线后接④的传球做策应。④传球后立即摆脱防守队员跑到⑤面前接球跳投或上篮

续表

长传快攻	短传结合运球快攻
由快攻的发动和结束两个阶段组成，它具有突然性强、速度快、成功率高的特点	由发动与接应、推进、结束 3 个阶段组成。具有灵活多变、层次清楚、成功率高的特点
进攻半场人盯人防守	
在进攻半场人盯人防守时，应根据本队队员的具体情况和对方队员及对方防守战术的具体情况选择进攻落位队形。尽量做到内外、左右结合。要积极穿插移动，在"动"中配合，以保持进攻战术的灵活性、连续性和攻守平衡。尽量做到配合默契和减少失误。 常用的战术队形：①双中锋篮下站位；②单中锋站在罚球线，双中锋上下站位	

二、防守战术基础配合

篮球主要的防守战术的基础配合如表 4-9 所示。

表 4-9　篮球主要的防守战术基础配合

绕过配合	挤过配合
指在对方采用掩护配合时，防守队员为了避免对方形成掩护，从另一同伴身后绕过继续防守自己的对手，④传球给⑥后，去给⑤做掩护，⑤切入。防守队员发现不适合挤过与穿过时，就暂时放松⑤，撤步迅速从身后绕过去防住⑤。当绕过时，应主动贴近对手，让他更快地通过	是一种积极的带有攻击性破坏对方掩护配合的防守方法。当对手企图实施掩护时，防守队员抢步贴紧自己防守的对手，挤过去并继续防住对手。这种方法一般是在对手接近篮下或有投篮威胁的情况下使用，当④传球给⑤后去给⑥做掩护时，防守队员应及时提醒队友，在掩护者临近的一刹那，迅速前跨两步靠近⑥，并从⑥和④之间侧身挤过去

关门配合	夹击配合
是指临近两个防守队员协同防守突破的配合方。当④从正面突破时，防守队员进行"关门"	是两个防守队员合理防守一个进攻队员的配合方法。④在后场端线外发球，防守队员主动放弃发球的④去协助队友夹击准备接球的⑤
防守快攻是堵截对方抢篮板后的第一传和接应，封堵对方的长传快攻，提高以少防多的能力	
区域联防防守：根据本队队员和对方战术，选择具体的防守落位阵形。防守时要做到随球积极移动，协同防守。防守有球队员时，应按人盯人防守的要求防守。防守无球队员时，应按防守无球队员的要求防守。当对队员穿插移动和溜底线时，应做到跟防、接防或轮转补位。当对方投篮，后应积极争抢篮板球	

第四节　篮球运动主要规则

篮球运动是一个由两队参与的集体性球类运动，正规比赛每队出场 5 名队员。目的是将球投入对方球篮得分，并阻止对方获得球或得分。可将球向任何方向传、投、拍、滚或运，但比赛的场地、器材、时间等都要受规则的限制。

一、比赛场地与器材

1. 篮球

篮球比赛所用的篮球是外壳用皮、像胶或合成物质制成的暗橙色圆形球，规则规定，篮球的圆周不得小于 0.749 m（74.9 cm），不得大于 0.780 m（78 cm）；质量不得少于 567 g，不得多于 650 g；充气后，使球从 1.80 m 的高度（从球的底部量起）落到球场的地面上，反弹起来的高度不得低于 1.20 m，也不得高于 1.40 m（从球的顶部量起）。

2. 篮球比赛场地

篮球比赛场地是一个长方形的坚实平面，无障碍物。对于国际篮联主要的正式比赛，球场的丈量要从界线的内沿量起。对于所有其他比赛，国际篮联的适当部门有权批准符合下列尺寸范围内的现有球场：长度减少 4 m，宽度减少 2 m，且长度和宽度的变动成比例。天花板或最低障碍物高度至少 7 m。球场照明要均匀，光线要充足。灯光设备的安置不得妨碍队员的视觉。所有新建球场的尺寸，要与国际篮联的主要正式比赛所规定的要求一致，即长 28 m、宽 15 m。

3. 篮板与球篮

规则规定篮板要用适宜的透明材料制成，或者用 0.03 m（3 cm）厚、漆成白色的硬木板制成。篮板宽 1.80 m、高 1.05 m，下沿距地面 2.90 m。篮板上的线条宽度为 0.05 m（5 cm），透明篮板用白色，不透明篮板用黑色。篮板的篮圈后面要画出外沿尺寸为宽 0.59 m（59 cm）、高 0.45 m（45 cm）的长方形，长方形底边的上沿要与圈顶水平面齐平。

球篮包括篮圈和篮网，篮圈用实心铁条制作，内径为 0.45 m（45 cm），漆成橙色；圈条的直径最小为 0.017 m（17 mm），最大为 0.020 m（20 mm），圈的下沿设有小环或类似的东西，以便悬挂篮网；篮圈顶面要成水平，离地板 3.05 m。篮网用白色的细绳结成，悬挂在篮圈上；它的结构要能够使球穿过球篮时有暂时的停顿。网长不短于 0.40 m（40 cm），不长于 0.45 m（45 cm）。

篮球比赛场地及篮筐高度如图 4-1、图 4-2 所示。

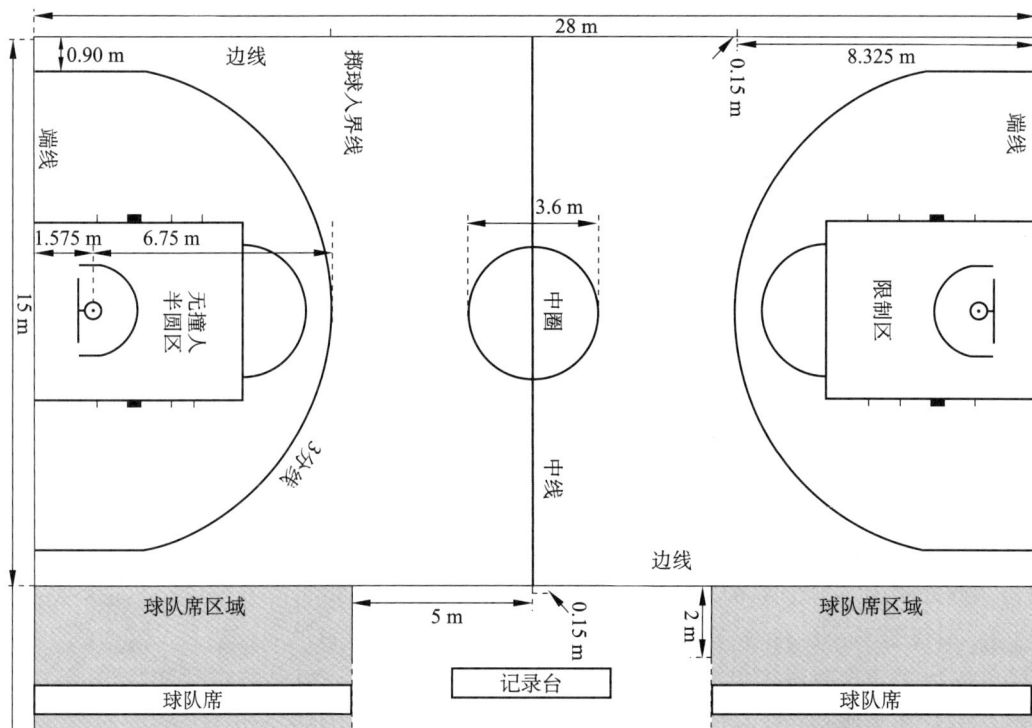

图 4-1　篮球比赛场地

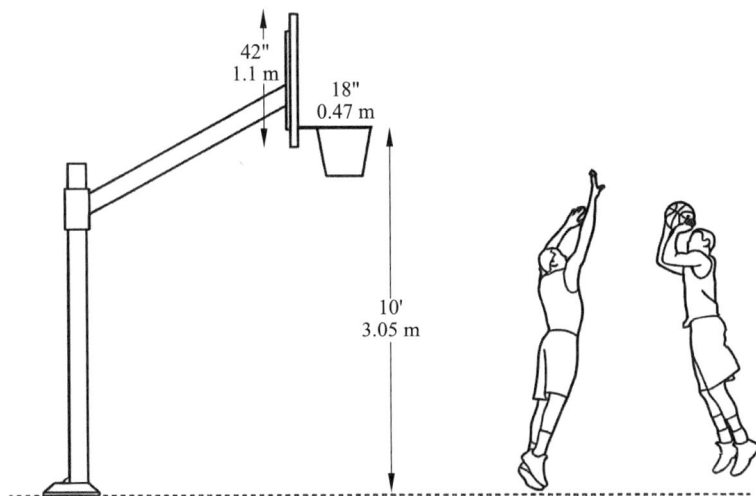

图 4-2 篮筐高度

二、基本篮球比赛规则

常言道"行家伸伸手，就知有没有"，我们看篮球，首先应该对篮球比赛的基本规则有所了解，只有这样，才有可能通过积累，逐渐学会欣赏、懂得欣赏。基本篮球比赛规则如表 4-10 所示。

表 4-10　基本篮球比赛规则

规则	说明
比赛时间和得分	（1）篮球比赛规则认可两种比赛时间设定，一是两个半时，每半时 20 min；二是四节，每节 12 min。第一和第二节、第三和第四节中间的休息时间分别为 2 min；半时间的休息时间 10 min 或 15 min。采用哪种时间设定方式由组织者决定。 （2）投球中篮得 2 分，在 3 分区外投篮投中得 3 分，罚球中篮得 1 分。在规定时间内，哪一个队得分多，则为胜队，若比分相等，则延长 5 min 作为决胜局继续比赛，必要时可以延长几个 5 min，直至分出胜负
比赛队员	（1）对于 2×20 min 的比赛，不超过 10 名合格参赛的队员；对于 4×12 min 的比赛，或竞赛中一个队超过 3 场比赛时，不超过 12 名合格参赛的队员。 （2）比赛进行时，每队要有 5 名队员上场，并可按照规则的规定进行替换
违例	在比赛中出现违反规则的行为但未造成犯规统称为违例。一旦出现违例，由对方在就近的边线外掷界外球重新进入比赛。 （1）带球跑违例：持球队员双脚着地接到球，可以用任一脚作中枢脚。一脚抬起的一刹那，另一脚就成为中枢脚。在传球或投篮中，中枢脚可以抬起，但在球离手前不可以落回地面；运球开始时，在球离手前中枢脚不可以抬起。违反这两条规定即为带球跑违例。 （2）两次运球违例：队员第一次运球结束后不得再次运球，否则即为两次运球违例。 （3）脚踢球违例：脚踢球就是用膝、膝以下腿的任何部位或脚去击球或拦阻球。如果这种行为是故意时即是违例。

规则	说明
违例	（4）球回后场违例：控制球的队员在前场使球进入后场后，又被该队队员首先触及球。 （5）球出界违例：当球触及界外的队员或任何其他人员；界线上、界线上方或界线外的地面或人、物体；篮板的支柱或背面，即为球出界。 （6）掷界外球违例：掷界外球队员在处理球时，5 s 未将球掷出；掷球时脚踏过界线，将球掷入场内，未经其他队员触及又先触到球；掷出的界外球碰篮板背面、支柱、天花板、卡在篮圈支颈上或者直接中篮；球飞过或滚过场内，没有触及任何队员，落入另一界线外；球先触及界外地面，后弹入场内等。以上情况均为违例。 （7）3 s 违例：某队控制球且球在该队前场的条件下，同队队员在对方限制区内停留的时间超过 3 s，为3 s 违例。 （8）5 s 违例：掷界外球时，5 s 内未将球掷出；当被严密防守（在正常的一步之内）的持球队员没有能够在 5 s 内传、投、滚或运球；罚球时，裁判递交球后，罚球队员未能在 5 s 内将球投出。以上三种情况均为 5 s 违例。 （9）10 s（或 8 s）违例：一个队从后场控制一个活球开始，必须在 10 s 内（一些比赛规定 8 s 内）使球进入前场，否则判违例。 （10）30 s（或 24 s）违例：当一名队员在场上控制一个活球时，该队没有能够在 30 s（NBA 等比赛规定 24 s）内投篮出手，即违例。 （11）干扰球违例：投篮的球在篮圈水平面上方下落飞向球篮过程中，双方队员不得触球，否则判违例。进攻队员干扰球违例，球成死球，不能得分；防守队员干扰球违例，无论球是否入篮，均判进球得分
犯规	犯规是违反规则的行为，包含与对方队员的身体接触或违反体育道德的举止。 （1）侵人犯规：侵人犯规是在活球、球进入比赛状态或死球时涉及与对方队员接触的队员犯规。队员不准通过伸展臂、肩、髋、膝、脚或弯曲身体成不正常姿势以阻挡、拉、推、撞、绊等动作来阻碍对方行进；也不准使用任何粗野动作。否则就是侵人犯规，包括以下几种：①阻挡是阻止对方队员行进的身体接触。②撞人是持球或不持球的队员推动或移动对方队员躯干的身体接触。③从背后防守是防守队员从对方队员的背后与其发生的身体接触。④用手拦阻是防守队员在防守状态中用手接触对方队员，或是阻碍其行动或是帮助防守队员来防守对手的动作。⑤拉人是干扰对方队员移动自由而发生的身体接触。⑥非法用手是发生在队员试图用手抢球接触了对方队员时，如果仅仅接触了对方队员持球的手，则被认为是附带的接触。⑦推人是用身体的任何部位强行移动或试图移动已经或没有控制球的对方队员时发生的身体接触。⑧非法掩护是试图非法拖延或阻止非控制球的对手到达希望到达的场上位置。对于侵人犯规，在所有情况下都要登记犯规队员一次侵人犯规。此外：如果对没有做投篮动作的队员犯规，由非犯规队在距发生犯规地点最近的界外掷界外球重新开始比赛；如果对正在做投篮动作的队员犯规，如果投中篮，要计得分并判给一次罚球，如果 2 分或 3 分投篮没有成功，则判给两次或三次罚球。 （2）双方犯规：双方犯规是指两名对抗的队员几乎同时互相犯规的情况。出现双方犯规，登记每位犯规队员一次侵人犯规；由双方犯规队员在最近的圆圈内跳球重新开始比赛；如果双方犯规的同时投球命中得分，要由未分队队员在端线使球进入比赛状态。 （3）违反体育道德的犯规：裁判认为队员蓄意地对持球或不持球的对方队员造成侵人犯规为违反体育道德的犯规。违反体育道德犯规，要登记犯规队员一次违反体育道德的犯规；要判给非犯规队罚球再加一次球权（即两罚一掷）；如果被犯规的队员正在做投篮动作，如投中，要判得分并再判给一次罚球；如果被犯规的队员正在做投篮动作，投篮未得分，则根据投篮的地点判给两次或三次罚球。罚球后，无论最后一次罚球成功与否，均由罚球队的任一队员在记录台对面边线的中点处掷界外球。 （4）取消比赛资格的犯规：当发生技术犯规，侵人犯规等十分恶劣的不道德犯规时，裁判会宣判取消比赛资格的犯规。对于取消比赛资格的犯规，要登记犯规队员一次取消比赛资格的犯规，并被取消比赛资格；判给非犯规队罚球和随后的球权（与违反体育道德犯规罚则相似）。 （5）技术犯规：属于非接触犯规，如不顾裁判警告；触犯裁判、技术代表、记录台人员或球队席人员；使用冒犯或煽动观众的语言和举止；戏弄对方队员或在对方队员的眼睛附近摇手妨碍其视觉；在球穿过球篮后，故意触及球以延误比赛，阻碍掷球入界以延误比赛；假摔伪造一次犯规等。对技术犯规的处罚，是判给对方 2 次罚球，然后在记录台对面的中线延长部分掷球入界

知识窗

　　NBA（National Basketball Association）是美国职业篮球联赛的简称，于1946年6月6日在纽约成立，是由北美三十支队伍组成的男子职业篮球联盟，它汇集了世界上最顶级的球员，是美国四大职业体育联盟之一。

　　随着王治郅、巴特尔、姚明、易建联、周琦先后加盟NBA，NBA在中国不断升温，成为其拓展亚洲市场的绝佳时机。

　　现在更多的NBA活动可以在中国进行，也受到了非常多球迷的欢迎，如：NBA中国赛，NBA嘉年华，休赛期球星访华等活动都可以说明NBA在中国越来越普及。

　　三人篮球是在五人篮球比赛的一半场地内进行的一种游戏，在210 m² 场地内只有六名队员比赛。克服了五人篮球全场奔跑反击、打快攻等体力较难承受的缺点，更适合青少年生理和心理特点。

第五章　排球运动

排球运动以其"形式的多样性和广泛的群众性、技术的全面性和高度的技巧性、激烈的对抗性和严密的集体性、轻松的娱乐性和高雅的休闲性"等特点在我国早已成为大家喜闻乐见的一项普及运动项目。排球运动是我国青少年学生最喜爱的一项体育运动，排球运动场景已成为学校一道靓丽的风景线。

第一节　排球运动概述

一、排球起源与发展

排球运动诞生于 1895 年，由美国人威廉·G.摩根发明，排球运动发明之初，摩根只是想创造一种较为缓和、活动量适当并适合老年人锻炼需要的游戏式运动项目，并将其取名为"小网子"。1897 年 7 月随着排球器材的规范化，打法和简单规则的制定，排球运动很快在全美逐渐开展起来，得到全美各教会、学校和社会的广泛重视，并被列为美国军事体育项目。排球运动于 1905 年传入我国，在抗战时期是我党干部和群众主要的体育运动项目之一。

排球运动于 1961 年正式成为奥运会项目，排球技术经过百年的发展与奥林匹克"更快、更高、更强"的精神高度吻合。排球运动是世界三大球运动之一。从 1981—1986 年，中国女排以独特的技术、战术风格和顽强拼搏的精神，获得"五连冠"。2003 年后多次获得世界杯和奥运会冠军，我国排球在技术、战术打法上处于世界领先地位。

二、沙滩排球运动简介

沙滩排球起源于 20 世纪 20 年代的美国。大多数人认为美国加利福尼亚的莫尼卡（Santa Monica）是沙滩排球的发源地。沙滩排球以其独特的魅力倍受球迷和体育爱好者的喜爱，被誉为"21 世纪最杰出的运动项目之一"。

沙滩排球的基本规则、场地大小、用球、得失分和交换发球权等与室内排球运动基本一样。

三、软式排球运动简介

软式排球运动是一项新兴的体育运动项目，1988 年诞生于日本。20 世纪 80 年代末，软式排球运动在世界范围开始流行。20 世纪 90 年代，软式排球运动传入我国并开始在我国推广传播。2000 年以来，在中国排球协会、国家体育总局排球运动管理中心的大力倡导和组织下，在国家教育部的强力推动下，软式排球在我国，特别是在大、中、小学及社会团体中有计划、有组织地开展。作为排球家族的后起之秀，软式排球在非专业人群中受到了越来越多的欢迎和关注。

软式排球运动与排球运动的最大的差异是球的质量小、质地柔软、球速慢、不伤手指、娱乐性强。软式排球运动分准备姿势与移动、发球、垫球、传球、扣球和拦网六大基本技术。

四、气排球运动简介

气排球运动是我国自有的一项群众性排球活动。1984 年，呼和浩特铁路局集宁分局为开展老年人体育活动，最初在没有正式比赛规则的情况下，组织离退休职工使用气球在排球场地进行娱乐活动。由于气球过轻且易爆，他们将两个气球套在一起使用，后来改用儿童软塑球。随后参照 6 人制排球规则制定了简单的比赛规则，并将这种活动形式取名为"气排球"。气排球由软塑料制成。比赛用球质量约 120 g，比普通排球轻 100 ～ 150 g；圆周 74 ～ 76 cm，比普通排球圆周长 15 ～ 18 cm；比赛场地 13.4 m×6.1 m（采用羽毛球场地即可），比普通场地长和宽分别少 5 m 和 3 m；比赛网高男子 2.1 m，女子 1.9 m，混合网 2 m。参赛队员 5 人。球的颜色为黄色。其打法和计分方法与竞技排球基本相同。

气排球运动是一项集运动、休闲、娱乐为一体的群众性体育项目，作为一项新型的体育运动，如今已经受到越来越多老年人的青睐。现在气排球运动作为全国老年体协的五大竞技项目之一，从中国火车头体育协会首先推出该项目以来，先后在浙江、福建、上海、江苏、湖南、广西、重庆等地得到了很好的推广，参加的老年人越来越多，尤其以广西最为普及。

第二节　排球运动基本技术

排球运动技术是指在排球规则允许的条件下，队员采用的各种合理的击球动作和其他配合动作的总称。传球、垫球、发球、扣球、拦网等技术称为有球技术，准备姿势与移动称为无球技术。

一、准备姿势

准备姿势的目的是能灵活而迅速起动。按人体重心的高低将准备姿势分为稍蹲、半蹲和低蹲（也称深蹲）三种，半蹲准备姿势如表 5-1 所示。

表 5–1　排球半蹲准备姿势

两脚开立，脚尖内扣，脚跟稍提起，膝关节适当弯屈，双手自然放松置于腹前，适当前伸
注意事项：准备姿势时身体要适当放松，两脚脚跟提起并始终保持微动，不能"站死"或简单地成"直立"姿势，同时注意力要集中，便于及时起动

二、移动

移动的目的是及时接近球，保持好人与球的位置，以便击球，同时也是迅速占据场上有利位置。起动后，应根据临场技、战术的需要，灵活地采用多种移动步法进行移动。移动过程分起动、位移和制动三个环节。常用的主要移动步法有并步、跨步、交叉步、滑步和跑步等，其中跨步、交叉步技术要领如表 5-2 所示。

表 5–2　跨步、交叉步技术要领

跨步	交叉步
左脚蹬地，右脚向右跨出一大步，重心迅速移至跨出脚上成准备姿势。当蹬地后身体有腾空过程且另一只脚也有位移时称跨跳步	上体稍右转，左脚经右脚前向右交叉迈出一步，然后右脚再向右跨出一大步，同时身体转向来球成准备姿势

练习方法：
（1）先做各种姿势或动作，听到指令后迅速转为准备姿势。要求动作迅速，姿势正确。
（2）看手势连续做变向移动练习。要求起动迅速、制动稳当。
（3）穿网移动练习。要求移动时重心平稳，动作协调、连贯。
（4）抢球游戏：两人一组，中间适当位置放置一个球，听到指令后采用指定步法移动抢夺球。要求步法正确，移动灵活。
（5）先成准备姿势，根据抛来球的不同方向、速度、弧度、落点，合理运用各种步法移动至适当位置，在腹前一臂距离处用双手接住球。要求判断准确，移动迅速，步法合理

注意事项：
（1）移动过程中要尽量使重心保持平稳。
（2）先移动，到位后再做击球前的准备动作，不能过早做好击球准备，以免影响移动速度

三、传球

传球是用手指、手腕动作完成击球的一种技术动作，主要用于衔接防守和进攻。手指、手腕的感觉灵敏，能比较精确地控制球的方向、速度和落点。

传球技术种类较多。一般按照传球方向可分为正面传球、背向传球和侧向传球。正面上手传球技术要领如表 5-3 所示。

表 5-3　正面上手传球技术要领

稍蹲，屈肘，双手自然抬起，放松置于脸前。当来球接近额前时，蹬地伸膝伸臂，手指张开从脸前向前上方迎送。在额前上方约一球处击球，击球时，手腕内扣后仰，两手掌相对，成半球形，手指张开且有一定弧度，掌心空出。手指主要以拇指内侧、食指全部和中指二、三节部位承担球的压力，无名指、小指控制球的方向。击球后，两手自然前递并立即做下一个准备动作
练习方法： （1）徒手模仿练习，要求动作正确。 （2）触定位球，要求以正确传球姿势及手型触球，体会手型、击球点、手指触球部位。 （3）连续垂直上下或对墙传球，要求体会手指的缓冲与弹出动作。 （4）两人一组传球，要求先一抛一传，逐渐过渡到连续对传，注意正确的击球点。 （5）"传准"练习，要求将球传到指定范围
注意事项： （1）手型要正确，击球前应主动迎击球，以免持球。 （2）两手间的距离要恰当，以无名指、小指触及球的两侧，以免漏球。 （3）击球时，要主动向前上方伸送而不是屈腕，以免球从指尖滑出。 （4）击球点应保持在额前上方一球处

四、垫球

垫球是比赛中运用最多的击球动作，通过手臂或手的坚硬部位触球，利用身体动作来控制球的反弹路线。垫球是排球的基本技术之一，用于接发球、接扣球、接拦回球等。最常用的垫球动作是前臂垫球，根据不同来球采取不同的击球动作，可分为正面双手垫球、体侧双手垫球和背向双手垫球等，垫球手型主要包括抱拳式、叠掌式和互扣式，如表 5-4 所示。

表5-4　垫球手型与正面双手垫球技术要领

垫球手型		
抱拳式	叠掌式	互扣式
双手抱拳互握，两拇指并拢，平行向前	两手掌根紧靠，两手手指重叠后合掌互握，拇指并拢平行向前	两手腕部紧靠，两手自然放松
正面双手垫球		
正对来球，半蹲准备，当球飞至腹前一臂距离时耸肩含胸，抱好手型前伸，插入球下，然后向前上方蹬地，两臂夹紧伸直上抬，同时手腕下压，用前臂腕关节面垫击球的后下部		
练习方法： （1）徒手模仿练习，要求动作正确、协调。 （2）适当高度的定位球，要求体会整个垫球动作，注意正确的垫球平面、击球部位、击球点。 （3）连续垂直上下垫球，要求体会手臂夹、抬时机及击球点的正确性与稳定性。 （4）两人一组垫球，要求先一人抛、一人垫，逐渐过渡到连续对垫；垫球力争到位。 （5）接发球，要求先近距离发球，逐渐加大距离		
注意事项： （1）夹、抬手臂时机要恰当。 （2）要根据出球的弧度、速度调整好手臂的角度，击球点位置要恰当		

五、发球

发球是比赛的开始，也是进攻的开始。好的发球不仅可以直接得分，或破坏对方的战术组成，而且可以在心理上给对方造成很大的威胁，变被动为主动，为防守反击创造有利条件。

发球是指队员在发球区用一只手将自己抛起的球直接击入对方场区的动作。发球是排球比赛的一项重要的进攻性技术，是唯一不受他人制约的技术。发球技术根据动作结构大体可分为正面下手发球、侧面下手发球、正面上手发球等，如表5-5所示。

表5-5　发球技术要领

正面下手发球
面对球网，两脚前后开立，膝微屈，上体稍前倾，左手持球于腹前，右臂伸直后摆。抛球的同时，右脚蹬地，重心前移。右手指、腕紧张，在腹前右侧以全掌、虎口或半握拳击球的后下部。击球后，迅速进场

侧面下手发球
侧对球网，两脚自然开立，膝微屈，左手托球于腹前。将球平稳抛起的同时右臂摆至右侧后下方。右脚蹬地，身体左转，带动右臂以肩为轴直臂向前上方摆动。在腹前以全掌、虎口或半握拳击球的右后下部。击球后，迅速进场

正面上手发球
面对球网，两脚自然开立，左脚在前，左手托球于腹前。将球平稳抛起，高度适中。同时，右臂抬起，屈肘后引，手掌自然张开，同时抬头、挺胸、展腹。然后右脚蹬地，上体左转，身体重心前移，同时收腹带动手臂做鞭甩动作，在右肩上方的最高点以全手掌击球的后中下部。击球时，手指自然张开吻合球，手腕迅速主动地推压球，使球呈上旋飞行。击球后，迅速进场

练习方法： （1）徒手模仿发球练习，要求动作正确、协调。 （2）在适当高度做标记，将球抛至标记处。要求抛球平稳、到位。 （3）击正确位置上的定位球。要求挥臂、击球手型、击球部位正确。 （4）两人一组近距离发球。要求体会整个动作过程。 （5）发球，要求体会不同击球力量与部位同球的飞行速度、弧度、方向等的关系

注意事项： （1）整个动作要连贯、协调。抛球要平稳、到位。 （2）击球部位要准确。 （3）击球点、击球部位、击球手型要正确，且全身协调用力

六、扣球

扣球是指队员跳起在空中，用一只手或手臂将本方场区上空高于球网上沿的球击入对方场区的一种击球方法，是排球技术中攻击性最强的一项技术。扣球的攻击性主要是由于它具有击球点高、速度快、力量大、变化多的特点，可以扣出各种不同速度、不同角度、不同落点的变化球，使扣球更具进攻威力。

扣球是主动进攻最有效的方法，是得分的重要手段，可分为正面扣球和单脚起跳扣球。正面扣球主要由准备姿势、助跑、起跳、空中击球和落地5个环节组成。根据扣球动作的运用与变化又可分为近网扣球、远网扣球、调整扣球、扣快球和自我掩护扣球等。

扣球技术有几种变化，即转腕扣、转体扣、超手扣、打手出界、轻扣、搓和吊等。正面扣球、调整扣球和快球技术要领如表5-6所示。

表5-6 正面扣球、调整扣球和快球技术要领

正面扣球
以右手扣球为例。助跑（一般有一步、二步、三步和多步法）最后一步要大、快、支撑点在重心之前，同时另一只脚迅速跟上并步，重心由脚跟迅速移至前脚掌，蹬地，同时两臂由后向前上方划臂，带动身体向上起跳；起跳后挺胸展腹，上体后仰且稍向右转，左手自然抬于胸前，右手屈肘抬起后引，身体成反弓形；挥臂时，迅速转体收腹，依次带动肩、肘、腕各关节成鞭打动作向前上方挥动，在右肩前上方一臂处击球；击球时，五指微张，以全手掌包满球击打球的后中部且迅速主动屈腕、屈指做推压动作，使扣出的球加速上旋；击球后，应力争双脚同时落地，由前脚掌迅速过渡到全脚掌，同时顺势屈膝弯腰缓冲下落力量

调整扣球
在接发球或后排防守垫球不到位时，二传队员从后场区将球传到网前进行扣球。调整扣球技术动作与正面扣球相同，但由于二传球来自后场区，有近网球也有远网球，还有拉开球和集中球，与球网有一定的角度并且弧线不固定，扣球队员难以判断，因此扣这种球难度较大。扣球队员要准确判断来球的方向、路线、速度和落点。调整好人和球的关系，选择好起跳点，掌握好起跳时间。根据人和球网的距离，合理地采用不同的扣球方法，控制好扣球的力量、速度、方向、路线和落点

快球
扣球队员在二传队员传球前或传球的同时起跳，迅速将二传队员传出的球击入对方场区。快球在时间上争取主动，起着攻其不备、突然袭击的作用，可使对方拦网和防守产生判断错误。这种扣球的特点是速度快、力量大、时间短、落点近、突然性强、牵制能力大。 快球技术动作方法较多，有近体快球、半快球、短平快球、平拉开快球、背快球、背平快球、调整快球等

续表

练习方法：
（1）徒手模仿练习，要求动作正确、协调，着重体会动作过程。
（2）原地对墙自抛自扣，要求抛球稳，扣球时体会"手掌包满、上肢鞭甩"。
（3）扣适当高度的定位球，体会动作过程及空间感觉。
（4）扣抛球，要求抛球弧度、落点基本一致，便于掌握起跳点及时机。
（5）扣传球，要求起跳点与时机恰当

注意事项：
（1）扣球时应注意"晚上步，快助跑，跳得高，击球满"。
（2）助跑的最后一步，支撑点控制在重心之前以免"冲网"。
（3）根据球的弧度、速度及落点决定助跑距离和起跳时机及击球点以免起跳过早或过晚，击球点过前或过后。
（4）挥臂击球应"拉得开、挥得快、甩得直、打得满"。
（5）击球瞬间要主动屈腕、屈指推压，不能拖肘

七、拦网

靠近球网的队员，将手伸向高于球网处阻挡对方来球的动作，称为拦网。拦网是排球比赛中的第一道防线。只有前排队员可以拦网，后排队员不允许拦网。如后排队员将球拦回，则为犯规。拦网技术动作包括准备姿势、移动、起跳、空中动作和落地 5 个相互衔接的动作。

拦网的种类按运用可以分为拦后攻、拦快攻、拦强攻、移动拦网和原地拦网。按照动作可以分为直臂拦网、屋檐式拦网和盖帽式拦网。按照人数可以分为三人拦网、双人拦网和单人拦网，其中单人拦网技术要领如表 5-7 所示。

表 5-7　单人拦网技术要领

两脚平行开立，膝稍屈，两手置于胸腹间。起跳时，先降低重心，两膝弯曲，然后用力蹬地，同时，两臂顺势由胸腹间向上提。起跳后两臂伸直并拢，双肩上提，前臂靠近网。拦击时，含胸收腹，两臂尽量过网伸向对方上空，两手自然张开，指微屈，成勺形。触球时，两手突然紧张，手腕用力下压盖住来球。为防止打手出界，触球前手臂上提，外侧手稍向内转。完成拦网后，含胸收腹，屈膝缓冲，迅速做好下一动作的准备

练习方法：
（1）连续原地或移动起跳拦网，注意含胸收腹，手臂尽量伸过网。
（2）两人一组隔网连续原地或移动起跳，在网上空相互击掌，注意控制身体。
（3）连续拦网口定位球，体会"盖、压"动作。
（4）结合扣球的拦网练习，要求判断、移动迅速，起跳时机准确

注意事项：
（1）垂直上跳，空中应含胸收腹，头不宜前倾以免"触网"。
（2）前臂贴近网沿，手尽量伸向对方上空以免"握裹"。
（3）双臂紧贴耳际伸直。
（4）集体拦网时，队员间间隔距离要适当以免"漏球"

第三节　排球运动主要战术

排球运动战术是指运动员在比赛中，根据排球运动竞赛规则和排球运动的规律、比赛双方的具体情况和临场竞赛的发展变化，合理运用个人技术及集体配合所采取的有意识、有组织的行动。按战术的参与人数分为个人战术和集体战术；按战术的组织形式分为进攻战术和防守战术；按战术运用分为接发球及其进攻、接扣球及其进攻、拦回球及其进攻和接传、垫球及其进攻。

一、阵容配备、位置交换、信号联系及"自由人"

1. 阵容配备

阵容配备是合理地使用和发挥队员特长的一种组织手段。配备阵容时要考虑攻与守、传与扣、强与弱的平衡。各个轮次都能最大限度地发挥队员的特长。阵容配备的主要形式有"四二"（场上队员有 4 名进攻队员和 2 名二传队员）配备、"五一"（场上队员有 5 名进攻队员和 1 名二传队员）配备、"三三"（场上队员有 3 名进攻队员和 3 名二传队员）配备 3 种，如图 5-1 所示。

图 5-1　阵容配备的主要形式

2. 位置交换

为了最大限度地发挥每个队员的特长，加强攻防力量，在比赛规则允许的条件下可采用交换位置的方法。位置交换通常分前排队员之间换位与后排队员之间换位。

前排换位是为了让攻手换到自己的专位上进行拦网与进攻，有利于得分。

后排队员之间换位，是为了加强后排防守，发挥个人防守专长，以确保防守质量。

不管是前排还是后排位置的交换，换位前都应按规则轮转的位置站位，防止越位犯规。

3. 信号联系

在观看比赛时，我们经常看到接发球方的队员在对方发球前，用手势作为暗号进行联系，其目的是战术的组织，一般手势暗号由二传队员发起。信号联系应力求简单、明确，使全队队员都熟悉，同时使用时要注意隐蔽，以免泄露进攻意图。常用的信号联系主要有以下两种。

（1）手势信号。一般在接发球前，队员之间用手势信号进行联系，确定打哪种战术。这些手势信号是事先经过协商统一的，主要由二传队员出示，组织全队的进攻配合。也可由发动快攻的队员出示第一手势，表示选择打什么样的快球，然后再由二传队员出示第二手势，通知其他进攻队员，组织各种战术。

（2）语言信号。一般在组织防守反攻时，队员之间使用语言信号直接进行联系。如用简单的一两个字"快""拉""高""交叉"等。也可把进攻战术编成代号，以代号进行联系。在使用语言信号时，应特别注意不要暴露进攻意图。

4."自由人"运用

"自由人"是专职防守的队员，负责接发球和后排防守。通常自由人具有全队最快的反应速度和最好的一传与防守技术。由于自由人不需要在网前进攻或防守（规则不允许），因此可选择由一传技术好的矮个子队员胜任自由人，这样可大大提高全队的防守水平。另外，因自由人的替换次数是不受限制的，且不计入正规换人次数，可在一些前排队员体力下降轮换至后排时，用自由人替换下场休息，以便下一轮次提高攻击水平。所以，科学、合理地选择并运用自由人，也是战术中不可或缺的一项。

二、排球运动基本进攻战术

进攻战术可以分为两类：由前排队员作二传组织进攻的"中、边一二"战术和由后排队员作二传组织进攻的插上战术（见表5-8）。二传在进攻体系中主要起组织的作用，二传手被现代排球推崇为全队的"核心""灵魂"。

表 5-8　排球进攻战术

"中一二"战术	"边一二"战术
这种战术一般采用"二四"配备，由3号位队员担任二传。接发球时，其他5名队员把球送给二传，再由二传将球分配到2号或4号位进攻	由2号位队员担任二传。接发球时，其他队员把球送给二传，再由二传将球分配到3号或4号位进攻

续表

插上战术
比赛开始后，后排的二传插入前排担任二传，以保证前排队员充分利用球网宽度，组织丰富、多变、巧妙的快速进攻战术

三、排球运动防守战术

排球运动的防守战术是组织进攻或反攻战术的基础，没有严密的防守，进攻就无从组织。而一切防守战术都应从积极为进攻和反攻创造条件的角度进行设计和考虑。防守战术分无人拦网、单人拦网和双人拦网的防守战术（见表5-9）。无人拦网的防守战术形式这是一种初级、简单的防守战术形式。其站位方法与五人接发球的站位方法相同。单人拦网防守战术是基础的接扣球防守战术。当对方进攻的威力较大，路线变化较多，单人拦网不足以阻拦对方进攻时，应采用双人拦网防守战术。

表 5-9　排球防守战术

无人拦网防守阵形	
无人拦网"边一二"防守阵形	无人拦网"中一二"防守阵形

续表

单人拦网防守阵形
在对方进攻威力不大，路线变化不多时，一般多采用单人拦网防守战术

双人拦网防守阵形

双人拦网"边跟进"防守战术就是由 1 或 5 号位队员跟进作保护的防守形式。前排不拦网的队员要后撤参加防守，与后排三名队员形成面对进攻点的弧形防守区	双人拦网"心跟进"防守战术固定由 6 号位队员跟进保护、防吊球的防守形式，称为"心跟进"防守

第四节　排球运动主要规则

排球比赛每队由 6 名队员组成，比赛的目标是要每队采用合于规定的方法击球过网，落于对方的场地上，同时防止球在自己的场地上落地。每一队有三次机会将球击回对方的场区（拦网触球除外）。

比赛由发球开始，队员击球过网进入对方的场区，双方往返击球，直到球触地、出界或一队无法正确地回击为止。球队赢得一球则获得一分，当接发球队赢得一球，该队得到一分并取得发球权。

一、场地与器材

1. 比赛场地

比赛场区为长 18 m、宽 9 m 的长方形。中间隔一个球网，球网两边挂有标志带，其外沿有 1.80 m 长的标志杆。所有的界线宽 5 cm。边线和端线都包括在比赛场区的面积之内。排球比赛场地如图 5-2 所示。

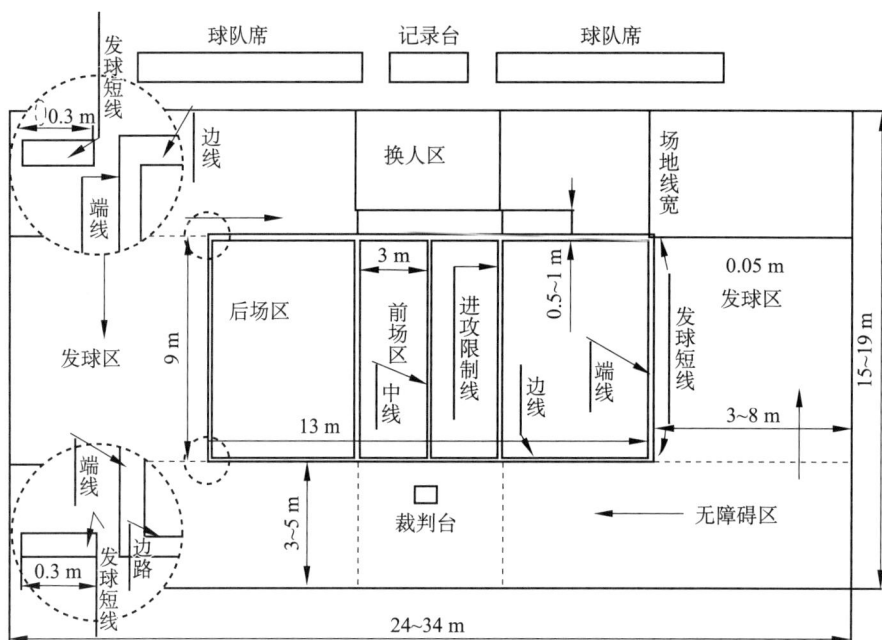

图 5-2　排球比赛场地

2. 球网

场地中线上空架有球网。网宽 1 m，长 9.50 m，挂在场外两根圆柱上。女子网高 2.24 m，男子网高 2.43 m。

球网两端垂直于边线和中线的交界处各有 5 cm 宽的标志带，在其外侧各连接一根长 1.80 m 的标志杆。

3. 球

球的圆周为 65 ～ 67 cm，质量为 260 ～ 280 g，气压为 0.40 ～ 0.45 kg/cm²。

4. 标志带与标志杆

标志带为两条宽 5 cm、长 1 m 的白色带子，分别系在球网两端，垂直于边线。标志杆长 1.80 m、直径 10 mm，由具有韧性玻璃纤维制成。两根标志杆分别设置在标志带外沿球网的不同侧面，并高出球网 80 cm，且高出部分每 10 cm 都涂有红白相间的颜色。标志带和标志杆都是球网的一部分，标志杆同时又是球网的边界。

二、排球运动主要规则简介

排球运动主要规则如表 5-10 所示。

表 5-10　排球运动主要规则

规则	说明
计分方法	（1）当队员的行为违背了规则的要求时，要被判为犯规，其后果是对方得 1 分。 （2）胜一分，比赛采用每球得分制，胜一球即胜一分。 （3）胜一局，比赛的前 4 局以先得 25 分，并同时超出对方 2 分的队为胜一局。决胜局以先得 15 分，并同时超出对方 2 分的队获胜。 （4）胜一场，正式比赛采用五局三胜制。最多比赛 5 局，先胜 3 局的队为胜一场
队员的位置	发球队员击球时，双方队员（发球队员除外）必须在本场区按轮转次序站位。靠近球网的 3 名队员为前排队员，其位置为 4 号位（左）、3 号位（中）和 2 号位（右）。另外 3 名队员为后排队员，其位置为 5 号位（左）、6 号位（中）和 1 号位（右）。每一后排队员的位置必须比其相应的前排队员距离球网更远。前后排队员左右之间则按上述的规定站位
界内球	球触及比赛场区的地面及界线均为界内球
界外球	（1）球接触地面的部分完全在界线以外。 （2）球触及场外物体、天花板或非比赛成员等。 （3）球触及标志杆、网绳、网柱或球网标志杆以外部分。 （4）球的整体或部分从过网区以外过网
比赛中的击球	（1）比赛队必须在其本场地内及其空间进行比赛，但允许队员越出无障碍区将球救回。 （2）每队最多击球 3 次（拦网除外），超过 3 次将被判为"4 次击球犯规"。无论是主动击球或被动触击，均视为击球一次。 （3）一名队员不得连续击球 2 次。 （4）"持球"：没有将球击出，造成接住或抛出。 （5）"连击"：一名队员连续击球 2 次或球连续触及其身体的不同部位
触网	（1）触网为犯规。但队员未试图进行击球的情况下，偶尔触网除外。 （2）队员击球后可以触及球柱、全网长以外的网绳或其他任何物体，但不得影响比赛
进攻性击球	（1）除发球和拦网以外，所有直接击向对方的球都是进攻性击球。 （2）前排队员可以对任何高度的球完成进攻性击球，但击球点必须在本场地的空间之内。 （3）后排队员可以在进攻线后完成进攻性击球，但起跳时脚不得踏及或越过进攻线，击球后可以落在前场区。后排队员也可以在前场区完成进攻性击球，但触球时球的一部分必须低于球网。 （4）对方发球时，接发球队不能在进攻区内对高于球网上沿的球做进攻性击球
拦网	（1）只有前排队员才可以进行拦网。 （2）球可以连续触及拦网队员身体的任何部分。 （3）拦网时，队员可以将手或手臂伸过球网，但不得影响对方击球。过网拦网应在对方队员进攻性击球之后。 （4）拦网的触球不包括在球队 3 次击球之内。 （5）不得拦对方的发球
不良行为及其判罚	（1）比赛中队员的不道德行为（如争辩、恫吓等），将被警告，但不进行判罚。如果再次被警告，则判该队失一球。 （2）队员有违背道德原则的粗鲁行为时，判该队失一球；若重犯，则令其出场。 （3）同一队员两次被判罚出场，则取消其比赛资格
自由人	（1）球队可以没有自由人，但最多只登记两人。每队在比赛时只能有一位自由人在场上。 （2）自由人必须身着与其他同队队员明显不同颜色的球衣。 （3）自由人的替补不计入普通队员的替换次数（不计录）。 （4）自由人的轮转只限于后排。不得发球或轮转至前排，并不得拦网或企图拦网。 （5）如二传以自由人于前排以高手将球传出，则第三球攻击高度不得超过网高。 （6）自由人不得为球队队长

知识窗 ——

世界杯是由全球高水平的男、女球队参加的国际性的排球比赛，每四年举办一次。1991年，世界杯赛被改为在奥运会的前一年举行，相当于奥运会的资格赛。

中国女排为世界排球作出了突出贡献的技术包括：创新了"快速反击"战术，在技、战术打法上走在世界前面；创造了"全攻全守""高快结合"的新型打法；创新了单脚起跳背飞扣球、前快错位背飞等快攻战术。

女排精神是中国女子排球队顽强战斗、勇敢拼搏精神的总概括。2021年9月，中国共产党中央委员会批准了中央宣传部梳理的中国共产党人精神谱系第一批伟大精神，女排精神被纳入。定义为"祖国至上、团结协作、顽强拼搏、永不言败。"

第六章　足球运动

本章导语

足球运动被誉为"世界第一运动",深受世界各国人民的喜爱。足球比赛场地大、时间长、人数多、影响广,其技术精细复杂难度大,战术巧妙多变要求高,攻守对抗异常激烈,比赛竞争扣人心弦。由于足球运动所具有的特殊魅力,一场精彩的足球赛事能吸引数以万计的现场观众和亿万电视观众观赏。有些国家对本国球队参加国际大赛的胜利像欢庆民族节日,举国倾城狂欢庆祝。总之,足球运动在人们生活中占据的地位和具有的意义,已远远超出体育运动的范畴。

第一节　足球运动概述

足球运动是青少年学生最喜爱的球类活动之一,是一项以脚支配球为主,两队攻与守相对抗,以射球入门多少判定胜负的球类运动。足球主要以脚支配球,也可以使用头、胸部等部位触球(除守门员外,其他队员不得用手或臂触球;守门员只能在己方禁区内用手或臂触球)。2004年2月4日,国际足球联合会宣布:足球起源于中国古代的蹴鞠。

一、足球运动起源与发展

现代足球起源于1848年的英格兰剑桥,来自5所中学的学生就一套足球比赛规则达成一致,并制定了共10条的足球竞赛规则。1863年10月26日,英国足球协会在伦敦成立,制定了第一个足球规则,标志着现代足球运动的诞生。

1930年7月13日,第一届世界杯足球赛在乌拉圭举办,冠军是乌拉圭国家队。世界杯足球赛每四年一届,是全球规模最大、水平最高、场面最壮观的足球盛会,为全世界瞩目。

现代足球进入中国的第一站是香港,随后一些沿海大城市的教会学校也相继开展了现代足球运动。随着学生不断地走向社会,现代足球运动也被带向了社会,并逐渐得到了发展。新中国成立后,中国足球运动逐渐得到了发展。

二、7人制足球比赛简介

7人制业余足球比赛,由于参加人数少,场地空间小,人均传接球次数多,攻守转换节奏快,射门机会多,因此是广大青少年喜欢的一种比赛形式。7人制足球比赛在欧洲和南美很多国家早有开展，基本套用 11 人制足球比赛的规则，两者存在差异。

第二节　足球运动基本技术

足球运动的技术，是指运动员在足球活动和比赛中，有目的、有意识地运用脚和规则允许的身体的各个部位去合理地支配球的动作方法总称。足球基本技术包括踢球、停球、运球、头顶球、抢截球、掷界外球、假动作和守门员技术等。

一、踢球

踢球是指按一定的动作，用脚的某一部位将球踢向预定的目标，主要用于传球和射门。按脚触球的部位，可分为脚内侧踢球、脚背正面踢球、脚背外侧踢球、脚背内侧踢球等多种技术（见表 6-1）。

表 6-1　踢球技术要领

脚内侧踢球	脚背正面踢球
踢球时，直线助跑，支撑脚踏在球的侧后方，约 15 cm 距离，脚尖勾起，小腿加速摆动，脚掌与地面平行，用脚弓内侧击球的中部	直线助跑，最后一步较大，支撑脚脚尖正对出球方向，用脚背正面击球后中部，踢高球时击后下部
脚背外侧踢球	脚背内侧踢球
与脚背正面踢球方法基本相同，只是当踢球腿的膝部摆至球的正上方时，要求膝关节内转并加速快摆，脚面绷直	踢球时，斜线助跑。支撑脚踏在球的侧后方，脚尖指向出球方向，上体向支撑脚稍倾斜。踢球腿后摆，脚稍外转，脚面绷直，用脚背内侧击球后中部（踢高球时击后下部），踢球腿随球前摆

练习方法：
（1）两人一组，一人用脚底踩球，另一人助跑上前踢球（不踢出），体会支撑脚落地选位、踢球腿的摆动与触球部位。然后两人面对站立，用一个球踢定位球。
（2）利用足球墙进行练习。距足球墙 5 m 左右进行脚内侧或脚背内侧连续踢球练习，逐步增加距墙距离和踢球力量。
（3）分成两组，在中间放上栏架，用一个球两边对踢，两组进行比赛，以球从架中穿过多者为胜。
（4）站在角球区（或离球门近一点的位置），练习踢角球，或进行踢角球比赛，以踢进罚球区或球门区多者为胜

二、停球

停球是指有意识地将球停下来，控制在自己的活动范围内，以便更好地处理球。停球技术较多，常见停球技术包括脚底停球、脚内侧停球、脚外侧停球、胸部停球和大腿停球等，如表 6-2 所示。

表 6-2　停球技术要领

脚底停球	脚内侧停球
支撑脚微屈，停球脚脚尖正对来球，上翘，踝关节放松，用脚前掌触球上部。停反弹球时，停球脚前掌正对球的反弹方向	支撑脚膝关节微屈，停球腿屈膝外展前迎，当脚与球接触刹那，迅速后撤缓冲把球停在所需位置，主要用于停地滚球
脚外侧停球	**胸部停球**
判断好落点，支撑脚踏在落点的侧前方，腿微屈，体前倾，停球脚踝关节放松，脚外侧对准球的反弹路线并推压球的中上部	面对来球，两脚前后或左右开立，重心前移，上体后仰，挺胸迎球，当球与胸部接触刹那缓冲来球，使球弹起落于身前
大腿停球	
面对来球，接球腿大腿抬起，以大腿中部对准下落的球，肌肉适当放松。在大腿与球接触的刹那，大腿迅速撤引，使球落于下一个动作需要的位置	

练习方法：
（1）停地滚球。两人对面站立，相距 10 m 左右，一人踢或抛地滚球，另一人迎上用各种脚法停球。
（2）3 人一组跑动中停侧面来球。3 人成等边三角形，相距 5 m 逆时针方向跑动中，甲传地滚球给乙，乙停球后传地滚球给丙，丙停球后传地滚球给甲。练习几次后，改为顺时针方向练习。
（3）停空中球和反弹球。两人一组，一人抛球另一人停高球或平直球练习。
（4）自己颠球数次后，向空中踢球，待球下落时，用合理的停球方法把球停在第一落点

三、运球

运球用脚推拨球，不能用力踢或击球，推拨球力量要适当，使球在自己的控制范围内。运球时要注意观察场上情况，根据临场情况采取措施。运球过人时，要抓准时机，动作要快，越过对手时一般要保持与对手一大步的距离。常用的运球技术包括脚内侧运球、脚外侧运球和脚背正面运球等，如表 6-3 所示。

表 6-3　运球技术要领

脚内侧运球	脚外侧运球	脚背正面运球
带球时支撑腿微屈，带球腿屈膝提起，用脚内侧推拨球的后中部	带球时上体前倾，步幅较小，带球脚的脚尖内转，迈步前伸着地，用脚背外侧推拨球，常用于变向和快速直线带球	带球时，上体前倾，步幅中等，带球腿屈膝上提，脚尖向下，在着地前用脚正面推拨球

常用的运球动作：
（1）拨球。拨球是用脚腕的抖拨动作，以脚背内侧或脚背外侧触球，使球向侧方或侧前方滚动。
（2）扣球。扣球是指用突然的转身和脚腕急转扣压动作，以脚背内侧或脚背外侧触球，将球向侧后方停住或改变方向运行。
（3）拉球。拉球是指用脚掌将球由前向后或由左（右）向右（左）拖拉球的动作。
（4）挑球。挑球是指用脚背与脚尖翘起上挑的动作，或用脚背上撩的动作，使球向前上方改变方向，从对手身侧或头上越过

运球过人方法：
（1）强行突破。以突然的推拨球与快速起动相结合，越过对手。
（2）运球假动作突破。利用腿部、上体和头部虚晃，伴作运球动作迷惑对手，使其产生错误判断而做出抢球动作，当其一侧露出空隙时，立即运球突破。
（3）快速拉、扣、拨球突破。以单、双脚快速拉、扣、拨的变化，不断变换运球方向，使对手很难判断运球突破的方向和时机。当对手在堵截中露出空隙时快速运球突破。
（4）变速运球突破。当对手位于侧面，在侧身掩护好球的同时，利用运球速度的变化摆脱对手。
（5）人球分路突破。运球者和球分别从防守者的两侧通过

运球的练习方法：
（1）走或慢跑中，用单、双脚交替进行各种运球练习。
（2）两人一组，一人运球，另一人消极退防，运球者要多做变向、变速的练习。
（3）绕障碍，在直线上每隔 2～4 m 插一个标志杆，练习者依次运球绕过标志杆。
（4）两人一组，做一对一练习，防守者采用消极或积极防守。
（5）做传—接—运—过—射的综合练习。练习者向同伴传球后，再接回传球，运球过人接着射门。要求传球后即起动，接回传球后，运球过人和射门动作要连贯

四、头顶球

头顶球是运动员在比赛中为了争取时间和取得空中优势，用前额部位击球的动作，常用来传球、抢截球和射门，是进攻和防守中不可缺少的重要技术之一。头顶球分为前额正面顶球和前额侧面顶球。这两个部位都可以做原地顶球、跑动中顶球、跳起顶球和鱼跃顶球等。顶球前，观察来球，预先选好位置。顶球时不要缩脖子，更不要闭眼，要敢于主动迎击球，摆体和甩头动作保持连贯。常用的头顶球技术包括原地头顶球、跑动跳起头顶球、鱼跃头顶球和向后蹭顶球，如表 6-4 所示。

表 6-4 常用的头顶球技术要领

原地头顶球	跑动跳起头顶球
身体正对来球方向，眼睛注视运动中的球，两脚左右开立（或前后开立），膝关节微屈，重心置于两脚间的支撑面上（或后脚上），两臂自然张开，当球运行到将垂直于地面的垂线时，两腿用力蹬地，迅速向前摆体，微收下颌，在触球瞬间颈部做爆发式振摆，用前额正面击球中部，上体随球前摆	一般助跑跳起顶球时都使用单脚起跳。根据来球的速度、运行轨迹选好起跳位置，及时跑到起跳点，起跳前一步稍大，起跳脚用力蹬地跳起，同时另一腿屈膝上摆，两臂屈肘自然上提。其余各环节与原地头顶球相同
鱼跃头顶球	**向后蹭顶球**
对于离身体较远的低空球来不及移动到位处理，必须抢点击球时（加抢救险球、射门等）可使用鱼跃头顶球技术	分原地蹭顶与跳起蹭顶。第一环节分别与原地前额正面和跳起前额正面头顶球相同，当球运行到身体上空时，利用挺胸、展腹、扬下颌，身体向后上方伸展，用前额正面靠上的部位用力击球的下部，将球向后上方顶出

练习方法：
（1）做各种顶球的模仿练习。
（2）自抛自顶，体会顶球部位和动作要领。
（3）一人抛球一人顶球。
（4）三人一组，相互抛球，练习前额正面、侧面顶球。
（5）两人一组，相距 5～8 m，互相抛球，做原地或跳起顶球

五、抢截球

抢截球是防守技术的综合体现，是指队员用身体的相应部位，把对手控制的球或对方运、传、射的球截住抢下或破坏的技术动作。常用抢截球技术包括跨步抢截球、侧面合理冲撞抢球和铲球等，如表 6-5 所示。

表 6-5　常用的抢截球技术要领

跨步抢截球	侧面合理冲撞抢球
当对方运球脚即将或刚着地时，支持脚蹬地，抢球脚以内侧对准球跨出抢截。抢球时要快速、果断，抢到球后迅速处理球	与对手并肩跑动时，防守者重心稍下降，紧贴对手身体。当对方靠近自己一侧的脚离地时，用肘关节以上部位冲撞对方相应部位，使对方失去平衡，乘机将球抢截过来。冲撞时力量要适当，臂不能扩张形成推人动作，冲撞的时机要准，动作要快。在球门区内，不能对守门员进行合理冲撞

铲球

（1）同侧脚铲球：当控球者拨球的一刹那，抢球人的同侧脚向外侧沿地面滑出，用脚尖、脚背捅球或踢球。
（2）异侧脚铲球：当控球者拨出球的一刹那，抢球者的异侧脚向内侧沿地面滑出，用脚底或脚尖捅球。
注意：铲球脚要沿地面铲出，不能抬得过高，而且不能在对方背后做铲人动作

练习方法：
（1）两人一组，做各种抢截球的模仿练习。
（2）两人并肩慢跑中做冲撞练习，观察对方重心的变化，掌握冲撞时间。
（3）对固定球做铲球动作，先慢后快，然后助跑二三步铲球。
（4）一人直线运球，另一人从侧面做冲撞抢球，或从侧后方做铲球练习

六、掷界外球

由于掷界外球时接球人不受越位规则的约束，因此，不仅可用于恢复比赛，而且可以为进攻创造有利条件。尤其是在前场 30 m 内掷界外球，将球直接掷入门前，可以给对方造成很大威胁。掷界外球技术包括原地掷界外球和助跑掷界外球等，如表 6-6 所示。

表 6-6　掷界外球技术要领

原地掷界外球	助跑掷界外球
面对出球方向，两脚前后或左右开立，每脚均应有一部分站在边线上或边线外。膝关节弯屈，上体后仰成背弓，重心移到后脚上（两脚左右开立时，重心在两脚间），两手自然张开，拇指相对，持球的侧后部，屈肘将球置于头后。掷球时，后脚用力蹬地（或两脚用力蹬地），两腿迅速伸直，身体重心由后脚移到前脚，收腹屈体，同时两臂急速前摆。当球摆到头上时用力甩腕将球掷入场内。掷球时，后脚可沿地面向前滑动，但两脚均不得离地 	两手持球放在胸前，在助跑迈出最后一步时，上体后仰成背弓，同时将球上举至头后，掷球时的动作与原地掷界外球动作相同

练习方法：
（1）两人一球，相距 15 m，原地掷界外球。
（2）两人一球，相距 25 m，两端设两条平行线，助跑对掷界外球

七、假动作

　　足球比赛中，运动员为了争取时间、空间的优势，取得控球权或控制好球以达到射门的目的，常采用一些虚假动作掩饰自己的真实意图。假动作使对手产生错误的判断，造成重心错误的偏移，形成对自己有利的形势，以实现自己的目的。

　　假动作（见表 6-7）渗透在各种技术中，如传球、停球、顶球、运球、踢球等。

表 6-7　假动作技术要领

传球时假动作
骗取对方堵截一个方向的传球路线，然后突然改变方向进行传球；也可以变化为假传真运，突破对手。做假动作要逼真，变化要快

停球时假动作
先假装向某一方向停球，然后突然改为向另一方向停球；也可以对来球做假传停动作。做停球假动作要和下一个动作连接好

顶球时假动作
先做假顶球动作，然后突然改为胸部停球；也可做胸部停球，诱使对方逼近抢球，然后突然改为头顶球

运球过人时假动作
（1）虚晃：对方迎面抢截时，身体或腿左右虚晃，使对方发生重心的偏移，然后迅速用另一脚背外侧向同侧拨球，越过对方。 （2）变速：对方从侧面抢截时可用变速运球方法。如先快速运球，诱使对方追赶，突然减速或停顿，当对方刚减速或停顿时，突然又快速起动甩掉对方。

续表

运球过人时假动作
（3）转身：当对方在后面抢截时，运球人可假做向前运球，用脚在球上迈过，吸引对方，然后突然转身运球晃过对方
踢球时假动作
运动员已控制球或正准备控制球、准备与同伴配合及接球时，对手前来堵抢且挡住自己的路线时，先可向一方做假动作，当对手以假当真去封堵假动作路线时，突然改变踢球脚法将球传或接向另一方向
练习方法： （1）两人一组，一人消极防守，另一人做各种假动作的运球练习。 （2）原地做停球假动作练习，逐步过渡到行进间的练习。 （3）停球前做假动作，再将球传出的练习

八、守门员技术

守门员的主要任务是守住本方球门。随着现代足球运动的发展，守门员除镇守球门外，还要协助控制罚球区，组织和指挥全队的防守和进攻。因此，足球比赛中守门员是一名特殊的、举足轻重的人物。守门员技术的高低、反应敏捷程度、竞争意识直接影响全队最后一道门户的牢固和士气。守门员的有球技术可分为接球、扑球、托球、拳击球和掷球。守门员技术要领如表6-8所示。

表6-8　守门员技术要领

选位	接球
通常情况下，守门员应站在两球门柱与射门时球所处位置所形成的角的平分线上。对方近射时，位置靠后；球向中前场运动时，位置前移到球门区线附近	接球前做好准备，接球时两手和双腿的距离原则上不能让球漏过

续表

接高球	扑侧面球
两臂上伸迎球，两手拇指相对呈八字形，手掌对球。手触球后，屈肘回缩下引，翻掌将球抱于胸前	异侧脚用力蹬地，双手快速向前伸出，一手置于球后，另一侧手置于球的侧后上方。同时身体向同侧脚方向倒地，落地时以小腿、大腿、臀、肘外侧依次着地，落地后即团身

扑平空球
完成这一动作时应注意空中展体，手指用力抓住球，接球后以球、肘、肩、上体、臀、腿外侧依次着地并迅速团身

托球	拳击球
判断来球运行路线后，向后跃起托球。托球时手指紧张，用手掌前部触球的下部，使球呈弧形越过球门横梁	准确判断来球运行路线，及时移动到位，握紧拳，在接近球的刹那迅速出拳击球。拳击球有单、双拳击球，单拳击球动作灵活，摆动幅度大，击球力量大。双拳击球接触球面积大，准确性高

单手肩上掷球	侧身勾手掷球
充分利用后退蹬地、持球手臂后引、转体挥臂和甩腕力量将球掷出	由于掷球前球从异侧经头顶后将球掷出，作用力距离长，能较好地借助腰腹力量，因此出球速度快，距离远

练习方法：

（1）守门员接踢球者由10 m外踢来的各种地滚、平空和高球。

（2）将踢球者增加至2～4人，从多方向踢出多种性质的球，提高守门员快速移动中处理球的能力。

（3）多名队员相向交叉运球，在5 m外先后射门，守门员快速、连续扑接球。

（4）队员分别将球掷向左、右、前、后，守门员依次扑接球。

（5）队员运球直逼守门员，守门员选择最佳时机扑接脚下球

第三节　足球运动主要战术

足球战术是指在足球比赛中，为了战胜对手，根据主客观情况所采取的个人行动和集体配合的组织方法和形式。它包括比赛阵形、进攻战术和防守战术等。攻破对方球门，确保本方球门安全是制定与运用足球战术的总原则。

一、比赛阵形

随着足球运动技术、战术的发展，比赛阵形经过不断演变，目前主要采用的比赛阵形（见图 6-1）有"433"阵形和"442"阵形。

图 6-1　比赛阵形

二、进攻战术

个人进攻战术是指在比赛中为了战胜对手而采取的符合整体进攻目的的个人行为。个人进攻战术是构成局部和全队进攻战术的环节。个人行动水平的高低直接影响局部和整体进攻战术的质量。个人进攻战术包括摆脱、跑位等。

局部配合进攻战术是指两个或两个以上队员在比赛中为了完成全队进攻任务而采用的局部协同作战的配合方法，它包括"二过一"战术配合、"三过二"战术配合和反切配合等进攻战术。全队进攻战术是指比赛中一方获得球后，通过队员之间的传递配合达到射门的目的而采用的配合方法。与局部配合进攻战术相比，全队进攻战术的进攻面广，参加进攻的人数多。最基本的全队进攻战术有边路进攻、中路进攻和快速反击三种。

进攻战术要领如表 6-9 所示。

表 6-9　进攻战术要领

摆脱	跑位
摆脱采用突然起动、冲刺跑、急停、突然变向、突然变速和假动作等，队员⑥控球时，队员⑩和⑦摆脱对手	跑位起到接应、策动、牵制、突破等作用并随着场上情况的变化而不断互相转化。队员应机动灵活，多谋善变，既勤于跑位又善于跑位，做到一举多得，队员⑥控球时，⑦和⑩切入接球

局部配合进攻战术——"二过一"战术	
横传直插斜传"二过一"配合，队员⑦运球逼近防守队员或防守队员上前抢截时传球给处在侧方或侧前方接应的队员⑧，并快速起动直插防守者背后，接⑧的斜传球	横传斜插直传"二过一"配合，队员⑧横传⑦，并快速起动斜插防守者背后，接⑦的直传球，⑦与⑧交叉换位
横传斜插斜传"二过一"配合，队员⑨运球逼近防守队员后，⑨横传⑩，⑩斜传防守队员背后，⑨快速斜插防守队员背后接⑩的斜传球	回传反切直传"二过一"配合，⑦回撤接⑧传球，拉出身后空当，当防守者上前抢逼时，⑦回传给⑧并突然转身反切到背后空当，⑧直传过顶球给⑦

93

全队进攻战术
边路进攻是利用球场两侧地区发起进攻的方法，是全队进攻战术的主要形式之一，其主要特点是有利于发挥进攻速度，打破对方防线，制造缺口

中路进攻是利用球场中间区域组织的进攻，这种进攻虽能直接射门，但难度最大，因中路防守最为严密，前方的攻击手必须是反应极其敏锐、意识强、技术高、敢于冒险、速度快和善于跑位策应的队员	快速反击：比赛中当攻方进攻时，后卫线压至中场附近，防守人数由于插上进攻和助攻而相对减少，此时如能抓住对方防区空隙较大和回防较慢的机会，乘其失球发动快速反击，往往能取得好的效果

三、防守战术

防守战术可分为盯人紧逼防守（人盯人防守）和区域紧逼防守（盯人和区域相结合）两种。盯人紧逼防守在规定的范围内盯人紧逼，各自都有明确的防守对象，如对方左边锋大幅度地斜插至右路，则右后卫紧跟盯防，不交替看守。区域紧逼防守（盯人和区域相结合）是目前流行的综合防守，紧逼和保护相结合，在个人的防区内紧逼，作交替防守。防守最根本的原则是紧逼和保护。只有紧逼才能有效地主动抢断，压制对方的技术优势而获取主动权。保护是为了更好地紧逼和控制空当。

防守战术要领中选位与盯人、保护与补位如表 6-10 所示。

表 6-10　防守战术要领

选位与盯人：在后场防守时，防守者应选位于对方与本方球门中心构成的直线上，根据球的位置向左右前后移动，做到人球兼顾，并要紧逼对方队员。盯人指防守队员盯住一个进攻队员，干扰其活动，不让他占据有利空间，迫使对方传球和接应发生困难	保护与补位：防守队员要及时互相弥补防守位置上出现的漏洞。补位是防守队员之间的协同配合，以减少防守的漏洞。补位时要注意：必须由邻近队员互相补位；中、后卫间以少补位为原则；谨防罚球区中央前方出现漏洞，若需补位时，应由后卫与前卫补位为宜

四、定位球战术

定位球战术是指在比赛中，利用"死球"后重新开始比赛的机会组织进攻与防守配合的战术。定位球战术包括角球、任意球、掷界外球等，在比赛中的作用越来越引起人们的重视。定位球战术要领如表 6-11 所示。

表 6-11　定位球战术要领

角球	
角球进攻战术：角球进攻一般将球直接传至球门前，同队队员包抄攻门。一般由踢球较好的队员主踢角球，并由头顶球能力较强的队员头顶射门。踢角球一般是踢内弧线球把球传至远端门柱前 10 m 左右位置。包抄队员在球发出后，根据球的运行路线选择位置抢点射门，不要过早地等在那里；也可将球踢至近端门柱附近，由处于中间位置的同伴抢点射门或经过一次顶球"摆渡"，跟进队员抢点射门	角球的防守战术：对方踢角球时，前锋、前卫要快速回防，迅速组织防守。一般以顶球好的队员守住门前危险区，重点防守顶球好的进攻队员，其他防守队员进行盯人防守，防止漏人；守门员站位应稍靠近远端门柱附近，以利于观察并随时准备出击。由一名后卫站在近端门柱处，以防发向近端门柱的球。当守门员出击接球时，要有两名队员及时退至球门线，补守门员的位置

角球

任意球

任意球直接射门战术：对于直接任意，如距球门较近，守方筑"人墙"有漏洞时或守门员位置不当；或攻方队员善踢弧线球时，要大胆直接射门

任意球配合射门战术：在罚球区的侧角和两边，当不可能直接射门时，则进行配合射门，经常采用短传配合和长传配合有两种。短传配合一般是在对方身材高大，争顶球能力强，而本方队员身材矮小，顶球较差或遇到较大的逆风时运用。采用这种配合要争取时间，不等防守队员站好位置就立即发球。但传球次数不要多，通过几次传递即应完成射门

任意球防守战术：无论是直接还是间接任意球，守方的前锋、前卫应迅速退守。有可能直接射门的任意球，要筑"人墙"

掷界外球
掷界外球进攻战术：掷界外球时，同队队员应积极跑动摆脱，交叉掩护，拉出空当，将球掷到有利进攻的位置；在对方罚球区附近的边线外掷界外球时，应由掷球较远的队员直接将球发至球门前，同队队员包抄射门
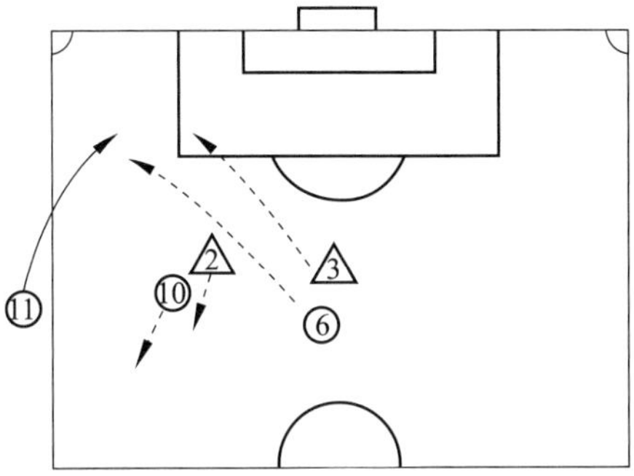
掷界外球防守战术：当对方队员掷界外球时，防守队员要对离掷球位置较近的进攻队员进行紧逼、干扰，破坏对方完成掷界外球战术配合

第四节　足球运动主要规则

一、场地与用球

1. 场地

足球比赛通常在长 100 ～ 110 m、宽 64 ～ 75 m 的长方形场地上进行，球门高 2.44 m、长 7.32 m。世界杯决赛阶段的比赛场地为长 105 m、宽 68 m。足球比赛场地如图 6-2 所示。

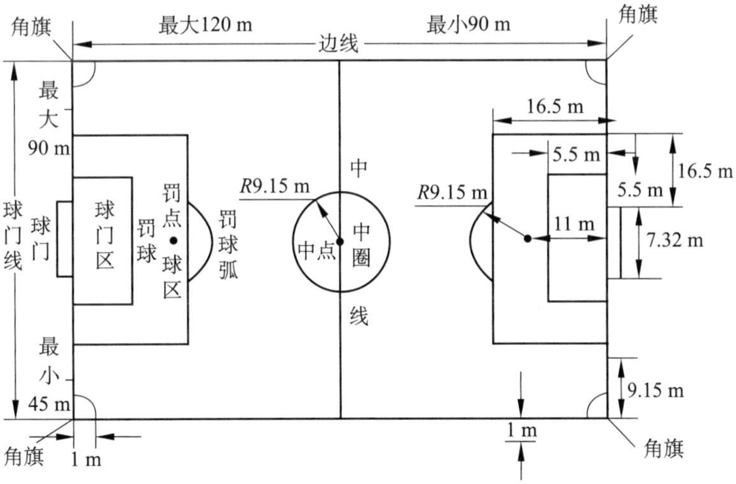

图 6-2　足球比赛场地

2. 用球

比赛用球应为圆形，球外壳应用皮革或其他材料制成。球的圆周为 68 ～ 71 cm，比赛开始时质量为 410 ～ 450 g。充气后其压力应相当于 0.6 ～ 1.1 个大气压。

在比赛进行中，未经裁判许可，不得更换比赛用球。

二、足球运动主要规则概述

足球比赛规则是足球比赛中所必须遵守的规则。足球比赛规则由国际足联理事会制定并修改。11 人制足球运动部分规则如表 6-12 所示。

表 6-12　足球运动部分规则

规　则	说　明
队员人数和比赛时间	每队上场比赛的队员不得多于 11 人，少于 7 人，其中必须有一名守门员。比赛分为两个 45 min 相等的半场，每半场因故损失的时间应由裁判酌情补足
比赛开始、进行和死球	（1）开球前，双方队员均应在本方半场内，开球的对方队员必须在中圈外。当裁判鸣哨后，开球队员必须将放在场地中心的球踢入对方半场，待球滚动一周时方为比赛开始。 （2）比赛开始至结束时间均在进行中，包括球碰门柱、横木、角旗竿、场上的裁判或巡边员弹在场内和场上队员犯规而裁判未予判罚。 （3）当球的整体在地面或空中全部越过边线或端线，比赛被裁判鸣哨停止时，均为死球。恢复比赛的方式为罚球门球、角球、任意球、掷界外球、点球和重新开始
犯规与不正当行为	（1）判罚直接任意球。如果裁判认为，一名场上队员草率地、鲁莽地或使用过分的力量对对方队员实施如下犯规，则判罚直接任意球：冲撞；跳向；踢或企图踢；推搡；打或企图打（包括用头顶撞）；用脚或其他部位抢截；绊或企图绊；故意手球（守门员在本方罚球区内除外）；使用手臂等部位拉扯、阻止对方队员行动；在身体接触的情况下阻碍对方队员移动；向对方队员吐口水；《足球竞赛规则》第三章涉及的其他犯规行为。 （2）判罚间接任意球。如果一名场上队员犯有如下行为时，则判罚间接任意球：以危险方式进行比赛；在没有身体接触的情况下阻碍对方行进；在守门员发球过程中，阻止守门员从手中发球、踢或准备踢球；犯有规则中没有提及的，需要裁判停止比赛予以警告或罚令出场的任何其他犯规。 （3）队员有下列行为之一应被警告（黄牌）：未经裁判员允许擅自进、离场；连续违反规则；用言语或行动对裁判的判决表示不满；有不正当行为。 （4）队员有下列行为之一应被罚出场（红牌）：有恶劣行为或严重犯规（包括进攻队员突破防守有明显得分机会时、守门员或其他防守队员故意犯规或用手阻挡球入门）；言语粗秽或辱骂；经警告后仍坚持不正当行为
掷界外球	掷球时，掷球队员必须面向球场；两脚均应有一部分站立在边线上或边线外；单、双脚均不得全部离地；用双手将球从头后经头顶掷入场内；球未经其他队员踢或触及前，不得再次触球；不得将球直接掷入球门得分
比赛成平局后以互踢点球决胜的规定	裁判将双方队员集于中圈，选定球门，召集双方队长猜币，猜中一方先踢。两队轮流各踢 5 球决胜，如未分出胜负，则两队应相继各出一人互踢点球决胜，直到分出胜负为止。踢点球的队员必须是比赛结束时的场上队员。决胜过程中，场上队员均可与守门员互换位置；如守门员受伤，场下替补队员可以替补

知识窗 ————————————————————————————

2004 年 2 月 4 日，国际足联宣布：足球起源于中国古代的蹴鞠。蹴鞠是有史料记载的最早的足球活动。《战国策》和《史记》是中国古代较早记录蹴鞠的文献典籍，前者描述了春秋战国时期齐国境内（现山东省淄博市）流行的蹴鞠活动，后者记载蹴鞠是当时训练士兵、考查兵将体格的方式。

国际足联世界杯每四年举办一次，是世界上最高荣誉、最高规格、最高竞技水平、最高知名度的足球比赛，与奥运会并称为全球体育两大最顶级赛事。

国际足联规定世界杯新奖杯——大力神杯为流动奖品，任何球队都不能永久占有此杯。在大力神杯的底座下有能镌刻 17 个冠军队名的铭牌，可以持续使用到 2038 年。

第七章　乒乓球运动

本章导语

　　乒乓球是由两名或两对选手，在球网两端用球拍轮流击球的一项球类运动。乒乓球被誉为我国的国球，不仅是因为它为国家争得了荣誉，更重要的是，它集观赏、健身、娱乐、竞技于一体，为从事这项体育运动的人带来了健康和快乐，在我国拥有广泛的群众基础。

第一节　乒乓球运动概述

一、乒乓球运动起源与发展

　　1890 年，一位英国运动员从美国带回一种用赛璐珞（塑料）制成的空心玩具球，并将它用作"桌上网球"。由于这种球有较大的弹力，当它碰击球拍或球台时会发出"乒、乓"的声音，因此人们就模拟它的声音，将它叫作"乒乓球"。

　　1926 年，第一届世界乒乓球锦标赛在英国伦敦举行，国际乒乓球联合会（简称国际乒联）正式成立，该赛事每一年举办一次，到 1957 年改为每两年举行一届。乒乓球是我国的"国球"，随着中国乒乓球队在第四十三届世乒赛囊括全部 7 个项目的冠军和第四十六届世乒赛的全部奖杯，中国在世界乒坛的地位更加显赫。

　　乒乓球是在 20 世纪初才逐渐在欧洲和亚洲蓬勃开展起来的，但我国的乒乓球运动兴起却是在 50 年代末。容国团在第二十五届世乒赛上夺得了我国历史上的第一枚金牌，从此中国乒乓球队跻身世界强队行列。中国乒乓球队 40 多年长盛不衰的原因是，乒乓球在我国有着广泛的群众基础和充足的后备力量。

　　乒乓球是一项易于在各年龄段人群中开展、普及率很高的体育运动。乒乓球运动具有球小、速度快、变化多、娱乐性较强的运动特点。

二、乒乓球运动常用术语

1. 球台

左右半台又称 1/2 台。通常指击球范围。其左右方向以击球者为参照。

2. 站位

站位是指运动员出球时，其身体与球台端线之间的距离。可将站位划分为近台、中台、远台、中近台和中远台。站位如图 7-1 所示。

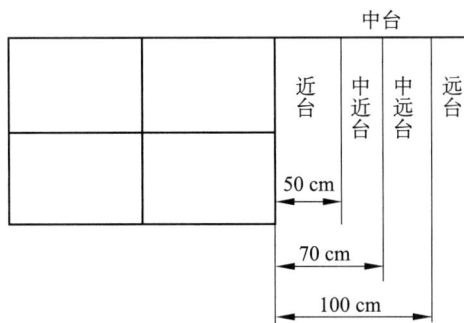

图 7-1 站位

3. 击球路线

击球路线是指球体在台面上空飞行的俯视投影线，分为右方直线（正手直线），右方斜线、（正手斜线），中路直线、左方直线（反手直线）、左方斜线（反手斜线）。出球路线为中路直线的球，又称中路追身球。击球路线如图 7-2 所示。

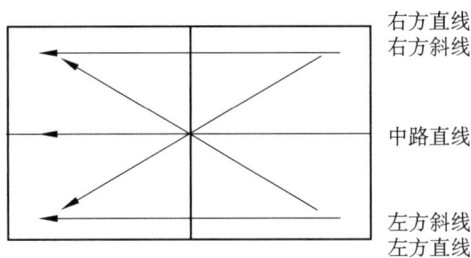

图 7-2 击球路线

4. 击球部位

击球部位是球拍触及球的部位。击球部位有上部、中上部、中部、中下部或下部。

5. 击球点

击球点是指击球时，球拍与球接触的那一点所属空间的位置。这是对击球者所处的位置而言的。它包含三个因素：击球时，球处于身体的前后位置；球和身体的远近距离；球的高度。

第二节 乒乓球运动基本技术

一、准备姿势、站位与基本步法

乒乓球运动速度快、变化多，为了保证在比赛和训练中充分地发挥自己的技术和特长，正确的站位和准备姿势就显得十分重要，它必须有利于快速起动移步和照顾全台，有利于灵活运用多种技术，有利于充分发挥个人技术特长。

1. 准备姿势

准备姿势要领是两脚开立，两腿微屈，上体稍前倾，持拍臂自然弯曲在体侧，球拍稍高于台面。

2. 站位

常见的几种站位如图 7-3 所示。

(a) 左推右攻站位　　(b) 弧圈球站位　　(c) 攻削结合站位　　(d) 两面攻站位　　(e) 削攻站位

图 7-3　常见的几种站位

3. 基本步法

正确的步法移动是正常发挥乒乓球技术的有效保障，因此掌握基本的脚步移动方法是初学者的必修课。乒乓球运动的常用步法有单步、跨步、并步、跳步和交叉步 5 种，如图 7-4 所示。

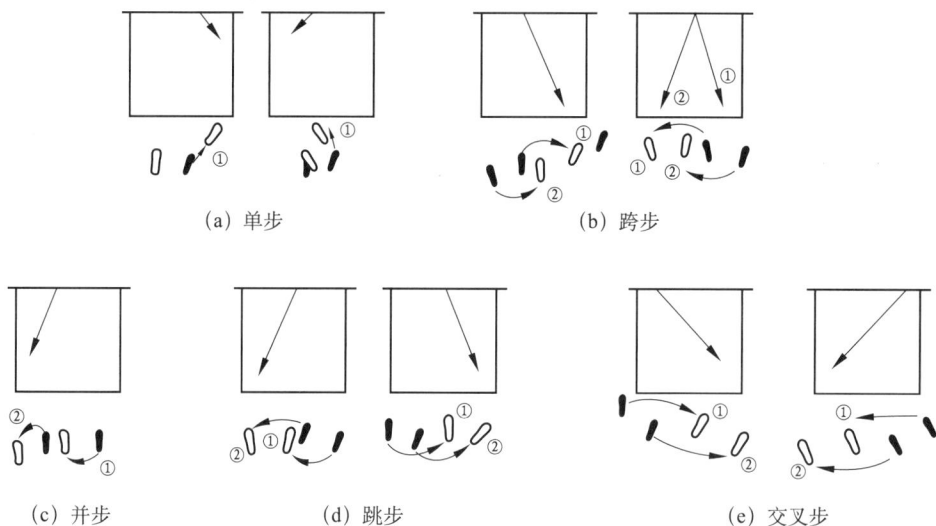

(a) 单步　　　　　　　　　(b) 跨步

(c) 并步　　　　　(d) 跳步　　　　　(e) 交叉步

图 7-4　乒乓球运动的常用步法

二、握拍

初学者一般选择球拍底板弹性适中、没有振感、海绵胶皮厚度为 2～2.5 mm 的反胶拍面的球拍。握拍法一般有直拍握法和横拍握法两种，要根据自己的爱好和技术特点来选择握拍法，如表 7-1 所示。

表 7-1　握拍技术要领

直拍握法	横拍握法
用食指第二关节和拇指的第一关节扣住拍柄与拍面的结合部位；用中指第一关节顶在球拍背面，其余手指自然弯曲重叠于中指，形成支点	虎口正对球拍拍肩，拇指与中指、无名指和小指自然握住拍柄，食指自然伸直贴在拍后。正手攻球时，食指稍向前移动；反手攻球时，拇指稍向前移动
注意事项：（1）握拍方法要稳定。 （2）握拍不可过紧或过松	
练习方法：（1）握拍转动及挥拍练习。 （2）握拍颠球及对墙打球练习	

三、发球

发球是一项重要的基本技术，它由抛球和挥拍触球两部分组成。发球不受对方的制约，可以选择最合适的站位，按自己的战术意图把球发到对方球台的任何位置上，用以压制对方的进攻，为自己发球抢攻创造有利条件。发球技术运用得好，能在比赛中给对方制造较大的心理压力，造成对方紧张，甚至可以直接得分。

乒乓球的发球根据落点、旋转、性质等不同进行分类，常见的发球有正反手平击发球、急球、正反手发侧下旋球与不转球、正反手发侧上璇球、高抛发球、下蹲发球等。部分发球技术要领如表 7-2 所示。

表 7-2　部分发球技术要领

正手平击发球（以右手持拍为例）	反手平击发球（以右手持拍为例）
向右后方引拍，向前发力，击球中部后稍前送	向左后方引拍，向前发力，轻击球中部

正手发上旋急球（以右手持拍为例）	反手发上旋急球（以右手持拍为例）
向右后上方引拍，左前方挥拍，击球中部向中上部摩擦	向左后方引拍，右前方横摆球拍，击球中上部
正手发左侧上旋球（以右手持拍为例）	正手发左侧下旋球（以右手持拍为例）
向右上方引拍，左下方挥拍，击球中部并向左上方摩擦	向右上方引拍，左下方挥拍，击球中下部并向左侧下方摩擦
正手发下旋加转球（以右手持拍为例）	正手发不转球（以右手持拍为例）
持拍手腕外展略伸，从右后上方向左前下方挥动，击球中下部并向底部摩擦	持拍手腕外展略伸，从右后上方向左前方挥动，轻触球中部

反手发右侧上旋球（以右手持拍为例）
右臂稍内旋，左后方引拍，向右上方挥动球拍，击球中部向右侧上方摩擦

反手发右侧下旋球（以右手持拍为例）
右臂稍内旋，左后方引拍，右臂从左后方向右上方挥动，击球中下部并向右侧下方摩擦

四、接发球

乒乓球比赛首先从发球和接发球开始，在比赛中如果接发球技术不好，不仅会直接失分，而且会给对方较多的进攻机会，造成自己心理上的紧张和畏惧，导致许多不必要的失误，甚至全局的失败。反之，如果接发球技术运用得好，不仅可以有效地控制对方，还可以直接得分。因此，接发球技术也是乒乓球最基本的技术之一。接发球技术主要由点、拔、搓、拉、攻、侧、削、摆短、拉侧旋球等各种技术综合而成。

接好发球除了掌握好击球技术，还要注意判断和步法移动两个要点。

五、攻球与推挡球

攻球具有力量大、速度快、攻击力强的特点，是比赛中争取主动、克敌制胜的重要手段，是快攻类打法中十分重要的基本技术。攻球主要分为正手攻球和反手攻球（直拍横打），包括快点、快带、快拉、快攻、快拨、突击、扣杀、杀高球和中远台对攻等，这些技术的特点不同，所起的作用和运用的方法也不一样。

推挡球是我国直拍快攻打法的基本技术之一，具有站位近、动作小、速度快、变化多等特点。在比赛中常用快速推挡结合力量、落点及旋转的变化来控制和调动对方，为正手攻球和侧身抢攻创造有利条件。在被动防守时，推挡也可以起到积极的防御作用。推挡球可分为挡球、减力挡、快推、加力推、推挤和推下旋等技术动作。

部分攻球与推挡球技术要领如表 7-3 所示。

表 7-3　攻球与推挡技术要领

直拍正手攻球（以右手持拍为例）	横拍正手攻球（以右手持拍为例）
向右后方引球拍，向前打，收臂腕内转	向右后方引球拍，向前打，收臂腕内转

直拍反手攻球技术（右手持拍为例）	横拍反手攻球技术（右手持拍为例）
腹前左侧引拍，上升期击球中上部，向右前上方发力	腹前左侧引拍，上升期击球中上部，向右前上方发力

反手推挡球（以右手为例）
球拍横放，至胸腹偏左位置，主动迎球并向前推压球，击球后还原

六、搓、削、拉（弧圈）球

搓球是近台还击下旋球的一种基本技术，也是削攻类打法的入门技术。比赛中用搓转与不转、快搓与慢搓等变化为突击起板和拉弧圈球创造进攻的有利条件。搓球站位近、动作小，回球多在台内，具有稳健、变化多的特点，可用来接发球和对付台内短球和下旋球，或作为过渡球，积极为转入进攻创造有利条件。搓球技术可分为慢搓、快搓、搓不转球、搓侧旋球等技术。

削球是一项防守技术，对控球的落点和旋转的质量有很高的要求。现代削球技术还要求运动员攻削结合，做到能在进攻中防守，在防守中进攻。削球一般用于中、远台的回击，常采用正手削球和反手削球。

弧圈球是一种强烈的上旋球，具有球速快、稳定性高、攻击性强等特点。它从 20 世纪 60 年代初出现后，至今已发展到十分成熟的阶段，是当今世界乒坛上一种主要的打法，为世界各国运动员广泛采用。弧圈球可分为加转弧圈球、前冲弧圈球、侧旋弧圈球、假弧圈球等。

搓、削、拉球技术如表 7-4 所示。

表 7-4　搓、削、拉球技术

反搓（以右手持拍为例）	
拍稍后仰引至胸腹偏左的位置，向左前下方迎球挥拍，击球中下部	
直拍反手搓球	横拍反手搓球
正手削球（以右手持拍为例）	反手削球（以右手持拍为例）
向身体右上方引拍，拍面稍后仰，向左前下方迎球挥拍，击球中下部	向身体左上方引拍面稍后仰，向右前下方迎球挥拍，击球中下部
正手拉（以右手持拍为例）	
身体略右转，向右后下由下向上前挥拍，击球中部或中上部	

第三节　乒乓球运动主要战术

提高乒乓球竞技水平除了要有精湛的技术，还必须掌握乒乓球运动的战术，这样才能赢得比赛的最后胜利。

战术是以技术为基础的。一个运动员基本技术越全面、越扎实，他的战术运用就越灵活、越多变。战术的不断变化和发展，反过来又促进技术的不断提高、发展和创新。

制订一套正确而有效的战术，既要坚持以我为主，又要知己知彼。在比赛前，必须根据对手的情况，有的放矢地制订战术，在比赛中，应以己之长、攻彼之短，并根据对方的战术变化而随机应变，以取得比赛的最后胜利。在战术训练中，运动员必须有意识地加强自我心理素质的训练。乒乓球的基本战术如表 7-5 所示。

表 7-5　乒乓球的基本战术

战术	战术特点	常用战术类型
发球抢攻战术	发球抢攻是我国直板快攻打法的"杀手锏"，是力争主动、先发制人的主要战术。各种类型打法的运动员都普遍采用发球抢攻来抢占每个回合的上风。发球战术运用的效果主要取决于发球的质量和第三板进攻的能力	（1）正手发转与不转。 （2）侧身正手（高抛或低抛）发左侧上（下）旋球。 （3）反手发侧上（下）旋球。 （4）反手发急球或急下旋球。 （5）下蹲式发球
接发球战术	接发球水平的高低可以反映运动员的实战能力以及各项基本技术的应用程度。事实上，接发球者只是暂时处在被控制状态，如果破坏了发球者的抢攻意图或者为他制造了障碍，减弱了对方抢攻的质量，也就意味着已经脱离被控制状态，变被动为主动了	（1）稳健保守法。 （2）接发球抢攻。 （3）盯住对方的弱点处，寻找突破口。 （4）控制接发球的落点。 （5）正手侧身接发球
搓攻战术	搓攻战术是进攻型打法的辅助战术之一，主要利用搓球旋转的变化和落点的变化为抢攻创造机会。这一战术在基层比赛中被普遍采用。搓攻战术也是削球型打法争取主动的主要战术之一	（1）慢搓与快搓结合。 （2）转与不转结合。 （3）搓球变线。 （4）搓球控制落点。 （5）搓中突击。 （6）搓中变推或抢攻
对攻战术	对攻战术是进攻型打法在相持阶段常用的一项重要战术。快攻类打法主要依靠反手推挡（或反手攻球）和正手攻球（或正手拉弧圈球）的技术，充分发挥快速多变的特点来调动对方	（1）紧逼对方反手，伺机抢攻或侧身抢攻、抢拉。 （2）压左突右。 （3）调右压左。 （4）攻两大角。 （5）攻追身球。 （6）变化击球节奏，加力推和减力挡结合，发力攻、拉与轻打轻拉结合，也可造成对手的被动局面。 （7）改变球的旋转性质，如加力推后、推下旋；正手攻球后，退至中远台削一板，对方往来不及反应，可直接得分或创造机会

战术	战术特点	常用战术类型
拉攻战术	拉攻战术是以攻为主的选手对付削球的主要战术。为了发挥拉攻战术的效果，首先要具备连续拉的能力，并能在线路、落点、旋转、轻重等方面做出变化，其次还要具备拉中突击和连续扣杀的能力	（1）拉反手后，侧身突击斜线或中路追身球。 （2）拉中路杀两角或拉两角杀中路。 （3）拉一角或杀另一角。 （4）拉吊结合，伺机突击。 （5）拉搓结合。 （6）稳拉为主，伺机突击
削中反攻战术	主要靠稳健的削球，限制对方的进攻能力，为自己的反攻创造有利条件。它不仅增强了削球技术的生命力，也促进了攻防之间的积极转化	（1）削转与不转球，伺机反攻。 （2）削长短球，伺机反攻。 （3）逼两大角，伺机反攻。 （4）交叉削两大角，突击对方弱点。 （5）削、挡、攻结合，伺机强攻
弧圈球战术	把速度和旋转有效地结合起来，稳健性好，适应性强，许多著名选手已用它来替代攻球或扣杀	（1）发球抢攻。 （2）接发球果断上手。 （3）相持中的战术运用

第四节　乒乓球运动主要规则

乒乓球运动的魅力激发了越来越多的人观看比赛和参与活动的兴趣。由于电视传媒的作用，乒乓球比赛的赛况走进了平常百姓的家。不管每年高水平的比赛在哪里举行，人们都可以在家中欣赏与评论。但要想提高对乒乓球运动的欣赏水平，从中体味更多的乐趣，了解更深的玄妙，得到赏心悦目的享受，就需要了解比赛的规则、运动员的实力、技术特点、战术的运用以及团体赛的排兵布阵等，另外还要提高自己对乒乓球基本知识及战术特点的认知水平。

一、场地与器材

1. 球台

（1）球台的上层表面叫作比赛台面（见图 7-5），应为与水平面平行的长方形，长 2.74 m，宽 1.525 m，离地面高 76 cm。比赛台面不包括与球台台面垂直的侧面。

（2）比赛台面可用任何材料制成，应具有一致的弹性，即当标准球从离台面 30 cm 高处落至台面时，弹起高度约为 23 cm。

（3）比赛台面应呈均匀的暗色，无光泽，沿每个 2.74 m 的比赛台面边缘各有一条 2 cm 宽的白色边线，沿每个 1.525 m 的比赛台面边缘各有一条 2 cm 宽的白色端线。双打时，各台区应由一条 3 mm 宽的白色中线，划分为两个相等的"半区"。中线与边线平行，并应视为右半区的一部分。

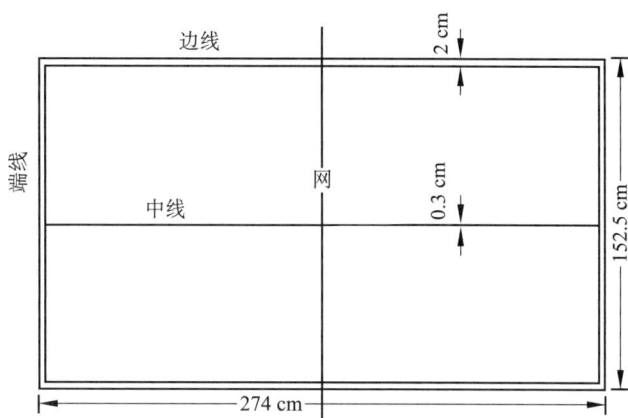

图 7-5　比赛台面

2．球网装置

（1）球网装置包括球网、悬网绳、网柱及将它们固定在球台上的夹钳部分。

（2）球网应悬挂在一根绳子上，绳子两端系在高 15.25 cm 的直立网柱上，网柱外缘离开边线外缘的距离为 15.25 cm。

（3）整个球网的顶端距离比赛台面 15.25 cm。

3．球

（1）球应为圆球体，直径为 40 mm。

（2）质量为 2.7 g。

（3）球用塑料或类似的材料制成，呈白色或橙色，且无光泽。

4．球拍

乒乓球拍的大小、形状和质量不限，一般由底板、海绵和胶皮三部分组成。用来击球的拍面应用一层颗粒向外的普通颗粒胶覆盖，厚度不超过 2 mm，或用颗粒向内或向外的海绵胶覆盖，厚度不超过 4 mm。

二、主要规则简介

了解一些乒乓球规则不仅可以更好地欣赏比赛，也有利于竞赛水平的提高。乒乓球运动主要规则如表 7-6 所示。

表 7-6　乒乓球运动主要规则

规则	说明
合法发球	（1）发球时，球应放在不执拍手的手掌上，手掌张开并伸平。球应是静止的，在发球方的端线之后，比赛台面的水平面之上。 （2）发球员须用手把球几乎垂直地向上抛起，不得使球旋转，并使球在离开不执拍手的手掌之后上升不少于 16 cm，球下降到被击出前不能碰到任何物体。 （3）当球从抛起的最高点下降时，发球员方可击球，使球首先触及本方台区，然后越过或绕过球网装置，再触及接发球员的台区。在双打中，球应先后触及发球员和接发球员的右半区。

规则	说明
合法发球	（4）从抛球前球静止的最后一瞬间到击球时，球和球拍应在比赛台面的水平面之上。 （5）击球时，球应在发球方的端线之后，但不能超过发球员身体（手臂、头或腿除外）离端线最远的部分。 （6）运动员发球时，应让裁判或副裁判看清他是否按照合法发球的规定发球。 （7）运动员因身体伤病而不能严格遵守合法发球的某些规定时，可由裁判作出免予执行的决定，但必须在赛前向裁判说明
合法还击	对方发球或还击后，本方运动员必须击球，使球直接越过或绕过球网装置，或触及球网装置后，再触及对方台区
重发球	（1）如果发球员发出的球，在越过或绕过球网装置时，触及球网装置，此后成为合法发球或被接发球员或其同伴阻挡。 （2）如果接发球员或接发球方未准备好时，球已发出，而且接发球员或接发球方没有企图击球。 （3）由于发生了运动员无法控制的干扰，而使运动员未能合法发球、合法还击或遵守规则。 （4）裁判或副裁判暂停比赛
得一分	（1）对方运动员未能合法发球。 （2）对方运动员未能合法还击。 （3）运动员在发球或还击后，对方运动员在击球前，球触及了除球网装置以外的任何东西。 （4）对方击球后，该球没有触及本方台区而越过本方端线。 （5）对方阻挡。 （6）对方连击。 （7）对方用不符合规则的拍面击球。 （8）对方运动员或他穿戴的任何东西使球台移动。 （9）对方运动员或他穿戴的任何东西触及球网装置。 （10）对方运动员不执拍手触及比赛台面。 （11）双打时，对方运动员击球次序错误
轮换发球法	（1）如果一局比赛进行到 10 min 仍未结束（双方都已获得至少 9 分时除外），或者在此之前任何时间应双方运动员要求，应实行轮换发球法。 （2）当时限到时，球仍处于比赛状态，裁判应立即暂停比赛。由被暂停回合的发球员发球，继续比赛。 （3）当时限到时，球未处于比赛状态，应由前一回合的接发球员发球，继续比赛。 （4）此后，每个运动员都轮发一分球，直至该局结束。如果接发球方进行了 13 次合法还击，则判发球方失一分。 （5）轮换发球法一经实行，或一局比赛进行了 10 min，该场比赛剩余的各局必须实行轮换发球法
胜负评定	在一局比赛中，先得 11 分的单打或双打运动员为胜方，但打到 10 平以后，必须先多得 2 分者为胜方。一场比赛可采用七局四胜或九局五胜制

知识窗 ————————————————————————————

一直以来中国乒乓球队的运动员都有着很不错的表现，特别是在一些国际大赛事上，总是能够拿出出色的成绩。

国际乒联于近日公布了 2023 年第 38 周的世界排名，中国乒乓球队再次展现了强大的实力。在男单方面，中国队的樊振东、王楚钦和马龙分别位列前三名，在女单方面，中国队的孙颖莎、陈梦、王曼昱、王艺迪和陈幸同位列前五名，充分展现了中国选手的优势。

第八章　羽毛球运动

本章导语

　　羽毛球是一项隔着球网，使用长柄网状球拍击打软木平口端扎有一圈羽毛的半球状小型球类的室内运动，分为单打与双打两种对抗形式。相较于性质相近的网球运动，羽毛球运动对选手的体格要求并不很高，比较讲究耐力，适合东方人发展。

　　现代羽毛球运动诞生 100 多年来，已发展成为全球性的体育项目。它魅力无穷，深受人们的喜爱，是一项参与面广、观赏性强的体育运动。

第一节　羽毛球运动概述

一、羽毛球运动起源与发展

　　现代羽毛球运动起源于英国。1893 年，世界最早的羽毛球协会——英国羽毛球协会成立，并于 1899 年举行了首届全英羽毛球锦标赛。1934 年成立了国际羽毛球联合会，总部设在伦敦。

　　羽毛球运动是世界上开展广泛、国际性比赛频繁的一项体育运动之一。羽毛球比赛分为男子团体、女子团体、男子单打、女子单打、男子双打、女子双打、混合双打等项目。

　　1948—1949 年，在英国的普雷斯顿举办了首届世界男子羽毛球团体赛（汤姆斯杯赛）。1956 年，国际羽毛球联合会又增设了首届世界女子羽毛球团体锦标赛（尤伯杯赛），并相继在 1977 年举办了世界羽毛球锦标赛。

　　1981 年，国际羽毛球联合会和世界羽毛球联合会正式合并，成立了新的国际羽毛球联合会，它的成立促进了世界羽毛球运动的进一步发展。1992 年，巴塞罗那奥运会把羽毛球运动列为正式比赛项目。1956 年，我国成立了中国羽毛球协会，并在天津首次举行了全国羽毛球比赛。1964 年 7 月，原国家体委召开了第一次全国羽毛球训练工作会议，及时总结了多年羽毛球训练工作经验，肯定成绩，找出差异，明确提出了"以我为主、以快为主、以攻为主"的发展方向。经过艰苦奋斗，我国的羽毛球技术水平终于攀登上了世界的技术高峰，在一系列重大比赛中取得优异成绩，涌现出一大批世界级的优秀运动员。

二、羽毛球运动欣赏与评价

　　现代羽毛球运动诞生 100 多年来，发展成为全球性体育项目。它魅力无穷，深受人们的喜爱，是一项参与面广、观赏性强的体育运动。

精彩的羽毛球比赛，能给人视觉上的享受。它既有乒乓球比赛的那种细腻、精巧的技术，又有网球比赛的力量对抗；既具有文雅的韵味，又有奋力拼搏的激烈对抗。因此，一场高水平的比赛，会让人激动不已、回味无穷。

欣赏一场羽毛球比赛，除了要懂得比赛规则，还要了解运动员的水平和特点。可以从"快、准、刁、活"四个方面来细细品味。

"快"指精确的判断能力、敏捷的反应速度和良好的身体素质。高水平选手能根据对手的移动位置、准备姿势和击球瞬间，判断对手的击球意图。

"准"是羽毛球运动员展示魅力的一个重要方面。羽毛球的一次往返飞行时间仅在 1 s 之内，在这来回的瞬间，精准地把握球的飞行和落点是运动员高超技艺和控制能力的综合表现。

"刁"是指运动员刁钻的球路和技法，这反映了运动员的聪明才智。场上那种虚则实、实则虚的变化，劈杀和劈吊的瞬间转换，勾、搓、推三种刁钻灵活的网前变化，都会让对手顾此失彼，让观众雾里看花。

"活"是羽毛球比赛的战术特点。对手间旗鼓相当、比赛势均力敌时，战术的灵活运用、打法的不断变换就是克敌制胜的法宝。谁能扬长避短、避实就虚，谁就能战胜对手取得胜利。

羽毛球运动以其特有的魅力受到人们的青睐，因此永远属于那些积极参与的人们和真心热爱这项运动的观众。

第二节　羽毛球运动基本技术

一、握拍与持球

握拍手指要自然分开、放松握拍，保证手指和手腕的灵活性，在击球时再握紧拍柄发力击球。根据击球位置、角度采用不同的握拍方法，保证击球技术的正常发挥。握拍与持球方法如表 8-1 所示。

表 8-1　握拍与持球方法

正手握拍法	反手握拍法	持球
握拍之前，先用左手拿住球拍，使拍面与地面垂直，再张开右手，使手掌下部靠在球拍的握柄底托部位，虎口对着球拍框，小指、无名指、中指自然并拢，食指与中指稍稍分开、自然弯曲并贴在拍柄上。握住时不要过于用劲，手部肌肉要放松，掌心离开拍柄，只在击球的一刹那，手指才突然紧握拍柄发力击球	在正手握拍法的基础上，将拍框稍向外转，拇指上伸用内侧顶住拍柄的宽面，食指向中指靠拢	按照所持部位分为头部持球、球腰持球和羽部持球。球腰持球就是着力点在整个羽毛球的腰部，而羽部持球则是着力在羽毛上

正手握拍法	反手握拍法	持球

二、发球

发球是羽毛球运动最基本的技术之一，是开始进攻的关键。发球质量的高低直接关系到比赛的主动与被动，甚至直接导致得分与失去发球权。

发球按球在空中飞行的弧线可分为高远球、网前球、平低球、平快球等，按发球动作可分为正手发球和反手发球，正手可发高远球、网前球和平快球；反手主要发网前球和平快球。部分发球技术要领如表 8-2 所示。

表 8-2　部分发球技术要领

正手发高远球	正手发网前球
左手放球于右前方位置，右手同时由大臂带小臂，从右后向左前加速挥拍，身体重心由右脚移到左脚。注意触球刹那紧握球拍，屈腕爆发用力鞭打击球	挥拍的幅度要小，力量较轻，拍面稍后仰，主要利用手腕和手指的力量从右向左斜切推送，把球击出

反手发球
右脚在前，右肘稍高，引拍距离很短，将球向前方推送出去

练习方法： （1）多做发高远球、网前球动作的挥拍练习。 （2）对墙指定目标发球。 （3）站在球场内发球。 （4）利用多球反复进行正反手发高远球和网前球练习

三、击球

掌握正确的击球技术是打好羽毛球的先决条件。击球技术的要点主要包括以下几个方面：身体在做挥拍动作时要协调放松，发力迅速；要找好击球点，看准时机迎上击球，挥拍时机要恰到好处，应在挥拍速度最快时击中球托；控制好拍面，通过手腕的变化来决定出球方向；强调击球动作的一致性，以增加对手的判断难度。

1. 后场击球技术（右手握拍为例）

后场击球技术（见表 8-3）包括击高远球、平高球、吊球、扣杀球技术，因击球点高于头部，也称为上手击球技术。扣杀球是羽毛球运动中的主要攻击手段。

表 8-3　部分后场击球技术要领

正手击高远球	反手击高远球
把球从自己的后场打向对方后场，用于调动和牵制对手。击球时，前臂在上臂带动下向前上方迅速挥摆手腕向前"闪动"击球	右脚迈向左后方，背对球网，右腕拐向胸前，右肘边上引边以肘为轴用爆发力挥拍
正手低手击高远球	**反手低手击高远球**
将落向自己正手前方的低球快速击向对方中后场。击球时，右脚向前跨出大步，臂上扬并迅速向上振拍	将落向自己反手前方的低球快速击向对方中后场。击球时，右脚向左前跨出大步，使用手臂和手腕的力量像弹击一样挥拍

续表

扣杀球
将高球在尽量高的击球点上用大力挥击下压，扣杀到对方场区内。扣杀球力量大、击球点高、球速快、飞行弧线短直，是后场进攻和争取得分的主要手段。在对付防守技术较差、反应较慢的对手时，与平高球、吊球配合运用，效果更好

吊球
在中后场的高球，运用劈切或拦截的技术动作，使球轻轻地落在对方网前区。在击球瞬间，劈吊球球拍有劈切球的动作；拦吊球以拍面拦住球使其反弹回去。由于吊球落点离网比较近，与平高球结合运用，就会拉开对方的防守范围，从而掌握场上的主动权

2. 前场击球技术

前场击球技术（见表 8-4）包括网前的抽、搓、推、挑、勾、扑球等。其中抽、搓、推、勾、扑属进攻技术，要求击球前期动作一致，击球刹那间突变，握拍要活，动作细腻，手腕手指灵巧。前场击球技术是当代羽毛球技术的重要组成部分。

表8-4 部分前场击球技术要领

正手抽球	反手抽球
击球时，脚的步伐要配合好，正手抽球时，右脚向侧稍后跨出	击球时，利用腰、臂、腕的旋转，快速挥拍

挑球

把对方击来的网前球、吊球挑高回击到对方后场去。这是处于较被动情况下的防守性技术，通过挑高球到对方后场，可以赢得时间重新调整身体重心和场上位置，准备下一次击球

正手挑球	反手挑球
右脚向网前跨出一大步，左脚在后，重心在右脚上。击球前，球拍后引，自然伸腕。击球时，以肘关节为轴，用食指和手腕的力量，从右下向右前方至左上方挥拍击球。若挑直线高球，球拍向右前上方挥动；挑对角线高球，球拍向左前上方挥动	用反手握拍，以肩和肘为轴，前臂内旋在身体的左前下方带动手腕展腕。击球时前臂外旋带手腕发力，充分利用拇指的顶力将球击出。与正手挑球一样，击直线球或斜线球应由调整球拍的拍面和击球方向来决定，若挑直线，反拍面向正前上方发力；挑斜线球，则反拍面向斜前上方发力

勾球

勾球又称勾对角，是把在本方右（左）边的网前球击到对方左（右）边网前。网前勾球由于球速快、球路斜飞，与搓球、推球结合，能达到声东击西、调动对方，使对方防守出现漏洞，为己方创造进攻或得分机会。根据击球点位置可分正手和反手两种

正手勾球	反手勾球
根据来球路线与落点，快速移动到合适的击球位置；侧身对网，重心在右脚，小臂前伸稍内旋，手腕稍后伸自然放松；击球时，小臂内旋带动屈腕，肘关节略为下沉，手指要调整好击球角度，拍面斜向击球方向将球击向对方斜对角的网前区域内	根据来球路线与落点，快速移动到合适的击球位置；背对网，重心在右脚，拍面平举，小臂前伸稍外旋；击球瞬间肘关节略下沉，击球时手腕由屈腕到伸腕"抖动"，拍面斜向击球方向将球击向对方斜对角的网前区域内

续表

正、反手扑球
正、反手扑球是迎接对方的近网球的方法。击球时，要正确判断对方的动作，迅速移动，准确击球

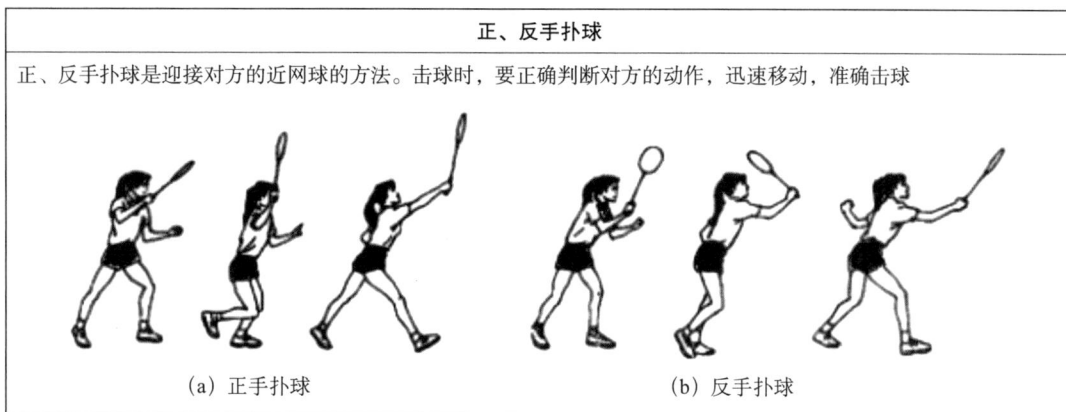

（a）正手扑球　　　　　　　　　　（b）反手扑球

四、移动步法

羽毛球比赛时，运动员在场上为了跑到适当的位置击球而采取的快速、合理、准确的移动方法称为步法，包括起动、移动、到位配合击球和回动四个环节。步法被称为羽毛球技术之母，表 8-5 列出了几种常用的移动步法（以右手握拍为例，分别进行反手和正平击球演示）。

表 8-5　常用的移动步法

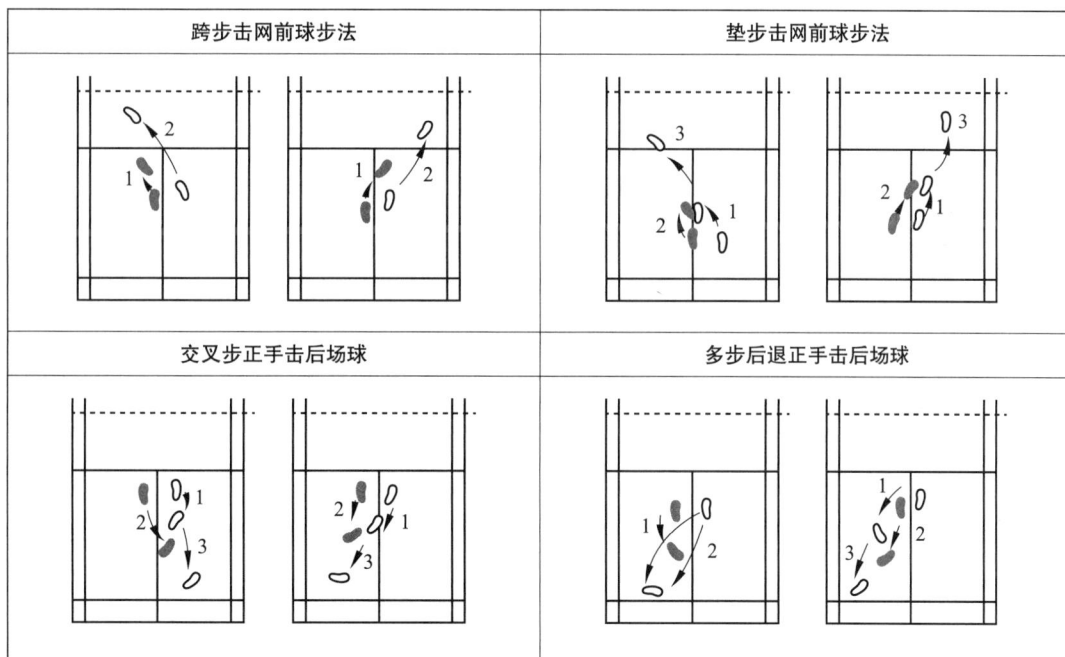

跨步击网前球步法	垫步击网前球步法
交叉步正手击后场球	多步后退正手击后场球

续表

"米"字形组合步法的练习
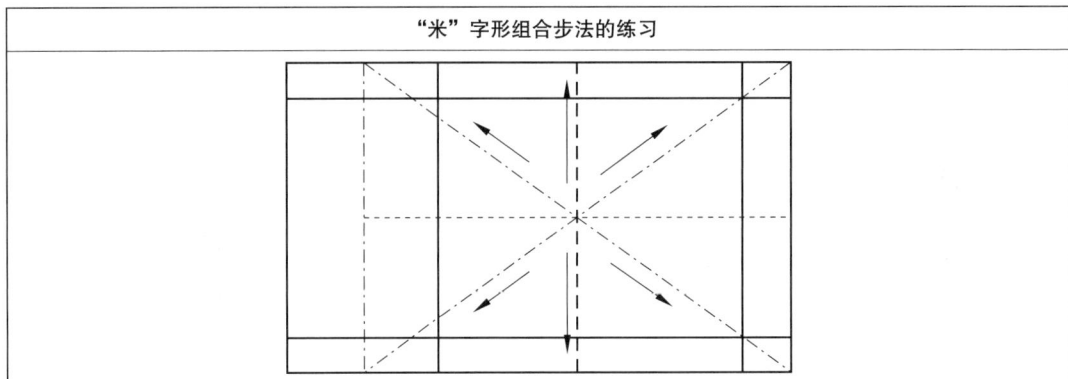

第三节 羽毛球运动主要战术

羽毛球战术是指在比赛中运动员根据对手的实力和技术特点选择不同的技术手段和方法。能够知己知彼、巧妙地运用战术是战胜对手的重要因素。娴熟的技术、良好的身体和心理素质、丰富的赛场经验是能否成功运用战术的前提和保障。

羽毛球运动战术主要有单打战术和双打战术。

1. 单打技术

单打的打法是根据比赛者的个人技术特点、身体素质、心理素质等形成的。单打战术要领如表 8-6 所示。

表 8-6　单打战术要领

单打战术	
发球	发球不受对方干扰,只要在规则允许的范围内,发球者可以随心所欲地以任何方式发到对方接球区的任何一点。采用变化多端的发球战术,常常能起到先发制人、取得主动的作用,发球在比赛中占有重要地位。在采用发球战术时,眼睛不要只看自己的球和球拍,应用余光注视对方的情况,找出薄弱环节。发各种球的准备姿势和动作要注意一致性,给对方的判断带来困难,使其处于消极等待的状态。发球后应立即把球拍举至胸前,根据情况调整自己的位置,两脚开立,身体重心居中,注意重心不要站死。眼睛紧盯对方,观察对方的任何变化,积极准备还击
接发球	接发球虽然处于被动、等待的状态,但由于发球时受到规则诸多的限制,使发球不能给接发球者带来太大的威胁。发球者发球只能发到对角线的接发球区内,而接发球者只需防守半个不到的区域,但可以还击到对方的整个场区。所以,接发球者若能处理好这一拍,也可取得主动
逼反手	就所有的运动员而言,后场的反手击球总是或多或少地弱于正手击球,相对进攻性不强,球路也较简单,有的运动员还不能在后场用反手把球打到对方端线,所以对于对方的反手要毫不放松地加以攻击
平高球压底线	用快速、准确的平高球打到对方后场两角,在对方不能拦截的前提下尽量降低球的飞行弧线,把对方紧压在底线,当对方回击半场高球时,就可以扣杀进攻。使用平高球压底线时,如配合劈吊和劈杀可增加平高球的战术效果。一般情况下,平高球的落点和杀、吊的落点拉得越开效果越好

单打战术	
拉、吊结合杀球	此战术是把球准确地打到对方场区的四个角上，使对方每次击球都要在场上来回奔跑。使用这种战术时，对不同特点的对手要采用不同的拉、吊方法。对后退步法慢的可以多打前、后场；对盲目跑动满场飞的可使用重复球和假动作；对灵活性差的应多打对角线，尽量使对方多转身；对后场反手差的仍通过拉开后攻反手；对体力不好的可用多拍拉、吊来消耗其体力，然后战胜对手。 如果能熟练地使用平高球、劈吊和网前搓、推、勾技术，快速拉开对方，伺机突击扣杀，那么这一战术就能收到更好的效果
吊、杀上网	先在后场以轻杀、点杀、劈杀配合吊球把球下压，落点要选择在场地两边，使对方被动回球。对方还击网前球时，迅速上网以贴网的搓球，或勾对角，或快速平推创造半场扣杀机会若对方在网前挑高球，可在其向后退的过程中把球直接杀向他的身上
过渡球	要明确过渡球是为了摆脱被动，为下一拍的反攻积极创造条件。怎样才能变被动为主动是比赛中的重要一环。被动时要做到：争取时间调整好自己的位置，控制住身体的重心。从网前或后场底线击出高远球是被动时常用的手段。当处于不停地跑动追球的状态，或身体重心失去控制时，都可以打出高远球，以赢得时间，恢复身体重心，调整自己的处境。其次，利用球路变化打乱对方的进攻步骤。在接杀球或接吊球时要把球还击到远离对方的地方，以破坏对方吊、杀上网的连续快速进攻。如果对方吊、杀球后盲目上网，而自己的位置较好时，则可把球还击到对方底线
防守反攻	这一战术用来对付那种盲目进攻而体力又差的对手。比赛开始，先以高球诱使对方进攻，在对方只顾进攻而疏于防守时，即可突击进攻。或者在对方体力下降、速度减慢时再发动进攻。这种开始固守、乘虚而入、以逸待劳、后发制人的战术效果较好
控制后场，高球压底	从发球开始就运用高远球或进攻性的平高球压对方后场底线，迫使对方后退，当对方回球不够后时，以扣杀球制胜；当对方疏于前场防守时，就可以以轻吊、搓球等技术在网前吊球轻取。轻吊必须在若干次高远球大力压住后场，对方又不能及时回到前场的基础上进行。这种打法主要是力量和后场的高、吊、杀技术的较量。对初学者，这是一种必须首先学习的基础打法
打四角球，高短结合	在后场以高远球、平高球和吊球，在前场则以放网前球、推球和挑球，准确地攻击对方场区前后左右四个角落，调动对方前后左右奔跑、顾此失彼，待对方来不及回中心位置或回球质量差时，向其空当部位发动进攻制胜。这种打法要求进攻队员具有较强的控制球落点的能力和灵活快速的步法，需要有速度，否则难占上风
下压为主，控制网前	主要通过后场的高远球、扣杀、劈杀、吊球等技术，先发制人，然后快速上网以搓、推、扑、勾等技术，高点控制网前，导致对方直接失误，或被进攻队员击球过网，被进攻队员一举失败，通常也称"杀上网"。这种打法是进攻型的打法，能够快速上网高点控制网前，速度耐力和力量耐力也要求较高。这种打法，体力消耗较大，如果碰上防守技术好的对手，体力就往往成为成败的关键因素
快拉快吊，前后结合	以平高球快压对方后场两底角，配合快吊前两角（或运用劈杀）引对方上网，当对方被动回击网前球时，即迅速上网控制网前，以网前搓、勾球结合推后场底线两角，迫使对方疲于应付，为前场扑杀和中、后场大力扣杀创造机会。这也是一种积极主动、快速进攻的打法。这种打法，要求运动员身体素质好，特别是速度耐力要好，技术全面熟练，还需要具备突击进攻的特长
守中反攻，攻守兼备	以平高球和快吊球击向对方前后左右四个角，以调动对方。让对方先进攻，针对进攻方打的高远球、四方球、吊球等，加强防守，以快速灵活的步法、多变的球路和刁钻准确的落点，诱使对方在进攻中匆忙移动、勉强扣杀，造成击球失误，或当对方回球质量较差时，抓住有利战机，突击进攻。这种打法要求队员具有攻中有守、守中有攻的控球和反控球能力，不仅应具备优良的速度耐力、灵活的步法、准确快速的反应和判断应变能力，更应具有顽强的拼搏精神和心理素质，这样才能在逆境和被动中保持沉着冷静，并奋起反击

2. 双打战术

双打比单打每方增加一名队员，而场地宽度仅增加 92 cm，接发球区还比单打缩短了 76 cm。因此双打从发球开始就形成短兵相接的局面。由于进攻和防守都加强了，这就更加要求运动员技术全面、能攻善守、反应灵敏。特别是对发球、接发球、平抽、挡、封网、扑、连续扣杀、接杀挑高球及防守反击等诸多技术，要求更高。两名队员配合默契、相互信任，打法上攻守衔接及站位轮转协调一致，是打好双打的关键。双打战术要领如表 8-7 所示。

表 8-7　双打战术要领

发球	由于双打的后发球线比单打短，在双打中若发高远球，接发球方可以大力扣杀，直接争取主动，同时又较少有后顾之忧，因此站位往往压在靠近前发球线处，对发球者造成很大的心理上和技术上的威胁。因此，发球质量、路线的配合、弧线的制造、落点的变化对整个双打比赛的胜负意义极其重大。若比赛的双方水平差不多，则胜负取决于发球质量
接发球	接发球虽然受发球方的牵制，属于被动等待，但由于规则对发球做了诸多限制，如击球点不能过腰、球拍上沿必须明显低于手、动作必须连续向前挥动（不许做假动作）、不能迟迟不发等，这样发球方发出的球就不能具有太大的威胁。接发球如果判断准确、启动快、还击及时，就能在对方发球质量稍差时杀、扑得手或取得主动；反之，也会接发球失误或还击不利使自己陷入被动
攻人	这是双打中常用的一种战术，就是以人为攻击目标。对付两名技术水平高低不一的对手时，一般都采用这种战术。对付两队员实力相当也可采用这一战术。它集中攻势于对方一名队员，常能起到"集中优势兵力打歼灭战"的作用；在另一队员过来协助时，又会暴露空当，可在其仓促接应、立足不稳时进行偷袭
攻中路	守方左右站位时把球打在他们的中间。这种战术可以造成守方两人抢接一球或同时让球，彼此难于协调；限制对手在接杀球时挑大角度高球调动攻方；有利于攻方的封网，由于打对方中路，对方回球的角度也小，网前队员封网的难度就小
	守方前后站位时把球下压或轻推在边线半场处。这种战术大多是在接发网前球和守中反攻抢网时运用。这种球守方前场队员拦截不到，后场队员又只能以下手击球放网或挑高球，后场两角便会露出很大空当，因而有隙可乘，攻击他的空当或身体位
攻后场	这种战术常用来对付后场扣杀能力较差的对手，把对方弱者调动到后场后也可以使用。此战术多采用平高球、平推球、挑底线把对方一人紧逼到底线，使其在底线两角移动击球，在其还击出半场高球或网前高球时即可大力扣杀，取得该球的胜利或主动。如在逼底线两角时对方同伴要后退支援，则可攻击网前空当或打后退者的追身球
后攻前封	后场队员积极大力扣杀创造机会，在对方接杀放网、挑高球或企图反击抽球时，前场队员以扑、搓、勾、推控制网前，或拦截吊、点封住前半场，使整个进攻连贯而又有节奏变化，使对方防不胜防
防守	为了摆脱被动，伺机转入反攻，首先要调整好防守时的站位。如果是网前挑高球，那么击球者应该直线后退，切忌对角后退。直线后退路线短、站位快，对角后退路线长，也容易被对方打追身球。另一名队员应根据同伴移动后的情况补到空当位。双打防守时的站位调整都是一名队员在跑动击球时，另一名队员根据同伴的移动情况填补空当
	防守都是为了破坏攻方的进攻节奏和进攻的势头，在攻方进攻势头减弱时即可平抽或蹲挡，若攻方站位混乱出现空当时，守方即可抓住战机转守为攻取得主动

第四节　羽毛球运动主要规则

羽毛球运动是一种全身性的运动项目，不受场地、年龄、性别的限制，这些特点，注定了羽毛球运动成为大众容易接受的运动项目。参加这项运动时首先需要了解羽毛球的比赛场地以及比赛的基本规则。

一、场地与器材

1. 场地

羽毛球场呈长方形，各条线宽均为 4 cm，场地上空 12 m 以内和四周 4 m 以内不应有障碍物。球场中央网高 1.524 m，外侧边线处网高 1.55 m。网柱位于外侧边线上的场地中央处。

球场界线最好用白色、黄色或其他易于识别的颜色。按国际比赛规定，整个球场上空的空间最低为 9 m，球场四周的墙壁最好为深绿色，场地不应有风。

场地地面应为塑胶或经国际羽毛球联合会批准的草绿色可移动 PVC 塑胶运动地板。

羽毛球比赛场地分为单打场地和双打场地。场地规格如图 8-1 所示。

2. 球网

球网的长度为 6.1 m、宽度为 0.76 m，每个网孔为 1.9 cm^2，当球网被拉紧时，网柱应与地面保持垂直，球网中部上沿高度不能低于 1.524 m，球网两端的高度为 1.55 m。

3. 球和球拍

球可由天然材料、人造材料或上述材料混合制成，球重为 4.73～5.5 g，并由 16 根羽毛固定在半球形的软木托上，木托的直径为 2.5～2.8 cm。羽毛从托面至羽尖长 6.4 cm，羽毛上端围成圆形，直径为 5.4～6.8 cm。在托上 1.25 cm 和 2.5 cm 处，用线将羽毛编结牢固。球拍重 95～120 g，球拍的框为椭圆形，椭圆形长 25～25.5 cm，宽 20～20.5 cm，中间用尼龙线穿织而成，球拍的握把长 39.5～40 cm，手握处的直径不得超过 2.8 cm。

二、羽毛球运动主要规则

掌握羽毛球运动的规则与裁判法，能组织小型羽毛球比赛。羽毛球运动主要规则如表 8-8 所示。

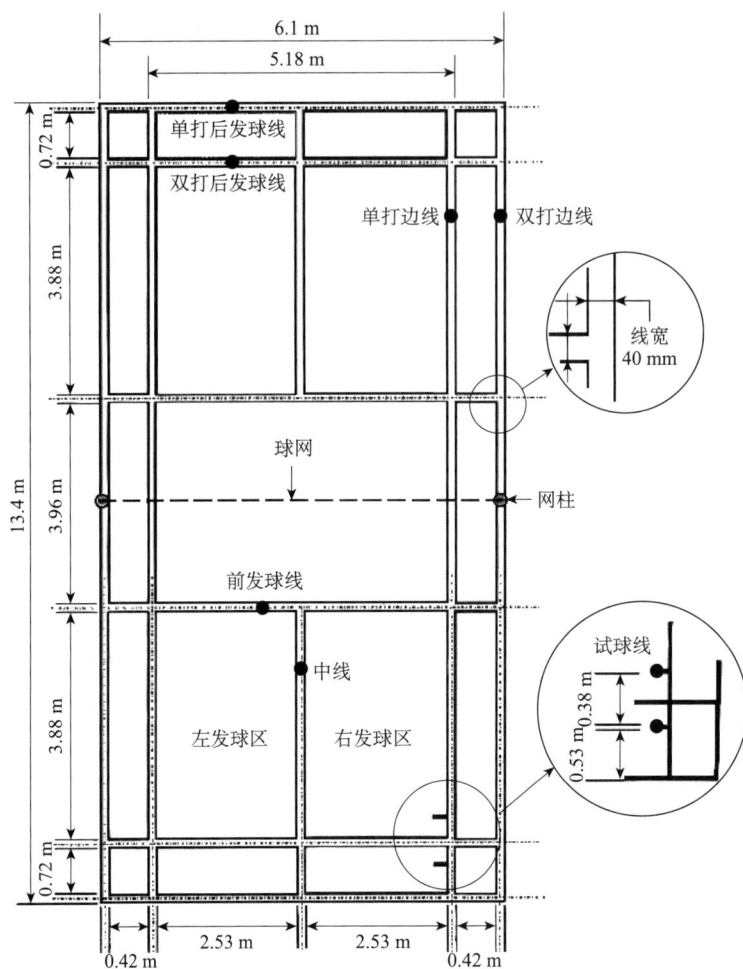

图 8-1 羽毛球场地规格

表 8-8 羽毛球运动主要规则

规则	说明
计分方法	（1）得分，2006 年 5 月 6 日，国际羽毛球联合会通过了 21 分每球分制的最新规则。从发球开始，经过双方来回对击直到成死球为止，为一个回合。无论是发球方或是接发球方，只要是胜一个回合，就得 1 分并得到（或继续）发球。 （2）局，羽毛球所有单项比赛都以一方先得 21 分为胜一局。如双方比分打成 20∶20，则一方需要超过对手 2 分才算取胜；如双方比分打成 29∶29，则率先得到第 30 分的一方为该局胜方。 （3）首局获胜一方在接下来的一局比赛中率先发球。一局比赛中，当一方先得到 11 分时，双方间歇休息 1 min。两局比赛之间和决胜局前的间歇时间为 2 min。 （4）场，正式的羽毛球比赛，团体赛采用五场三胜制，单项比赛每场采用三局两胜制
发球权与方位	（1）在一场比赛开始前，采用挑边的方法（抛挑边器或硬币）来决定比赛开始时的发球方和场区。当发球方在一回合中输了球，就交换发球权。 （2）发球方得分为 0 或双数分时站在右发球区发球，分数为单数时站在左边发球

续表

规则	说明
发球	发球时，发球员和接发球员都必须站在斜对角各自的发球区内进行发球和接发球。发球员在发球时的违例有脚违例、未击中球托、发球过腰、发球过手、不当延误发球、球未击中。 （1）脚违例：指发球时，发球员没站在发球区内，脚踩到或触及发球区界线，或在发球过程中，脚移动或离开地面。 （2）未击中球托：指发球员发球击球时，球拍先击中羽毛或同时击中羽毛和球托。此规则的制定，主要是不允许发球员使用球拍的拍面切击。使发出的球在飞行时带有旋转和翻滚，俗称旋转飘球。 （3）发球过腰：指发球员在发球时，球拍在击球的瞬间，球的任何部分必须低于发球员的腰部，否则违例。 （4）发球过手：指发球员在发球时，球拍在击球的瞬间，拍杆必须向下，整个球拍的拍头必须明显低于发球员的握拍手部。
违例	比赛中如发球方被判"违例"，则失去发球权，接发球方得1分并获发球权；反之，接发球方违例由发球方得1分并继续发球。以下为各种违例。 （1）发球不合法。 （2）球落在界线以外（球压线为界内球）。 （3）球碰到屋顶或场地外的障碍物。 （4）球不过网或从网下进入对方场区。 （5）运动员的身体或衣服被球击中。 （6）球碰到运动员的球拍后继续向该运动员的后场飞去。 （7）运动员的球拍、身体或衣服触及网或网柱。 （8）运动员的球拍或身体从网下侵入对方场区，并影响对方击球。 （9）运动员在网前举拍，以此阻挠对方在靠近网前的击球。 （10）过网击球，即运动员击球时，击球点不在击球员网的一边。 （11）运动员因行为不端被警告后再犯或首犯严重的行为不端，裁判可判该运动员违例

知识窗

　　羽毛球一直以来是中国队的优势项目，虽然不及乒乓球那样占有绝对优势，但是也算是中国的第二国球。随着林丹等老将因为年龄的原因退出中国国家羽毛球队，年轻队员技术有待提高，世界上其他国家的羽毛球水平不断提高，此消彼长，中国队的亚洲霸主地位受到了极大的挑战。

第九章 网球运动

本章导语

　　网球是一项优美而激烈的运动，也是一项深受人们喜爱的且充满活力的健身活动。击球动作舒展、优美、大方，给人以美的享受。一场精彩的网球比赛，多变的战术、双方智慧的较量，更能使人从中体验到网球运动的乐趣。它易于普及和开展，以浓厚的趣味性、视觉的观赏性和效果显著的健身性而盛行全世界，被称为世界第二大球类运动。

第一节　网球运动概述

一、网球运动起源与发展

　　网球运动起源于 12 世纪，当时法国的传教士经常在院子里击打一种类似于小球的物体，使它从院墙上反弹回来，以此来丰富自己枯燥、乏味的生活。后来，这种运动吸引了王室的人员参与，从此这项运动便经常在王室得到开展。

　　1877 年，全英俱乐部举办了他们的第一次网球比赛。1884 年，温布尔顿举办了男子、女子网球锦标赛。1896 年，在希腊雅典举办的第一届奥运会上，网球的单、双打比赛被列为正式的比赛项目。后来由于种种原因网球比赛曾一度被取消。直到 1998 年的汉城奥运会上，网球又重新被列为正式的比赛项目。

　　1885 年前后，网球运动传入中国。1910 年，我国举办了第一届全国运动会，将男子网球列为比赛项目；从第三届全国运动会开始，又把女子网球比赛增加到运动会项目中。

　　我国于 1953 年成立了网球协会。1986 年中国女子网球队在第十届亚运会的团体赛中夺冠。2004 年雅典奥运会上，李婷和孙甜甜取得第一个网球双打奥运冠军。2006 年，郑洁和晏紫在澳网女双决赛中，历史性地荣获女双冠军。

　　总之，网球运动的由来和发展可以用四句话来概括：孕育在法国，诞生在英国，开始普及和形成高潮在美国，现在盛行全世界，被称为世界第二大球类运动。

二、网球运动比赛球场种类

1. 草地场

草地球场是历史最悠久、最具传统意味的一种网球场地。其特点是球落地时与地面的摩擦小，球的反弹速度快，对球员的反应、奔跑的速度和技巧等要求非常高。因此，草地网球往往被看成"攻势网球"的天下。温布尔登锦标赛是其中最古老也最负盛名的一项草地赛事。

2. 红土场

常见的各种沙地、泥地等都可称为软性场地。此种场地的特点是球落地时与地面有较大的摩擦，球速较慢，球员在跑动中特别是在急停急回时会有很大的滑动余地，这就决定了球员必须具备比在其他场地上更出色的体能、奔跑和移动能力，以及更顽强的意志品质。最典型的代表就是红土场地的法国网球公开赛。

3. 硬地场

网球的硬地场是最普通、最常见的一种场地。硬地场一般由水泥和沥青铺垫，其上涂有红、绿色塑胶面层，其表面平整、硬度高，球的弹跳非常有规律，反弹速度很快，硬地不如其他质地的场地弹性好，地表的反作用强而僵硬，所以容易对球员造成伤害，已使许多优秀的网球选手付出了很大代价。最具代表的硬地场比赛是澳大利亚网球公开赛。

4. 地毯场

顾名思义，这是一种便携式可卷起的网球场，其表面是塑胶面层、尼龙编织面层等，一般用专门的胶水黏接于具有一定强度和硬度的混凝土底基的地面上，有的甚至可以直接铺展或黏接于任何有支持力的地面上，室内室外甚至屋顶都可采用。球的速度取决于场地表面的平整度及地毯表面的粗糙程度。

网球场地四种类型中前三种更常见

第二节　网球运动基本技术

一、握拍

网球握拍的方式与击球动作有关，球拍是击球者手臂的延伸和手掌的扩大，每个击球动作都是由手臂、手腕、手指相互配合用力来完成的，所以想要打好网球，正确握拍的姿式是非常重要的。网球拍柄和握拍手各部位术语及握拍方式如表 9-1 所示。

表 9-1　网球拍柄和握拍手各部位术语及握拍方式

网球拍柄和握拍手各部位术语

食指

拇指肚

食指下关节

手掌根部

上平面
左上斜面　　右上斜面
左垂直面　　右垂直面
左下斜面　　右下斜面
下平面

东方式正、反手握拍法	西方式正、反手握拍法

上平面　　上平面

上平面　　上平面

正手握拍法　　反手握拍法

正手握拍法　　反手握拍法

二、准备姿势与击球步法

任何一种击球动作都要从准备姿势开始，准备姿势正确与否关系到起动的快慢和击球效果。有人说："网球是用脚打的"，这表明网球比赛中运动员步法很重要。步法包括闭锁式步法、开放式步法、滑步、跨步、踮步、交叉步、跳步、跑步和小步调整等。

击球步法是打好网球的基础，必须和手法相互配合。若无好的步法配合，也打不好球。准备姿势与部分击球步法如表 9-2 所示。

表 9-2　准备姿势与部分击球步法

准备姿势	开放式步法	闭锁式步法
双脚自然开立，略比肩宽，前脚掌着地，脚跟抬起，身体重心置于两脚前脚掌之间，两膝微屈，并保持膝关节的良好弹性，上体微微前倾，两眼注视对手或来球	正手击球时常见的站位方式。其要领：从开立的准备姿势起动，以右脚为轴，向右转体转肩，左脚向右前方跨出，与端线约成45°角，使左肩对网，跨出的左脚较右脚仍在偏左侧场地，身体呈开放姿势	反手击球时常见的站位。其要领：从开立的姿势起动，以左脚为轴向左转体转肩，右脚向左前方跨出，步子较大，超过左脚落在左侧场地，使右肩对网，身体呈闭锁姿势

三、发球

在现代网球运动中，发球是最重要的技术之一，是唯一由自己掌握的击球法。它可以不受对方制约，为自己的进攻创造有利条件，以在比赛中争得主动。发球由站位、握拍、准备姿势、抛球与后摆、击球动作和随挥动作组成。

常用发球有三种：平击发球、切削发球和旋转发球（见表 9-3）。每一种发球都有自己的特点和作用，好的发球具有相当大的攻击力，并使发出的球在速度、力量、旋转和落点方面变化丰富。

表 9-3　发球技术要领

平击发球
做好准备姿势后，双手以同上同下的节奏，左手持球先向下然后向前右上方直臂抬起至头上方时球离手；右手握拍下摆然后向后上方摆动至肩高时，抬肘弯臂，使拍头在后背如搔背，全身呈背弓状。当被抛出球快速进入击球位置时，右臂迅速向前上方挥动球拍，同时蹬脚、伸腰、踮脚尖，身体随球拍挥击尽量向上伸展，拍头在所能达到的最高点击球后部。触球时使前臂、手腕和球拍柄近似于一条直线，手腕充分放松。顺着弧形轨迹自然向前下挥至身体左后下方，右脚上步，转正身体向网。 平击发球在诸种发球中是球速最快的发球法，也叫炮弹式发球，但成功率比较低

切削发球
切削发球是一种以右侧旋转（略带下旋）为主的发球法。就是由球的右上往左下切削击球。切削发球球速快，威胁大，容易提高发球成功率，为此被世界各国多数运动员所采纳。 发球时把球抛到右侧斜上方，球拍快速从右侧中上方至左下方挥动。击球部位在球的中部偏右侧，使球产生右侧旋转
旋转发球
发上旋球时把球抛到头后偏左的位置，击球时身体尽量后仰成弓形，利用杠杆力量对球加旋转，球拍快速从左向右上方挥动，从下向上擦击球的背面，并向右带出，使球产生右侧上旋

四、正、反手击落地球（均以右手握拍为例）

每个来球都有不同的速度、力量、旋转、方向和落点，所以击球者要根据每个来球的具体情况及自身的意图应变处理。接发球的站位要根据自己击球特点和自己的反应、判断能力，选择站在最有利的位置上。

正、反手击落地球是网球运动中使用最多的方法，是网球技术的基础，是初学者首先学习的击球技术。

正、反手击落地球动作都由准备姿势、转肩引拍、挥拍击球和随挥四个环节组成（见表9-4）。

表 9-4　正、反手击落地球技术要领

正手击球
准备姿势：面对球网，双脚自然开立约同肩宽，双膝微屈，身体略向前倾，重心落在前脚掌上。右手握拍，左手轻托拍颈，双肘微屈，拍面与地面垂直，拍头指向对方，两眼注视对方来球，做好击球准备。 转肩引拍：决定用正手击球时，通常先出右脚调节人与球的距离。两脚间距较宽，呈平行开立的开放式步法。同时转肩以弧形环式引拍向后，左肩对着球网 挥拍击球：击球时应保持身体轴心的稳定，充分利用转体的力量打出有力的回球。击球点约在身体的右侧。 随挥：当球拍与球撞击的瞬间，拍面和球变形凹陷，拍线将球兜住。此时须继续向左肩上方挥拍，身体向左转动，直至右肩碰到下巴，球拍挥动结束于左肩上方一侧

双手反手击球
准备姿势：与正手击球的准备姿势相同。 转肩引拍：决定反拍击球时，左脚先踏出，调节与球的距离，由转肩动作带动球拍向后，同时右手换成东方式握拍与左手的半西方式或西方式握拍一起形成双手反拍握拍。 挥拍击球：击球时须保持身体的稳定，降低重心位置，利用充分的转体动作挥拍击球，同时眼睛看球保持低头姿势。 随挥：击球后，球拍要继续向右前上方随挥，最后球拍在右肩后方收住

单手反手击球
准备姿势：同正手击球。 转肩引拍：由转肩动作带动球拍后引，并在左手扶拍的帮助下调整为反手握拍。充分利用转体的力量，以利打出线路更为隐蔽、突然的制胜球。 挥拍击球：协调运用腿、腰、肩和手臂的力量，以鞭打式的挥拍动作击球。 随挥：击球后球拍继续自然向右前上方挥出，到达身体右侧上方

网球的主要技术除了发球技术和正、反手击球技术，还有截击球、高压球、挑高球、击反弹球、放小球等技术（见表 9-5）。

表 9-5　截击球、高压球、挑高球、击反弹球、放小球技术要领

截击球
截击球是指来球还没有落地前就加以迎击的技术。以"碰"与"推"的动作击球。球在右前方，左脚向前做交叉跨步击球。球在左前方，则右脚向左前做交叉跨步击球。随挥拍动作要短，及时恢复准备动作姿势
高压球
当高球飞过来时，要及时移动脚步，侧身对着来球，右手收拍，左手指着来球，眼睛始终盯着来球；当高球飞近击球点的位置时，迅速挥拍，展开身体，踮起脚尖，向前收腹，在头顶前上方尽可能高处击球，击球后右脚向前跨出一步，完成跟进动作，保持身体平衡

挑高球

将球挑向高空击到对方后场，挑高球可分为防守性和进攻性两种。当对方正在冲上网或距离球网过近的时候，利用挑高球使球落入对方后场区，这就是主动且具有进攻性的挑高球。

当自己处于困境或被迫远离球场的不利位置时，最好的回击球的方法就是利用挑高球，争取时间，做好准备，这是防守性的挑高球

正手挑高球

反手挑高球

击反弹球

在来球落地后刚刚弹起来时击反弹球。击球点有时离地面仅15 cm。击反弹球一般用来回击落在自己脚下的球。上网截击或在双打比赛中运用击反弹球机会较多

放小球

放小球应具有突然性和隐蔽性，偶尔用之，往往能使对方扑救不及而失分。尽量使球落地反弹两三次仍不过发球线。

放小球的握拍法与正、反手击球握拍法相同，击球时后摆收拍动作较小，往往采用削球的方式击出下旋球。注意放小球时手腕不能放松，击球点仍在身体前方，击球时拍面稍向上，成托盘状将球轻送过球网

第三节　网球运动主要战术

运动员在比赛中，根据自己和对手的具体情况，有目的地把自己所掌握的各种技术，有意识地组合起来，最大限度地发挥自己的各种竞技能力，克敌致胜。

网球运动战术无论是单打还是双打，一般分为发球战术、接发球战术、底线战术和上网战术4种（见表9-6）。

双打位置的站位一般应正拍好的站在右面，反拍好的站在左面。一前一后，一左一右是最常见的站位。

表 9-6　网球战术

名称	战术要点	战术特点
发球战术	右区发球以站在中点的附近为宜	一般第一发球可采用平击大力发球或强烈上旋发球将球发在中线附近。若发球命中，可直接得分；若对方站位偏中时，可将球发在对方右区边线附近。第一发球的落点应尽量少发在对方比较容易处理的地方。第二发球以命中率为前提，一般以切削球或上旋球为主，少采用或不采用平击发球
	站在左区发球时，应站在离中点1～2 m的位置为宜	将球发至对方反手位置，迫使对方反手接球。所以左区发球绝大多数落点都应在对方的左侧边线，最好采用强烈的上旋发球，以加大对方接发球的难度。如果对方为了应付反手接球而远离中点，站在偏左的位置时，发球方可用快速的大力平击球将球发至中线附近，使对方奔救不及而直接得分。如果发球具有相当的速度和力量，可将球发至对手正面，这样的追身球往往使对方措手不及。在左区的第二发球也要以成功率为前提，避免采用大力发球，采用追身球
	上网发球	对于接发球能力一般的对手，只要成功地发一个有力凶猛的球，都会导致对方接发球的困难，这样的发球适合上网；对于接发球能力很强的对手，上网发球采用有力的上旋发球
接发球战术	在右区接发球应站在底线靠右的位置	如果对方发球后仍留在端线处，回击斜线深球，球可以从网的最低处越过，击向对方的反手或回击一个较短的斜线球。这种战术虽难度较大，但能将对方拉开，给下一次击球造成很大的攻击空当
	左区接发球应站在偏左的位置	左区接发球应站在对方可能发出的角度的分角线上并且在底线偏左的位置，接发球落点优先考虑的顺序以斜线球为主，第一落点为打到底线附近的斜线球；第二落点为发球区附近的斜线球；第三落点为打到底线的直线球
	接发球破网	对于发球后直接猛冲到网前的对手，挑出有深度的高球到底线附近还是相当有效的破网方法。对于发球上网缓慢的对手，最有效的破网方法是在他上网跑动中把球打到他的脚下，若是带有强烈上旋的球，则效果更好
底线战术	大角度调动对方跑动	对手如脚步移动差，就要有意识地使用方向多变的大角度击球来调动对手跑动
	压制对手反手	如果对手反手较弱，可采用连续的底线深球逼住对方反手，并迫使对方离开场区接球，再突然改变击球方向，使对方奔跑不及
	引诱对方离开适当的底线位置	在底线对打中，针对不善于上网的对手，还可以利用短球和小斜线球，引其上网或跑出场去击球，再打其身后空当
底线结合上网的战术	抓住机会上网	在底线对打过程中，应抓住机会上网，赢得主动。一般在对方打出软球、浅球时，就可抽球上网。抽球必须打深，使对方在底线后方接球，自己随球直接到网前，站在对方能回击的角度的分角线上，截击对方来球并打向空当

续表

名称	战术要点	战术特点
双打战术	发球上网战术	双打应尽量占据网前的有利位置。提高第一发球的成功率，将球发向对方反拍区，发出之后紧跟上网，以两人的封网截击扑杀对方
	破发球上网战术	对付发球上网一般做如下处理：把球击向发球线附近，或直接击向跑动上网者脚下；加强上旋，把球斜线击向发球区边线附近；挑高球到对方上网队员身后；乘对方非发球队员站位偏中时，直线击球破网
	同伴之间的配合原则	处于两人中间的球，应由正拍击球者回击；处于两人中间的斜线球，应由距离近的人迎击；对方接发球回击过来中场的球，上网队员争取截击，发球队员则做好打漏球的准备；上网队员移动到左侧或右侧截击时，底线队员应立即移动，弥补场区露出的空隙地带

第四节　网球运动主要规则

每当坐在球场或电视机前，欣赏着激动人心的世界网球大赛，看到网球明星的高超球艺表演时，有利于人们消除疲劳、放松精神、忘却烦恼。

一、场地与器材

1. 场地

标准网球场是长方形的，双打标准场地长 23.77 m，宽 10.97 m；单打标准场地长 23.77 m，宽 8.23 m；球场内两网柱之间距离 12.80 m，网柱顶端距地面 1.07 m，网柱中心距边线外沿 0.914 m，用球网将球场分为两个等区，球网中央高 0.914 m；每一区距球网 6.40 m 处画一条与球网平行的线叫作发球线。网球比赛场地如图 9-1 所示。

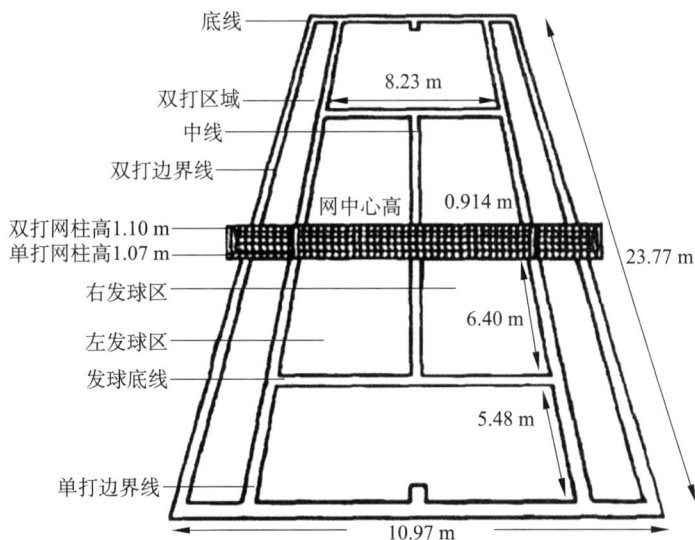

图 9-1　网球比赛场地

2. 球

比赛用球为黄色，用橡胶化合物制作，外表用毛质纤维均匀覆盖，接缝处没有缝线。球的直径为 6.35 ～ 6.67 cm，质量为 56.7 ～ 58.5 g，从 2.54 m 的高度自由下落时，能在硬地平面弹起 1.35 ～ 1.47 m 的高度。

3. 球拍

球拍的材质有木质、铝合金、钢质和复合物（尼龙、碳素），任何材质的球拍均可用于比赛。球拍的击球面必须是平的，由弦线上下交织编制或连接而成，其组成格式完全一致。每条弦线必须与拍框连接，拍框和拍柄的总长不超过 73.66 cm，拍框的总宽不超过 31.75 cm。

二、网球比赛基本规则

网球比赛分为单打和双打两种形式。球员用网球拍将球击过网，落入对方的场地上。每位球员的目的都是尽力将球打到对方的场地上。来来回回直到有一方将球打出界或没接到球。网球比赛基本规则如表 9-7 所示。

表 9-7 网球比赛基本规则

规则	说明
发球	发出的球在对方还未还击前，应从网上越过，落到对角的对方发球区内或周围的线上。第一次发球失误后，可在原位置进行第二次发球。第二次发球再失误，即为双误，判失一分，发球擦网界为一次失误。发球擦网后球落在发球区内可重发。
交换场地	双方应在每盘的第一、三、五等单数局结束时，交换场地。如一盘结束，双方局数之和为双数时，则不交换场地，必须等下盘第一局结束后再进行交换
失分的判断	（1）球落地两次后击球（两跳）。 （2）击球出界即球触及对方场区界线以外的地面、固定物或其他物体。 （3）击空中球失败（站在场外击空中球失败也算失分）。 （4）比赛进行中，故意用球拍拖带或接住球，或故意用球拍触球超过一次。 （5）"活球"期间运动员的身体、球拍（不论是否拍在手中）或穿戴的其他物件触及球网、网柱或对方区内地面。 （6）球尚未过网即在空中还击（过网击球）。 （7）除握在手中的球拍外，运动员的身体或穿戴的物件触球。 （8）抛拍击球。 （9）比赛进行中，运动员故意改变其球拍形状。 （10）发球员发球两次失误
计分方法	（1）网球比赛由盘至局，通常是 3 盘 2 胜制，或 5 盘 3 胜制。每盘中双方各有 6 个发球局。一方先超过对方 2 局达到 6 局，则该方为胜一盘。若双方各胜 6 局则进入抢 7 局，获得胜利一方赢得该盘胜利。 （2）每局中的计分是前两个发球每球计 15 分，第三个发球起每球计 10 分，一局比赛中先得到 50 分的为胜。若出现 40 平，则要以超出对方 20 分为该局胜。 （3）实行淘汰制。一场比赛中，男子单打比赛除大满贯赛事采用 5 盘 3 胜制以外，均使用 3 盘 2 胜制。女子比赛全部采用 3 盘 2 胜制

续表

规则	说明
双打规则	（1）双打发球次序：每盘第一局开始时，由发球方决定由何人首先发球，对方则同样地在第二局开始时，决定由何人首先发球。第三局由第一局发球方的另一球员发球。第四局由第二局发球的另一球员发球。以下各局均按此次序发球。 （2）双打接球次序：先接球的一方，应在第一局开始时，决定何人先接发球，并在这盘单数局，继续先接发球。对方同样应在第二局开始时，决定何人接发球，并在这盘双数局继续先接发球。他们的同伴应在每局中轮流接发球。 （3）双打还击：接发球后，双方应轮流由其中任何一名队员还击。如队员在其同队队员击球后，再以球拍触球，则判对方得分

知识窗

　　中国网球公开赛是中国唯一以国家命名的国际网球赛事。赛事由国家体育总局、北京市人民政府主办的室外硬地场男女综合性网球赛。

　　中国网球公开赛创办于 2004 年，每年一届定期在京举行。赛事同时拥有国际男子职业网球协会（ATP）、国际女子职业网球协会（WTA）和国际网球联合会（ITF）三大国际网球组织的赛事举办权，是亚洲地区唯一设置最全、参赛球员最多、总奖金最高的国际综合性网球赛事。

第十章　游泳运动

本章导语

　　游泳是人在水的浮力作用下产生向上漂浮，凭借浮力通过肢体有规律的运动，使身体在水中活动或游进的技能。坚持进行游泳运动，能使神经、呼吸和心血管等系统的机能得到改善，提高肌肉力量、速度、耐力、弹性和全身关节灵活性，塑造优美体形，使身体得到协调发展。游泳运动能增强机体适应外界环境变化的能力，有效地增进健康，预防疾病。同时，游泳运动还是身体瘦弱或慢性病患者的一种有效的体育医疗手段。另外，在抗洪抢险、水中救护、水上作业及军事上均有广泛的实用价值。

第一节　游泳运动概述

一、游泳运动的起源与发展

　　游泳是男女老幼都喜欢的体育项目之一。对于游泳的起源，国内外的学者们一致的看法是，游泳产生于居住在江、河、湖、海一带的古人。他们为了生存，必然要在水中捕捉水鸟和鱼类作食物，并通过观察和模仿鱼类、青蛙等动物在水中游动的动作，逐渐学会了游泳。

　　据《史记》记载，我国早在春秋时期就有泅水活动，至唐宋已成为一项体育运动，当时就已有至今仍流行民间的"狗爬""寒鸭浮水""水上漂"等游泳方式。但游泳作为一个体育项目得以发展还是近一两百年的事。

　　现代游泳运动起源于英国。17世纪60年代，英国不少地区的游泳活动开展将相对活跃。18世纪初传到法国，继而成为风靡欧洲的运动。1828年，英国在利物浦乔治码头修造了第一个室内游泳池，这种游泳池到19世纪30年代在英国各大城市相继出现。英国业余游泳总会（前身为都会游泳总会）于1869年成立，是第一个成立的国家游泳总会。在1850—1860年，英国与澳大利亚已有游泳比赛。当国际奥运会于1894年6月16日在巴黎成立时，游泳已被列为1896年的奥运项目之一。国际业余游泳联会（FINA）成立于1908年。

　　竞技游泳，从第一届现代奥运会发展到现在各种锦标赛、国际大型比赛，不断推动着竞技游泳的发展，使它的技术动作更完善，运动员们也创造了一个又一个优异的成绩。游泳运动员的等级为三级、二级、一级、健将、国际健将。

在我国，竞技游泳自 19 世纪末在广东、上海、福建等地开始流行，但当时的技术水平低、发展缓慢。新中国成立后，特别是进入 20 世纪 90 年代以来，我国游泳运动员取得的成绩震撼了世界泳坛，令世界各国刮目相看。

二、游泳运动的分类

游泳运动包括游泳、跳水、水球和花样游泳 4 个项目，由于它们的技术特点不同，已成为独立的 4 个竞赛项目。现阶段，如根据目的和功能划分，游泳运动可分为竞技游泳、实用游泳和大众游泳三类，如图 10-1 所示。

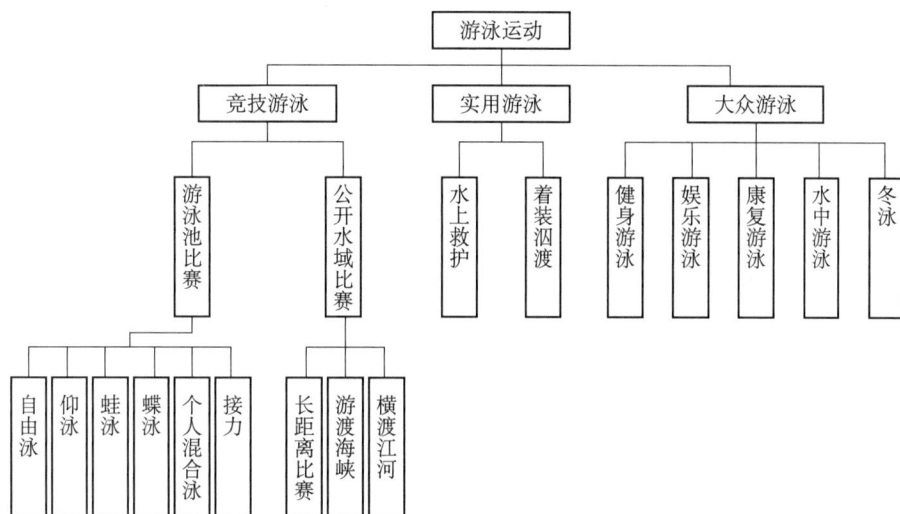

图 10-1　游泳运动的分类

1. 竞技游泳

符合竞赛规则、特定技术要求，以速度来决定名次的游泳称为竞技游泳。竞技游泳目前分为游泳池比赛和公开水域比赛。根据国际游泳联合会规定在 50 m 池比赛，列入国际游泳联合会世界纪录的男、女项目共 40 项，奥运会游泳比赛只设 32 项。在 25 m 池比赛，国际游泳联合会承认的男、女项目共 46 项。

公开水域比赛是指在自然水域，如江、河、湖、海这些场域进行的游泳比赛，如游渡海峡、横渡江河、长距离比赛等。这类比赛各有特定的规则要求，但没有严格的游泳泳式要求，运动员多采用自由泳参赛。

2. 实用游泳

实用游泳是指直接为生产、生活、军事服务的游泳活动，包括采用踩水、侧泳、反蛙泳、潜泳等技术进行水上救护、着装泅渡等。竞技游泳技术虽不包括在实用游泳技术中，但在着装泅渡、水上救护、水上运物和水上做积极性休息时，常采用蛙泳、仰泳。在快速水上救护时，常用自由泳。

3. 大众游泳

随着人类社会的发展、生产力的提高、社会物质财富的不断丰富，人们对物质、文化、娱乐生活的质量要求也相应提高。一种以增强体质为宗旨，以丰富人们文化生活为目的的大众游泳活动，如健身游泳、娱乐游泳、康复游泳、水中游戏、冬泳等，已在世界各地蓬勃发展，成为现代游泳运动的重要组成部分。这些以健身、实用、娱乐为目的的游泳项目，由于不追求严格的技术和速度，形式简便、多样，已越来越被人们重视，发展相当迅速。国家体育总局推出的"全民游泳锻炼等级标准"和举办成人分龄游泳赛，既是大众游泳的范畴，也是促进大众游泳的有效措施。

冬泳是指人们在冬季里的游泳活动，包括在人工游泳池和自然水域的低温水中游泳，是大众游泳中的一项重要内容。

第二节 游泳运动基本技术

人在水中与在陆上有很大差别。在水中人要受到水的压力、浮力和阻力的作用，此外，呼吸还会受到游泳姿势的限制。

一、熟悉水性

熟悉水性是初学者必经的阶段，其目的是让初学者体会和了解水的特性，逐步适应水的环境，消除怕水心理，培养对水的兴趣并掌握游泳中的一些最基本的动作，如呼吸、浮体、滑行和站立等动作。熟悉水性练习（见表10-1）时，应选择在齐腰深的水中进行。

表 10-1 熟悉水性练习

浸水呼吸练习		
（1）用口吸气后闭气，然后下蹲将头浸入水中，停留片刻后起立，口、鼻出水后，换气	（2）用口吸气后闭气，然后下蹲将头浸入水中。要求在水中将气慢慢呼完后再出水吸气	（3）同（2）练习。要求连续有节奏地做吸、闭、呼动作，吸气时快而深，呼气时慢，最后用力将气呼完

续表

浮体与站立	展体浮体练习
深呼吸后下蹲低头抱膝。双膝靠近胸部，自然漂浮水中	两脚开立，两臂放松向前伸，深呼吸后身体前倒并低头，脚蹬池底，俯卧浮于水中。站立时，收腹、收腿，两臂向下按压水并抬头，脚触池底站立
滑行	**蹬池壁滑行**
深呼吸后上体前倒并屈膝，当头、肩浸入水中时前脚掌用力蹬池底，随后两脚并拢，身体成流线型向前滑行	在做蹬池壁练习时，尽量增大蹬腿力量，以增加滑行距离；两腿和手臂尽量合拢，以保持身体的流线型

二、蛙泳基本技术

蛙泳是最古老的游泳姿势之一，因动作像青蛙游水而得名。其采用正面呼吸，间歇性强，动作省力能持久，适用于长时间、远距离游泳。学习蛙泳可以按腿、臂、臂腿配合及完整配合的顺序进行。蛙泳动作方法和练习步骤如表 10-2 所示。

表 10-2 蛙泳动作方法和练习步骤

腿部动作陆上模仿练习	
在腿的一次动作中，要求收腿正确，翻脚充分，蹬夹连贯，滑行放松。在动作节奏上，强调收腿时要慢而放松，蹬腿时要快而有力	
俯卧模仿蛙泳腿部动作：收——大腿带小腿，边收边分；翻——向外翻脚，脚的蹬水面对准水，膝稍内压；蹬夹——向后弧形蹬夹水；停——两腿并拢伸直放松一会	坐撑模仿做收、翻、蹬夹、停动作

续表

腿部动作水中模仿练习	
水中固定支撑做蛙泳腿的练习：躯干——肩浸入水中，腰腹部稍紧张，臀靠近水面，防止塌腰、挺腹、臀下沉；收——放松慢收，脚和小腿内侧对准水，脚心向上；蹬夹——向后弧形蹬夹要连贯，速度要快；停——两腿并拢伸直漂一会	水中滑行做蛙泳腿的练习

手臂动作陆上模仿练习	
站立，上体前倾，两臂前伸，掌心向下。两手同时向侧后下方划水；屈臂收手至颏下，掌心斜相对；两手向前伸直并拢稍停。基本掌握臂的动作后，可配合早吸气，开始划水时抬头吸气，伸臂时低头闭气及呼气	臂和呼吸配合水中练习：划臂抬头吸气（早吸气），或划水结束抬头吸气（晚吸气）

身体姿势	臂部动作
当蹬腿结束后，两臂并拢前伸，身体纵轴与水平面成 5°～10°	掌握合理的臂划水技术并与腿、呼吸动作协调配合，能有效地提高运动技术水平。其动作分为开始姿势、滑下、划水、收手、前伸几个阶段

腿部动作		
蛙泳腿部动作是主要推动力，分为收腿、翻脚、蹬夹三个紧密相连的阶段		
收腿	翻腿	蹬夹

续表

完整配合动作
划了胳臂再收腿，伸了胳臂再蹬腿；早呼吸，蹬腿后要有滑行

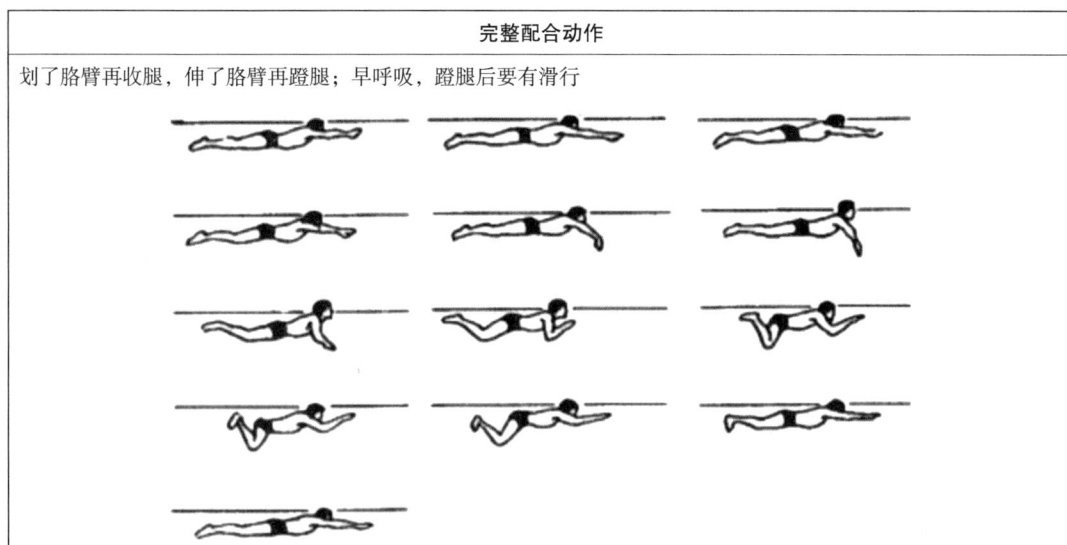

三、自由泳基本技术

人们喜欢速度的对抗，当然在水中也不例外。人们发现，同等水平下，自由泳堪称所有游泳姿势中的冠军。自由泳，俗称爬泳。游自由泳时，人在水中成俯卧姿势，两腿交替上下打水，两臂轮流划水，动作很像爬行，所以称之为爬泳。自由泳基本技术要领见表10-3。自由泳是四种游泳技术中速度最快的一种。

表 10-3 自由泳基本技术要领

动作方法	
身体姿势	腿部技术
身体要尽量保持俯卧的水平姿势，头部自然稍抬起，水平面接近发际，双腿处于最低点，身体纵轴与水平面成3°～5°的仰角。自由泳游进中，身体可随划水、转头而围绕身体纵轴做有节奏的转动	在自由泳技术中，大腿动作除了产生推动力外，主要起着维持身体平衡的作用，它能使下肢抬高，并能协调配合双臂有力地划水。腿打水时，两脚稍内扣，踝关节自然放松，由大腿发力，带动小腿和脚做上下鞭状打水动作。两腿轮流上下，向下打水是产生推进力的主要部分，因此应用较大的力量和较快的速度进行；而向上则要求放松、自然，尽量少用力，并且速度相对要慢
手臂技术	
游自由泳时，两手臂轮流交替向后划水，是推动身体前进的主要动力。它分为入水、抱水、划推水、出水和空中移臂等划水分动作，是紧密相连的一个完整的动作	

入水	抱水
手臂入水时，肘关节略屈并高于手，手指自然伸直并拢，掌心朝向前斜下方，大拇指领先入水。手入水的位置应在肩的延长线上或在身体的中线和肩的延长线之间。入水的顺序为：手—前臂—大臂。手臂切入水后，手和前臂应继续向前下方伸展	抱水是手臂寻找发力点和支撑点的抱球动作，是为划水做准备的。手臂入水后，应积极插向前下方，前臂和大臂应积极外旋，并屈腕、屈肘，手向下后方移动，而上臂几乎不动。当手移至头前下方，手臂与水面约成 40° 夹角时，肘关节屈至 150° 左右，肘高于手，抱水动作结束

划推水
划推水是获得推进力的主要阶段，分为两个阶段：从抱水结束到划至与水面垂直之前称为划水，过垂直面后称为推水。划水过程中，应保持高肘姿势，前臂和手的运动速度要快于大臂，手向内、向上、向后运动。当划水结束时，手划至肩的下方，手臂与水面垂直，肘高于手，肘关节弯曲成 9° ～ 12°。同时，推水手臂向后移动，肘关节逐渐伸直，手向外、向上、向后运动。当手划至大腿旁边时，推水动作结束，肘关节几乎伸直。在整个划推水过程中，手的运动路线并不是始终在一条直线上或同一平面上，而是经历了向外、向下、向内、向外、向上的较复杂的三维曲线动作，移动路线为 S 形，速度由慢到快，有明显的加速划水动作

出水	空中移臂
在划水结束后，由大臂带动肘关节向外上方做提拉动作，将肘关节、前臂和手提出水面。手臂出水动作应迅速、自然连贯，前臂和手应尽量放松	空中移臂是手臂出水的继续，不能停顿，移臂动作应放松自如，尽量不要破坏身体的流线型，与另一手臂的划水动作保持协调一致，注意动作节奏。在整个移臂过程中，肘部应始终保持比手部高的位置

配合技术
配合技术分为两臂的配合技术、两臂与呼吸的配合技术以及完整的配合技术。自由泳完整配合动作即呼吸、手臂和腿的配合动作，手臂是产生推进力的主要来源

配合技术

练习方法

水中扶池槽或池底，身体成水平姿势，两腿交替上下打水，先直腿打水，再过渡到鞭状打水。两腿打水幅度不宜太大。可快慢交替或重复一定次数。动作基本掌握后可加转头呼吸

水中两臂配合：蹬边滑行后腿轻轻打水或大腿夹助浮器帮助下肢浮起，做单臂划水，如左臂划两次再右臂划两次；然后做两臂分解配合，即左臂划水、空中移臂、入水后右臂再做；最后过渡到两臂前交叉配合

四、仰泳基本技术

仰泳又称背泳，是一种人体仰卧在水中的游泳姿势。仰泳包括反蛙泳和反自由泳，因为脸在水面上，呼吸很方便，但是游泳者看不到在往哪里游，容易发生方向错误。仰泳是唯一一个运动员在水中开始的姿势，其他都是跳入水中。仰泳技术（见表10-4）与自由泳较为相似。

表 10-4　仰泳基本技术要领

身体姿势	腿部动作
仰泳时，身体平直地仰卧水中，自然伸展，腹部微收成流线型。头、肩略高于臀，下颌略收，水面齐耳际	仰泳腿部动作与自由泳基本相同，主要起维持身体平衡的作用，并能产生一定的推进力。仰泳腿打水时，以髋部为支点，大腿发力，带动小腿向后上方踢水。向上踢水时，屈膝上踢，屈膝约为135°，脚背向内扣，加大踢水对水的作用面积。向下打腿时，膝关节必须自然伸直下压，打腿幅度大于自由泳，约为45 cm，做鞭状打腿

身体姿势	腿部动作

手臂动作（仰泳的手臂动作由入水、下滑抓水、划水、出水和空中移臂 5 个连贯动作组成）

入手	下滑抓水
入水时手臂伸直，掌心朝外，小拇指领先入水；手稍内收时与小臂形成 15°～16° 的夹角。入水点一般在肩的延长线与身体纵轴之间，臂入水应展胸伸肩 150°～160°	下滑抓水时积极伸肩并外旋，紧接着勾手腕、屈肘，掌心与前臂对水。抓水结束时，手距离水面约 30 cm，肘关节弯曲成 150°～160°，此时，手臂已处于有利的划水状态

划水	出水
划水是获得推进力的主要阶段，可分为拉水和推水。拉水过程中，肘关节弯曲程度逐渐加大。当划至肩部垂直平面时，手掌距离水面 15 cm 左右，小臂与大臂形成 0°～110° 的夹角；推水时要充分利用拉水的速度和最大对水作用面积，使整个手臂同时用力向后下方做推压动作。当手划至臀部侧下方时，推水动作结束，此时手掌距离水面约 45 cm。仰泳时，手在水下移动路线呈 S 形，速度由慢到快，有明显的加速划水动作 	出水时应先压水后提肩，使肩露出水面后，大臂、小臂、手依次出水，出水动作应自然迅速。手臂出水后，应自然轻松、伸直地由后向前于水平面垂直地移动

空中移臂
移至肩正上方时，手臂外旋，掌心向外，保持该姿势至入水

配合动作
配合动作有两臂的配合、呼吸与臂的配合以及完整配合动作。两臂有节奏地配合对划水力量的增大有积极作用，一般采用当一手臂入水，另一手臂处于推水结束的动作。呼吸与臂的配合采用两手臂各划 1 次，做 1 次呼吸，而打腿、划臂、呼吸的配合均为 6：2：1，即打腿 6 次，手臂划水 2 次，呼吸 1 次。这种配合技术对初学者保持身体平衡，维持手臂、腿部动作的协调非常有利

五、蝶泳基本技术

蝶泳（见表 10-5）是以蛙泳为基础演变而来的一种游泳姿势。腿部动作模仿蛙泳的蹬夹水，两臂对称由前往后划水出水面经空中前摆，动作近似蝴蝶飞行，故称蝶泳。后来腿部动作又模仿海豚波浪式摆动动作，所以有人称之为海豚泳。蝶泳技术较复杂，游起来较费力，在教学中，一般都安排在其他泳式后进行。

表 10-5　蝶泳基本技术要领

身体姿势
蝶泳时，头和躯干不断地在水平面上下移动，这种身体的上下起伏是自然形成的。身体姿势力求稳定，身体有节奏地起伏，为臂和腿部动作提供有利条件，并能保持身体良好的流线型

腿部动作
蝶泳的打腿动作对于保持良好的身体姿势，形成身体自然的波浪摆动，提供了主要的推进力。由腰部发力、大腿带动小腿做上下鞭状打水动作。 向下打水时，两腿自然并拢，两脚掌稍向内旋，大腿带动小腿，屈膝、踝关节伸直，用脚背对准水向下快速打水。在小腿和脚向下打水还没有结束时，大腿开始向上提，加速小腿和脚的下打及膝的伸直，形成鞭状打水。腿的下打上移与提臂伸肩、躯干的上下起伏自然融合

手臂动作
蝶泳手臂的划水动作是推动身体前进的主要因素，包括①入水、②向外划水、③抓水、④向里划水、⑤向上划水、⑥放松、⑦收手等

配合动作
游蝶泳时一般采用 2∶1∶1 配合，即 2 次打腿、1 次划水、1 次呼吸动作配合。在两臂入水时双腿做第一次向下打水，屈腕抓水时完成腿的下鞭；在两臂拉水的过程中双腿上抬，并在两臂推水的过程中双腿做第二次向下打水，臂出水时完成腿的下鞭，同时在两臂推水、空中移臂时张口吸气，并在移臂过程中完成双腿上抬

续表

配合动作

呼吸
蝶泳的呼吸借助两臂划水的后部推水动作，后部肌肉大幅伸展，使头抬至口露出水面时吸气。吸气的速度要快，头必须在臂入水前回到原来的位置，慢呼气或者稍憋气后呼气。蝶泳一般是一次划水一次呼吸，为了加快游进的速度，也可以在两次以上的划水动作之后做一次呼吸

六、出发

出发是游泳比赛的开始，运用两脚蹬离出发台或池壁，从而获得较快的初速度。比赛中，除仰泳在水中出发外，其他泳姿都在出发台上。出发台出发（见表 10-6）由预备姿势、起跳、腾空、入水、滑行五个部分组成。根据预备姿势的不同可分为抓台式（最常见的出发技术）、摆臂式（用于接力比赛）和蹲踞式（用于仰泳，在水中出发且身体要保持仰卧姿势）；根据腾空和入水的不同又可分为平式入水和洞式入水。

表 10-6　出发技术要领

抓台式			
（1）平臂伸直放松，抓住出水台侧沿	（2）手用力侧拉，身体贴大腿	（3）身体重心前移	（4）伸髋伸臂，双臂前摆

抓台式			
（5）两脚用力蹬离出发台	（6）腾空时手臂前伸并拢，稍低头	（7）手领先入水，入水角度约为10°（平式入水）	（8）滑行的深度和时间依项目规定

摆臂式			
（1）身体前倾，双手臂自然下垂	（2）手臂先由后向后上方环绕，身体前倒	（3）提臀，身体重心前移	（4）手臂转入向前环绕，伸髋伸膝
（5）手臂前伸，伸髋伸膝	（6）借助手臂前摆惯性，用力蹬离出发台	（7）腾空时手臂前伸并拢，略低头	（8）手领先入水，入水角度约为10°（平式入水）

蹲踞式			
（1）捏紧扶手器，两脚抵住池壁	（2）屈肘提升身体，使身体大部分升出水面	（3）两腿预蹲	（4）预蹲后，迅速伸肘推压扶手器
（5）仰头挺胸，成反弓形蹬离池壁	（6）昂首挺胸，全身伸展	（7）以手领先入水，保持良好流线型	（8）1做仰泳动作，头露出水面时划水

七、转身

在现代竞技游泳比赛中共有 32 个项目，规则中规定必须在 50 m 长的标准游泳池中进

147

行。其中除 50 m 项目外，其余项目要完成规定的距离，则必须在游泳池往返多次，这就要求运动员掌握良好的转身技术。转身（见表 10-7）是运动员游到池端后，必须折返回头继续游进的动作。

游泳的转身方式方法很多，不同的姿势有不同的转身方法和要求。按其动作可分为滚翻式、平转式和摆动式。

表 10-7　转身技术要领

自由泳滚翻式转身			
（1）游近池壁时须看着池壁，调整触壁的距离	（2）一只手置于腿旁，另一只手由前向后划，收下巴，小腿同时轻弹	（3）小腿完成轻弹后，两手掌朝下往头的方向压	（4）收大腿迅速翻转，让头部朝前
（5）脚推离池壁时，转动身体，让腰部朝下	（6）身体转正保持直线，同时腿打水 2～3 次	（7）当头快浮出水面时，手臂开始划动	（8）完成第一次划水时，头浮出水面
蛙泳平转式转身（以左侧转身为例）			
（1）游近池壁时，不能减速，最后一次动作以蹬腿结束为佳，双手在同一水平面伸向前方触壁	（2）触壁后双臂同时屈肘	（3）身体向池壁靠拢	（4）右手用力推池壁，使右臂屈肘角度加大
（5）右手向左推池壁，身体纵轴旋转	（6）转动时团身屈膝	（7）双手前伸，低头入水中	（8）双脚蹬离池壁，身体逐渐转正，保持直线
蝶泳、蛙泳摆动式转身（以左侧转身为例）			
（1）游近池壁时，不能减速，蛙泳的最后一次动作以蹬腿结束为佳，双手正好伸向前方触壁；蝶泳以移臂结束或即将结束为佳	（2）触壁时左手低于右手，触壁后两臂屈肘，身体靠近池壁	（3）两臂用力推池壁，使头和肩露出水面，上体后仰	（4）屈膝团身，左臂先推离池壁，随身体绕纵轴向左转动而摆到胸前，当身体转动约 90° 侧向池壁时，右手向右推离池壁

蝶泳、蛙泳摆动式转身（以左侧转身为例）		
（5）随着上体绕前后轴向左转动，吸气甩头甩肩往回摆动	（6）两腿贴池壁时，左手在水下向上拨水使身体下沉，之后低头团身没入水中	（7）两脚用力蹬离池壁滑行

八、踩水和潜泳

在日常生活、水上作业、生产建设和军事活动中具有实际运用价值的各种游泳姿势，统称为实用游泳，它包括踩水、侧泳、反蛙泳、潜泳。

踩水是身体直立在水中头部露在水面上的一种游泳姿势，类似蛙泳动作，是利用手的划水和腿的蹬夹动作，使身体直立屈体漂浮，保持原位不下沉。一般只要学会蛙泳后就应该会踩水动作，或者能较快地掌握踩水技术。踩水又称 原地蛙泳或立泳。

潜泳是人在水下不呼吸游进的一种游泳技术，潜泳的姿势有很多，但大多数都采用蛙式潜泳。踩水和潜泳基本技术如表 10-8 所示。

潜泳技术可分为潜深技术和潜远技术，潜深技术从水面上潜入水有两腿朝下潜深法和头先朝下潜深法两种入水方式。潜远技术可分为蛙式潜泳、爬式潜泳和蛙式长划臂潜泳。

表 10-8 踩水和潜泳基本技术

踩水
（1）踩水时腿的技术动作有两种：一种是两腿交替蹬夹水（类似骑自行车）；另一种是两腿同时蹬夹水，与蛙泳腿动作相似。在踩水时手臂弯曲，胸前做向外、向内的拨水动作，但动作不宜过大。拨水时手指要有压水的感觉，两手拨水路线呈弧形。在踩水过程中，一般是两腿蹬夹水一次、划水一次。踩水时呼吸自然，随腿、臂动作节奏自然地呼吸
（2）坐在深水区池边，深吸一口气后，身体前倾，两臂伸直向下，同时低头，快速入水，然后做蛙式潜深游泳，反复进行练习。在深水中先做踩水动作，使上体出水面较高时，紧接着两腿并拢，双手贴紧大腿，使身体成垂直姿势潜入水中，然后两臂做自下而上的划水动作，增加下潜速度。到一定距离后，停止划水，使身体自然上升。在垂直下潜到一定深度时，立即低头、收腹、团身，使身体由垂直姿势转为水平姿势后，做蛙式潜深游泳

续表

潜泳——潜深技术

两腿朝下潜深法：在潜入以前两臂前伸，屈腿，然后两臂用力向下撑水，与此同事，两腿做蛙泳腿向下蹬水动作，使腰部以上的部位跃出水面，接着利用身体的重力，使身体向下。入水后两臂做自下而上的推水动作，可以增加下沉的速度。当到达预订的水深后，立即团身向预定方向游进

头先朝下潜深法：准备姿势和第一种方法相同，只是两臂向后下方伸出，两臂自下而上用力划水，头朝下，提臀举腿，两臂做蛙泳的伸臂动作，向下伸直，同样是由于重力的作用使身体潜入水中。入水后两腿向上做蛙泳腿的蹬水动作，可以增加下沉速度。到达预订的深度通过两臂、胸部和腰部的后屈动作使身体由垂直转变为水平姿势

潜泳——潜远技术

蛙式潜泳：动作跟"平航式蛙泳"的动作相同，只是为了使身体不露出水面身体必须呈一条直线，臂划水的幅度比蛙泳小，滑行时间增长

爬式潜泳：两臂伸直并拢，头在两臂间只用双腿做爬泳打腿动作

蛙式长划臂潜泳：头和躯干呈水平姿势，在臂划水时稍微低头，防止身体上浮。两个手臂从向前伸直开始紧接着下划，手掌和前臂内旋，稍勾手腕，向下方做抓水动作。划臂速度由慢加快，两臂在大腿两侧伸直，手掌朝上。划水结束后有较长时间的滑行动作。回收手臂时两手外旋、屈肘，沿胸腹前伸。当手伸至颌下时手掌内旋在头部前方伸直并拢，准备下一次划水。腿部动作跟蛙泳腿相同，蹬水方向改为正后方。臂前伸结束时收腿结束，蹬腿结束手臂紧接着做划水动作，划水结束后两腿伸直并拢做滑行动作

第三节 游泳运动主要规则

竞技游泳是指有特定技术要求，按游泳竞赛规则规定进行竞赛的游泳项目。竞技游泳主要是以速度来决定名次的游泳。中国游泳协会裁判委员会制定的《游泳竞赛规则2010—2014》基本内容如表10-9所示。

表 10-9 游泳竞赛规则

泳式	竞 赛 规 则
蛙泳	（1）除出发和每次转身后的第一次划水动作外，两手向后划水不得超过臀线。 （2）在做蛙泳腿动作时容易犯的错误有：做剪夹、上下交替打或向下的海脉式打水动作。 （3）两手动作不同步等，做配合动作时，划两次手、两次腿做一次呼吸动作。 （4）在每次转身和达到终点时，两手应在水面、水上或水下同时触壁。 （5）运动员在一个动作周期内，头应露出水面一次
自由泳	（1）在自由泳项目的比赛中，选手可以采用任何泳式，可以用一种泳式进行比赛，也可以采用多种泳式交替进行。 （2）自由泳比赛，运动员在出发和转身后可以潜泳，但潜泳距离不得超过 15 m，在 15 m 前运动员的头必须露出水面。 （3）在自由泳比赛中，运动员转身和到达终点时，可用身体任何部分触池壁。 （4）在自由泳比赛中，运动员可以在池底站立，但是不得跨越或行走
仰泳	（1）运动员必须呈仰卧姿势蹬离池壁，并且水下潜泳的距离不得超过 15 m。 （2）在转身过程中，当运动员肩的转动超过垂直面后，可进行一次连贯单臂划水或双臂同时划水动作，并在该动作结束前开始滚翻。一旦改变仰卧姿势，就不允许做与连贯转身动作无关的打水或划水动作
蝶泳	（1）蝶泳比赛中两脚的动作必须同时进行，只允许两腿和两脚在垂直面上同时做上下打水动作。两腿或两脚可不在同一水平面上，但不允许有交替动作。 （2）在蝶泳比赛中，采用蛙泳腿、蝶泳手的动作是犯规的
混合泳与接力	（1）个人混合泳的顺序是蝶泳、仰泳、蛙泳、自由泳（仰泳、蛙泳及蝶泳以外的任何泳式）。 （2）混合泳接力须按照下列顺序进行比赛：仰泳、蛙泳、蝶泳、自由泳（仰泳、蛙泳及蝶泳以外的任何泳式）。 （3）在游泳的接力比赛中，交接棒时，只有在前一名运动员按照规定触壁，后一名运动员才可以出发，完成交接棒
犯规	（1）不得借用药物；及时接受血检、尿检；禁止穿全身连体泳衣。 （2）因裁判的失误或器材而导致的运动员抢码犯规，发令员应将运动员召回重新出发，不作为一次抢码犯规。 （3）当执行总裁判用长哨音示意运动员上出发台、做好出发准备后，在发令员未发出出发信号前，运动员启动并出发，视为抢码犯规
比赛分组	当某项目比赛只有一组时，该组比赛应为决赛。当有两组或者两组以上时，成绩最好的运动员或接力队编在最后一组，次好的编在倒数第二组，以此类推。在设有 8 条泳道的游泳池内比赛时，同一组成绩最好的运动员或接力队，应安排在 4 泳道。其他运动员或接力队按成绩的优劣以 5、3、6、2、7、1、8 泳道的顺序进行安排。接力比赛以队为单位，每单位可在报名参加比赛的同组运动员中任选 4 人参加接力比赛。在预、决赛中参加者可任意调换，但接力名单报送后擅自颠倒棒次或更换运动员均判为犯规
出发和到边	游泳比赛中，任何一个运动员在出发时抢跳犯规都会被取消比赛资格。自由泳、蛙泳、蝶泳及个人混合泳的各项比赛必须从出发台起跳出发，仰泳项目在水中出发。当总裁判发出长哨音信号后，运动员应站到出发台上（仰泳项目运动员下水，在总裁判发出第二声长哨时迅速游回池端，在水中做好出发准备），当发令员发出"各就位"的口令后，运动员应至少有一只脚在出发台的前缘做好出发准备，手臂位置不限。当所有运动员都处于静止状态时，发令员发出出发信号（鸣枪、电笛、鸣哨或口令）。运动员在听到出发信号后才能做出发动作。在自由泳和仰泳比赛中，到达终点时运动员可以只用一只手触壁，而在蛙泳和蝶泳比赛中，必须双手同时触壁

第四节　游泳运动安全卫生与自救

一、游泳的安全与卫生

游泳具有调节人体机能和增强抵抗力等作用，是男女老幼都适宜的健身运动。了解有关游泳的安全以及卫生知识，健身的效果才能更好。

（1）游泳前要做准备活动。它能使身体更好地适应温差的刺激和游泳运动的需要。

（2）游泳运动的运动量应根据个人的身体情况来确定。跳水、潜泳等要有安全保证。

（3）游泳后要重视卫生护理。

（4）患有心脏病、高血压、皮肤病、传染病、中耳炎或精神病患者不宜进行游泳运动。另外，睡眠不足、身体不适以及妇女月经期间等也不要游泳。

（5）游泳的保健。①游泳时最好戴上泳镜，以免氯气侵入或细菌感染。②游泳时应掌握正确的呼吸方法，尽量用嘴吸气，避免呛水。③游泳时耳朵进水，应将头侧向进水一侧，并用同一侧腿连续跳，使水流出。或者将头侧向进水一侧，用手掌紧压该耳朵，屏住呼吸，然后迅速拿开手，连续做几次，可将水吸出。④游泳时发生肌肉抽筋，要保持镇静，不要紧张，在浅水或离岸较近时，应立即上岸进行处理；在深水或离岸较远时，应大声呼救，同时进行自救。

二、游泳救护

如果游泳救生及时，处置恰当，就能为溺水者后续的救治打下良好的基础，能有效地保障其生命安全，起到"挽救生命、减轻伤残"的关键作用。游泳救护方法如表 10-10所示。

表 10-10　游泳救护方法

直接赴救
对距离游泳池边较远处发生溺水事故的溺水者，在不能采用救生器材的情况下，救生员入水与溺水者直接接触进行救助。直接赴救是由观察、入水、接近、解脱、拖带（徒手和器材）、上岸（徒手和器材）等技术环节组成的。直接赴救是与溺水者直接接触，因此带有一定的危险性，在使用直接赴救技术时，应以保证自己的安全为前提，未经过专业救生技术培训的人，不建议对溺水者进行直接赴救。 接近溺水者后应从其后面靠近，若正面接近时，应快速、果断抓住溺水者的手，并扭转其身体背对自己，以便拖带

续表

水中解脱	
手臂下压解脱法	**扳指解脱法**
当溺水者从前面抓住救护者手臂时，救护者的手应及时由内向外翻转，反握溺水者的手臂并用力向下按压，即可解脱	当溺水者从背后抱住救护者的身体时，救护者应抓住溺水者左右手的一个手指，分别向左右用力拉使自己解脱
推托（扭）解脱法	**托肘解脱法**
当溺水者从前面抱住救护者的身体时，救护者一手扶住溺水者头顶，另一手托住溺水者的下颌，扭转溺水者的头部；或者一手抱住溺水者的腰，另一手向上推托溺水者的下颌，即可解脱，然后迅速采取措施使其背对自己以便拖带上岸	当溺水者从前或后抱住救护者的颈部时，救护者用一手托住溺水者的一肘部，另一手握住溺水者同一手腕，同时将托肘部的手用力向上推，抓腕的手用力向下拉，即可解脱，然后迅速采取措施使其背对自己以便拖带上岸

间接赴救
间接赴救是指救生员在岸上发现并经过准确判断，对发生溺水事故正在呼救挣扎的溺水者，利用现场救生器材，如救生圈、救生浮漂、救生杆和其他可用器材，在保证自身安全的前提下，对溺水者进行的救助

自我救护
自我救护是指在没有他人救助的情况下，通过自身努力而获救的方法。 （1）痉挛：游泳时可能出现手指痉挛、小腿与脚趾痉挛、大腿痉挛等情况。发生痉挛时，首先要保持镇静，大声呼救；其次，在水中保持静立，进行自救，主要方法是先反向牵拉痉挛的肌肉，然后进行按摩，痉挛缓解后迅速上岸休息。

手指痉挛　　手掌痉挛　　　　上臂痉挛　　　　小腿痉挛　　　　大腿痉挛

（2）呛水：预防呛水较好的方法是多练习呼吸，在未完全掌握的时候不去深水区游泳，并且游泳的时候注意力要集中，避免过度紧张。发生呛水时，要保持冷静，采用踩水技术使身体保持平衡，缓解后上岸休息

岸上急救
将溺水者救上岸后，要尽快进行行急救处理。轻度溺水者，先清除口中杂草和呕吐物等，使呼吸畅通，接着对溺水者进行排水。对已经昏迷、呼吸很弱或刚停止呼吸的溺水者，应立即进行人工呼吸和做胸外心脏按压。为了争取时间，岸上急救应抓住主要环节进行处理，可以同时用几个方法进行抢救

三、游泳场所的选择

游泳场所一般可分两类，一类是人工修建的游泳池、馆，另一类是江、河、湖、海等天然水域。如果场地选择不当，就达不到开展游泳运动的目的，甚至会发生意外。

一般人工游泳池、馆是经常进行游泳运动的理想场所，因为一般人工游泳池、馆容易管理，安全方面的问题也便于解决。天然水域的情况比较复杂，存在许多安全问题。

在选择天然水域做游泳场所时，首先要注意水的情况，包括水质、水底、水流、水深、水中生物等，凡不适宜游泳的水域，都不要进行游泳。除注意水质外，还要注意水底情况，以防止发生意外。

国际标准游泳池（见图 10-2）长 50 m，宽至少 21 m，深 1.80 m 以上。设 8～9 条泳道，每条泳道宽 2.50 m，分道线由直径 5～10 cm 的单个浮标连接而成。运动员比赛必须站在出发台上出发（仰泳除外），出发台高出水面 50～75 cm，台面积为 50 cm×50 cm。

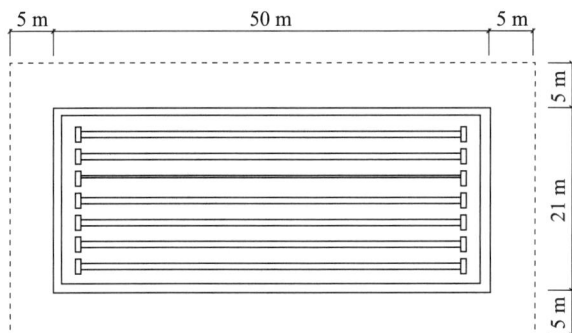

图 10-2　国际标准游泳池

第十一章 体操与健美运动

本章导语

体操是我国主要体育运动项目之一，是广大群众喜闻乐见的体育活动，是学校体育教学中的主要内容。

体操是通过徒手或借助器械进行的各种身体练习的运动，体操对提高力量、柔韧、灵敏等身体素质和身体基本活动能力，促进人体全面发展具有重要作用，并对培养勇敢、坚毅、果断和克服困难的优良品质具有积极意义。

健美运动是一项通过徒手和各种器械，运用专门的动作方式和方法进行锻炼，以发达肌肉、增长体力、改善形体和陶冶情操为目的的运动项目。它是举重运动的一个分支，也是一个独立的竞赛项目。

第一节 体操运动

一、体操运动起源与发展

体操一词起源于 2000 多年前的古希腊，但是希腊人并不是唯一的早期体操追随者，希腊、中国、波斯和印度 4 个文明古国都曾将体操作为年轻人参军前的准备训练，这种做法一直断断续续地延续到 19 世纪。体操的含义和内容随着时代的变迁而有所不同。有些运动员把体操作为提高身体素质的途径，它通常还被认为是体育和艺术最终结合的产物。

1881 年 7 月 23 日，国际体操联合会正式成立。1896 年，体操成为第一届奥运会正式比赛项目。从此，每隔四年举行一届，因为受第一、第二次世界大战的影响曾中断过三次。1903 年，举行了规模最大的世界体操锦标赛，最初每两年举行一次，从第七届开始每四年举行一次，1978 年后又重新改为每两年举行一次。

近代体操是在1840年鸦片战争后传入中国的。1953 年在北京举办了第一届全国田径·体操·自行车运动会。1956 年，全国体操协会成立，并加入了国际体操联合会。1984 年，在美国洛杉矶举行的第二十三届奥运会上我国体操运动员共获得 5 项金牌。目前，我国竞技体操的技术水平比较高，在世界体操大赛中成绩辉煌，处于领先地位。

体操是对所有体操项目的总称。体操可分为竞技体操、艺术体操和基本体操三大类。

以竞技为直接目的的体操称为竞技体操。奥运会确认男子 6 项——自由体操、单杠、双杠、吊环、鞍马、跳马（纵）；女子 4 项——自由体操、高低杠、平衡木、跳马（横）

为正式比赛项目。在体操比赛中，除各单项的比赛外，还有团体和全能比赛。当前，体操比赛中的动作难度日新月异，但基层的群众性体操比赛项目、内容和难度可由组织单位根据实际情况确立。

二、体操项目简介

1. 技巧

技巧是竞技体操的主要项目，它的动作丰富、形式多样，与跳跃、平衡、力量、舞蹈等动作组合形成自由体操，既有竞赛性，又有表演性，而且它兼具静力性动作和动力性动作，因此在许多运动项目的基础训练中被广泛地运用。另外，它对场地器材条件要求不高，甚至在平地或草坪上都能进行练习，是广大青少年喜欢的运动项目。

技巧练习对发展人体灵敏、柔韧、协调和力量等素质，增强关节韧带和提高平衡能力有显著作用。技巧的一些基本技术动作如表 11-1 所示。

表 11-1　技巧的一些基本技术动作

鱼跃前滚翻	
半蹲、两臂由后向前摆，同时两脚蹬地向前上方跃起，使身体腾空，接着两臂前伸，双手撑垫，并迅速屈臂、低头、团身向前滚翻至蹲立	
保护与帮助：保护者站在动作者前侧方，一手托肩，一手托大腿，助其缓冲完成动作	
练习提示：（1）由坐撑开始的屈体后滚翻练习。（2）练习者身后放高垫，做屈体后坐练习	

肩肘倒立	头手倒立
由直角坐撑姿势开始，上体后倒，收腹举腿，翻臀。当脚尖与头部垂直上方时，向上展髋，挺直身体，同时两手撑腰部两侧，成肘、颈、肩支撑的倒立姿势	由蹲撑姿势开始，上体前倾，两手撑垫与头的前额上部成等边三角形。随即脚稍用力蹬地，使臀部高提，摆腿，身体向上慢慢伸展至头手倒立位置
保护与帮助：站前侧扶腿上拉，并用膝顶练习者腰臀部	保护与帮助：站前侧扶腰及腿帮助控制重心
练习提示：（1）在帮助下向后屈体滚动向上伸髋成肩肘倒立。（2）由仰卧屈体姿势向上伸髋，经肩肘倒立	练习提示：靠墙做一脚蹬地，一脚后摆成头手倒立

续表

侧手翻
由右脚站立，左脚侧举，两臂侧平举的姿势开始，上体向左侧屈下压，蹬伸左膝、踝关节，接着右腿向侧上方摆起，左手外旋撑地，左脚蹬地侧摆，然后右手撑地经分腿手倒立过程后，依次推离，落下成两臂侧平举的分腿站立姿势

保护与帮助：站在练习者背后，两手交叉扶腰部帮助翻转
练习提示：（1）靠墙做侧起成分腿手倒立，然后侧翻下成站立。（2）在画有直线标记的垫子上做侧手翻，要求练习者脚、手落点保持在直线上。

2. 跳跃

跳跃是学校体育教学和军事训练的主要内容，包括一般跳跃和支撑跳跃两大类。一般跳跃是支撑跳跃的基础。典型的支撑跳跃项目——跳马是竞技体操比赛的一个项目。

跳跃的特点是通过腿和臂短促有力地作用于器械，使人体腾空并完成各种不同形式的动作。跳跃的一些基本技术动作如表 11-2 所示。

表 11-2　跳跃的一些基本技术动作

支撑跳跃
支撑跳跃的技术动作可分为助跑、上板、踏板（跳）、第一次腾空、推手、第二次腾空和落地 7 个动作环节。 ①～②助跑是使身体获得一定的水平速度，有节奏逐渐加速。 ③上板前一步，两臂向后下方弧形摆动。 ④踏板（跳）将水平速度转化成使身体向前上方腾起的力量，踏跳多采用双落技术，并使双脚落板前赶在上体前面，产生制动作用，两臂向前上方摆起，踏板快速有力。 ⑤第一腾空，身体要稍含胸，微屈髋关节，两臂前伸，两腿并拢伸直向后摆起。要求有一定的高度和远度。 ⑥推手：两臂伸直顶肩，猛力向前下方推撑器械，使身体获得较大的支撑反作用力，向前上方腾起。推手应短促有力、及时。 ⑦～⑨第二次腾空是完成各类空中动作的阶段。第二次腾空的好坏与前几个环节的好坏有着密切关系。 ⑩落地是结束阶段，用前脚掌着地，很快过渡到全脚掌，髋、膝、踝关节同时弯曲半蹲两臂斜上举，当身体稳定后成站立姿势。如身体失去平衡，应及时做跨步、跳步或顺势做滚翻动作以自我保护

横马（箱）跳上成分腿立撑，挺身跳下
保护与帮助：站于器械前侧方，一手扶上臂，另一手托腹，助其顶肩、提臀、收腹
助跑上板踏跳，双手撑器械（与肩同宽）、收腹、提臀、分腿立马（箱）。跳成半蹲，接着向前上方跳起，同时两臂斜上举，并迅速展髋挺身，落地时屈膝缓冲，完成结束姿势
练习方法（注意顶肩推手及时有力）： （1）上练习俯撑跳成分腿立撑和增加跳成蹲立接挺身跳。（2）手扶器械，练习跳起收腹，提臀和顶肩分腿动作。 （3）在帮助下完成动作
横马（箱）斜进右直角腾越
保护与帮助：站在箱的右侧面，练习者起跳后，右手推其右上臂，左手托其臀部，帮助腾起
斜进助跑，左脚在跳板起跳，同时上体后仰、右手撑马（箱）、右腿带动髋关节向马（箱）的前上方摆起，左脚蹬板后迅速与右腿并拢，左手迅速在体后撑马（箱），接着右手推离器械，送髋挺身至落地
练习方法（注意踏跳时上体一定要稍后仰，以利右腿向前上方踢起）： （1）踏跳、提腿、撑箱成坐撑，然后举腿跳下器械远端放置实心球或障碍物，促进学生高踢腿，提高动作质量。 （2）在保护帮助下做完整练习
横马（箱）分腿腾越
积极助跑踏跳、领臂含胸、上体稍前倾、向前上方腾越。两臂主动前伸、紧腰。接着用力向下方顶肩推手，稍提臀、两腿侧分稍向前，推离器械后立即制动腿，两臂斜上举，上体急振抬起，展髋挺身至落地

续表

横马（箱）分腿腾越
保护与帮助：站在马（箱）前、面对器械，一手或两手迎推练习者的上臂向上提位，帮助其越过器械至落地
练习方法（注意顶肩推手及时有力，左脚不过肩时完成）：（1）在地上俯撑，推手跳成分腿立。（2）山羊分腿腾越练习。（3）在横马（箱）上做起跳、撑手、分腿立马（箱）上、挺身跳下。（4）在保护帮助下做完整练习

纵箱前滚翻
助跑、两脚起跳，两手撑器械近端（手指向外，抱撑器械），含胸、顶肩、提臀，接着低头屈体前滚翻。滚至臀部时展腹落地
保护与帮助：保护者站在器械侧面，一手扶其上臂，另一手托腹，助其撑臂、提臀。前滚时帮助维持平衡。落地时扶胸，防止跌倒
练习方法（注意撑臂、提臀、前滚）：（1）复习鱼跃前滚翻。（2）手撑器械，原地跳起提臀。（3）在帮助下完成动作

3.单杠

单杠有器械体操之王的美称。其动作由简单的支撑、悬垂、混合支撑和混合悬垂组成。

学习掌握一些单杠动作（见表11-3），用来锻炼身体、增强上肢的力量和柔韧性、提高身体的协调能力和平衡能力。

表11-3　单杠动作

单脚蹬地翻身上成支撑
蹬地腿要充分有力，与摆动腿并拢迅速上摆，向后侧肩拉杠引体，使腹部贴杠，当两腿摆到杠后水平时，制动腿、翻腕、抬头、挺胸成支撑
保护与帮助：站在杠前练习者体侧，一手托背，一手托臀帮助翻上成支撑，随即换成一手托上臂、一手托腿
练习提示：（1）在低单杠练习屈臂引体。（2）做一脚蹬地，另一脚摆腿踢头顶上方标志物的练习。（3）由杠上支撑开始，做向下翻身的练习。（4）在帮助下进行完整动作的练习

支撑单腿摆越成骑撑
（以右腿摆越为例）由支撑开始，右手直臂顶肩，推杠，重心左移，同时右腿摆越过杠成骑撑
保护与帮助：站在杠后练习者左侧，一手托上臂，一手托腿帮助摆越过杠
练习方法（注意移重心，直臂顶肩）：（1）低杠上做左右推移重心练习。（2）在帮助下练习
骑撑后倒挂膝上
从骑撑开始，两臂撑起，重心后移，后倒挂膝。摆动腿前摆至前上方时，制动腿，以最大幅度向后画弧。摆动下垂垂直部位时，两臂用力压杠，翻腕挺胸成骑撑
保护与帮助：保护者站在杠前右侧方，当练习者挂膝后摆时，一手托背部，另一手在其大腿前面，帮助上成骑撑
练习方法（注意摆腿方向，后画幅度大，两臂压杠，不要拉臂）：（1）挂膝摆动。（2）挂膝摆动上成骑撑
骑撑后腿向前摆越转体 90° 下
左腿在前骑撑开始，左手稍离左腿反握杠，重心移至左臂，同时左腿压杠，两腿向右侧摆起，以左臂为轴用头、肩带动身体向左转体 90°，右腿摆越，接着向左腿并拢挺身跳下
保护与帮助：站在左侧后方，一手握上臂，一手托左腿
练习方法（注意转体方向要正）：（1）跳箱上骑坐一手撑箱，做摆越转体下。（2）在帮助下练习

4. 双杠

双杠是器械体操项目之一，动作丰富，组织编排形式和变化多样。主要由静力性和动力性动作组成，以动力性为主。在练习中必须加强相应肌群力量和柔性的练习。

双杠动作（见表 11-4）练习，可以培养正确的身体姿态和健美的体型，加强各肌群的力量和柔韧性，提高身体的灵活性、协调性、控制能力、空间平衡能力和身体各器官、系统的功能。

表 11-4　双杠动作

支撑摆动
以肩为轴，直臂顶肩，摆动时，肩部前后移动幅度尽量减小，使两臂获得稳固的支撑。前摆时用力向前上方踢腿送髋，同时两肩用力向后顶肩，拉开肩角，后摆时两肩用力支撑，当腿摆过垂直部位后，加速向后摆腿，含胸顶肩，拉开肩角。整个动作要求两腿并拢、脚尖绷直
保护与帮助：站在杠侧，一手握其上臂，一手帮助其前、后摆动
练习方法（注意以肩为轴）：（1）两臂支撑，依次向前移动，增强支撑力量。（2）在保护帮助下，先做小幅度摆后，然后逐渐拉大幅度
杠端跳上分腿坐前行
两手握杠端跳起，向前上方摆腿送髋，两腿摆出杠面时，立即分腿，顺势向后滑杠成分腿坐。然后顶肩推手挺身，两腿内侧夹杠，上体前倾，两手体前稍远处撑杠，同时用大腿弹杠，后摆进杠并腿
保护与帮助：站在杠侧，当练习者撑杠后摆时，一手握其上臂，一手托其腿帮助后摆
练习方法（注意撑杠稍远和两腿弹杠）：（1）上前摆分腿坐。（2）帮助下做挺身前倒撑杠和两腿弹杠。（3）保护帮助下做完整练习

续表

支撑前摆挺身下
从支撑摆动开始，当身体前摆过垂直部位后，稍屈髋，加速向前上方摆动，腿摆出杠面后身体重心左移，两腿主动向左外移，腿摆到最高点时制动腿，做下压展髋，两手顶肩推杠，右手换推杠挺身落下

保护与帮助：站在练习者的侧后方，一手握其上臂，另一手从杠上托送腰背部
练习方法（注意顶肩推手同时挺身展髋）：（1）杠端跳起前摆挺身下。（2）在保护帮助下做完整练习

支撑后摆挺身下
从支撑摆动开始，身体后摆近最高点制动腿，右手推杠换至左手前撑杠，同时身体重心向左平移，左手推杠侧举，挺身落下

保护与帮助：站在下杠的侧前方，一手握上臂，一手托腿部帮助移动身体
练习方法（注意换握快，重心通过支撑臂下落）：（1）杠上俯撑，右腿蹬杠，左腿向后上方摆动时，右腿同时蹬杠并腿，左手换握右杠挺身下。（2）在保护帮助下做完整练习

前滚翻成分腿坐
从分腿坐开始，两手体前靠近大腿外握杠，上体前倒顺势提臂、屈体、两肘外展以肩或上臂撑杠，低头前滚两腿并拢，当臀部移过垂直部位时，两手迅速向前换握杠，臀部接近杠面时，两腿分开并下压，两臂压杠撑起成分腿坐

保护与帮助：站立杠侧，一手托其腹，一手托其肩，帮助提臀屈体，当其前滚时，换手在杠下，托其背、臀帮助滚翻成分腿坐

续表

练习方法（注意前倒低头，张肘撑杠、前滚时始终屈体）：（1）低杠反复做前倒提臀屈体动作。（2）在杠上放一垫子做前滚翻动作。（3）在保护帮助下做完整动作

分腿坐慢起肩倒立
从分腿坐开始，两手在体前大腿处握杠，上体前侧提臀屈体，当肩触杠时，两肘外展，两手虎口稍外旋，两肩在手前撑杠，并腿伸髋上举抬头紧腰，身体伸直成肩倒立姿势

保护与帮助：站在杠侧，一手托其腹部，一手托其肩部帮助完成动作

练习方法（注意伸腿送髋要快而有力，两臂压杠及时）：（1）分腿坐慢起成屈体分腿肩倒立。（2）在低双杠上做两脚蹬地分腿肩倒立，但应有人帮助。（3）在帮助下完成动作练习

知识窗

　　中国国家体操队包括女子体操队和男子体操队，是中国体育军团的"王牌之师"，是目前历史上为中国奥运会代表团夺得单届最多金牌的队伍，也是现役运动员中拥有最多奥运冠军的团队。

　　国际体操联合会以中国运动员的名字命名的技术性动作共有42个。"体操王子"李宁最多，一共4个。

　　中国国家体操队成为世界体操队伍中不可忽视的一支强队。在30多年的征程中，涌现了李宁、童非、楼云、李小双、李小鹏、杨威、程菲、何可欣、邓琳琳等世界名将。

第二节　广播体操

　　广播体操是一种成套的徒手体操，配上音乐跟随广播进行锻炼，或用口令指挥节奏。它包括身体各个部分的动作，所以做完一套广播体操能使身体各部位的关节、肌肉、韧带得到锻炼，加快呼吸、脉博和血液循环，促进新陈代谢。学生常称广播体操为课间操，可以振奋精神、清醒头脑、消除疲劳、提高学习效果。

一、广播体操发展史

建国之初，新中国体育事业刚刚起步，在场地、人才、器械等方面处于一穷二白的状态。1950年年底，中华全国体育总会筹备委员会秘书杨烈提交报告，并联合当时已经86岁高龄的同事刘以珍参照日本的"辣椒操"来创编新中国的第一套广播体操，何士德等作曲家编曲、清华大学教师马约翰的儿子马启伟做宣传挂图模特。

1951年11月24日，第一套广播体操诞生。同日，中华全国体育筹备委员会、教育部、卫生部等9部委发出《关于推行广播体操活动的联合通知》，同时新闻总署广播事业局和中华全国体育总会筹备委员会联合决定，在中央人民广播电台和各地人民广播电台举办广播体操节目，领导全国人民做操。11月25日，《人民日报》发表中华全国体育总会广播体操研究小组编写的文章《大家都来做广播体操》。中央人民广播电台的广播体操节目从1951年12月1日开始播放，各地人民广播电台陆续跟进。

从1951年新中国开始颁布的第一套成人广播体操开始，陆续诞生了九套成人广播体操。

二、第九套广播体操

第九套广播体操继承了广播体操全面性的风格，对锻炼者产生中等强度的运动刺激，对提高机体各关节的灵敏性，增强大肌肉群力量，促进循环系统、呼吸系统和神经传导系统功能改善具有积极的作用。第九套广播体操共分为八节，从第一节的伸展运动到第八节的整理运动，包含了躯干、上下肢的动作，使全身各部位都能得到充分的锻炼。它充分考虑锻炼时运动负荷的适宜性，动作从上肢到全身，由简单到复杂，逐步提高。在结构和动作设计上，突出了广播体操的功能。第九套广播体操动作分解如表11-5所示。

表11-5　第九套广播体操动作分解

预备节： 原地踏步 （2×8拍）	预备姿势，两脚立正，手臂垂直于体侧，抬头挺胸，眼看前方，口令至原地踏步时，半握拳； 第一拍，左脚向下踏步，右腿抬起，膝盖向前，脚尖离地约15 cm，同时，左臂前摆至身体中线，右臂后摆，挺胸、拔背； 第二拍，与第一拍动作相同，方向相反
第一节： 伸展运动 （4×8拍）	第一拍，左脚向侧一步，与肩同宽，同时，两臂侧平举，掌心向下，左转头； 第二拍，右脚并于左脚，同时两腿屈膝，双臂胸前立屈，手握拳，拳心相对，含胸低头； 第三拍，两腿伸直，两臂侧上举，掌心相对，同时抬头挺胸，眼看前上方； 第四拍，保持站立姿势，两臂经侧（掌心向下）还原至体侧，头还原； 第五、六、七、八拍，动作相同，方向相反
第二节： 扩胸运动 （4×8拍）	第一拍，左脚向前一步成前弓步，同时两手握拳经前举至侧举，向后扩胸一次，拳眼向上； 第二拍，左脚以脚跟为轴，右脚以前脚掌为轴身体向右转体90°成分腿站立，两臂经交叉前举（左臂在上）至胸前平屈向后扩胸一次，拳心向下； 第三拍，身体向左转90°同时，两臂经交叉前举（左臂在上）至侧举向后扩胸一次，拳眼向上； 第四拍，左脚收回成站立姿势，同时两臂经举拳心相对还原至体侧； 第五、六、七、八拍，动作相同，方向相反

第三节： 踢腿运动 （4×8拍）	第一拍，左腿向侧踢起45°，同时，两臂侧平举，掌心向下； 第二拍，左腿并于右腿，屈膝，同时两臂还原至体侧，掌心向内； 第三拍，左腿向后踢，同时，两臂经前摆至侧上举，掌心相对； 第四拍，还原成站立姿势，两臂经前还原至体侧； 第五、六、七、八拍，动作相同，方向相反
第四节： 体侧运动 （4×8拍）	第一拍，左脚向侧一步比肩稍宽，同时左臂侧平举，右臂胸前平屈，掌心向下； 第二拍，下体保持第一拍的姿势，同时上体向左侧屈45°，右手叉腰，右臂由下经侧摆至上举，掌心向内； 第三拍，左腿并于右腿，同时屈膝，左臂伸直经侧摆至上举，掌心向内，右臂经侧还原至体侧； 第四拍，还原成站立姿势，同时，左臂经侧还原至体侧； 第五、六、七、八拍，动作相同，方向相反
第五节： 体转运动 （4×8拍）	第一拍，左腿向侧一步比肩稍宽，同时，两臂侧平举，掌心向下； 第二拍，下体保持第一拍姿势，上体向左转体90°，同时双手胸前击掌两次； 第三拍，下体保持第一拍姿势，上体向右转体180°，同时双臂伸直至侧上举掌心向内； 第四拍，收左腿还原成站立姿势，同时，上体左转90°身体转正，两臂经侧还原至体侧； 第五、六、七、八拍，动作相同，方向相反
第六节： 全身运动 （4×8拍）	第一拍，左脚向侧一步比肩稍宽，两臂经侧摆至上举交叉，掌心向前，抬头看手； 第二拍，下体保持第一拍姿势，上体前屈，同时两臂经侧摆至体前交叉，掌心向内，低头看手； 第三拍，左脚并于右脚成全蹲姿势，同时双手扶膝（两肘向外，手指相对）眼看前下方； 第四拍，起立成站立姿势，同时两臂还原至体侧； 第五、六、七、八拍，动作相同，方向相反
第七节： 跳跃运动 （4×8拍）	第一拍，跳成左腿前弓步（前腿全脚着地、后腿前脚掌着地），同时两手叉腰，肘关节向外，虎口向上； 第二拍，跳成并腿站立（稍屈膝），上肢和躯干保持第一拍动作； 第三拍，同第一拍动作跳成右腿前弓步； 第四拍，跳成并腿站立（稍屈膝），两臂至体侧； 第五拍，跳成两脚开立（稍屈膝），脚尖微微向外膝盖向脚尖方向缓冲，同时，两臂侧平举掌心向下； 第六拍，跳成并腿站立（稍屈膝），两臂还原至体侧； 第七、八拍，动作同第五、六拍； 第二至第四个八拍，动作同第一个八拍
第八节： 整理运动 （2×8拍）	第一至第四拍，左脚开始做四拍踏步，两臂前后摆动，第四拍成站立姿势； 第五六拍，左脚向侧一步，与肩同宽，两臂经侧至侧上举，掌心相对，头微抬，眼看前上方； 第七、八拍，收左腿还原成站立姿势，同时两臂经侧还原至体侧； 第二个八拍同第一个八拍动作，但方向相反

第三节　健美运动

　　健美运动作为一个运动项目，除了具有一般体育运动所共有的能锻炼身体、增进健康、增强体质的作用，还特别能发达全身各部位的肌肉，增长体力，改善体形，体态，以及陶冶美好的情操。它不仅强调"健"，而且强调"美"，把体育和美育融为一体。

一、健美运动的起源与发展

古代的健美观念以古希腊比较具有代表性。古希腊人认为：健美的人体是呼吸宽畅的胸部，灵活而强壮的脖子，虎背熊腰的躯体和块块隆起的肌肉。著名的古希腊哲学家苏格拉底认为：人的一切活动不能脱离身体，身体必须保持高效率的工作，力量与肌肉的美只有通过身体才能得到。

生于 1868 年的山道是健美运动的创始人，对健美运动的开展做出了巨大贡献。1946年，加拿大本·韦特和其弟弟健美大师裘·韦特一道发起创建国际健美协会，并制定了健美竞赛的国际规则。

现代健美运动是从 20 世纪 30 年代由欧美传入我国的。赵竹光是我国现代健美运动的开拓者。

新中国建立后，健美运动更为广大群众所喜爱，越来越多的人投身到健美运动中。群众性健美运动广泛开展，1983 年 6 月在上海举办了第一届全国力士杯健美邀请赛，以后每年举行一届。从 1983—1986 年，已先后在上海、广州、北京、深圳举行了四届力士杯健美邀请赛。从 1987 年在屯溪进行的第五届全国健美锦标赛开始，国家体委将力士杯全国健美邀请赛改名为全国健美锦标赛。1985 年 11 月，在瑞典哥德堡举行的第三十九届国际健美联合会年会上，正式接纳我国为国际健美联合会的第 128 个会员国。1988 年 9 月，全国高等教育委员会决定将健美运动列入高等学校学生选修体育科目。

二、身体各部位主要肌肉的锻炼方法

骨骼肌在人体中分布极为广泛，全身有多块肌肉，人体部分主要肌肉解剖图如图 11-1所示。

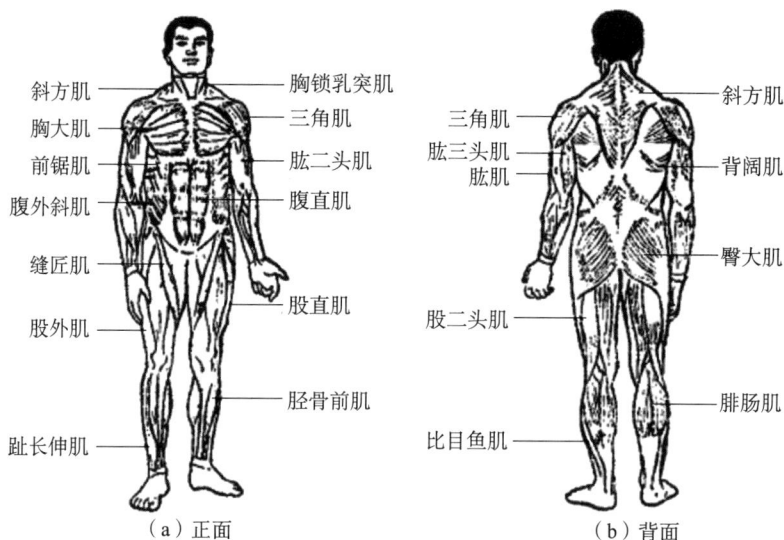

斜方肌　胸锁乳突肌
胸大肌　三角肌
前锯肌　肱二头肌
腹外斜肌　腹直肌
缝匠肌
股外肌　股直肌
　　　胫骨前肌
趾长伸肌

三角肌　斜方肌
肱三头肌　背阔肌
肱肌
　　　臀大肌
股二头肌
　　　腓肠肌
比目鱼肌

（a）正面　　　　　　　（b）背面

图 11-1　人体部分主要肌肉解剖图

身体各部位主要肌肉的锻炼方法如表 11-6 所示。

表 11-6　身体各部位主要肌肉的锻炼方法

练习部位与动作		动作要领	主要作用	动作图解
胸部肌肉	斜板坐哑铃	背靠斜凳坐，两手握哑铃，手心向上，两臂经体侧向上斜举，反复做成飞鸟状	主要发展胸大肌、前锯肌和三角肌	
	橡皮条肩前拉	直立，两脚分开，两臂侧平举，两手握橡皮条手柄，手心向前，两臂同时或交替向前拉，反复练习	主要发展胸大肌、肩胛下肌和肱二头肌	
背部肌肉	壶铃前上摆	两腿开立，体前屈，两手持壶铃（或哑铃）前上摆，反复练习	主要发展背阔肌、斜方肌和背长肌	
	杠铃硬拉	两腿开立，体前屈，两手在胸下握住杠铃，两臂伸直后硬拉杠铃	主要发展背阔肌、斜方肌和背长肌	
腹部肌肉	仰卧起坐	全身仰卧在垫子上，两腿屈膝，两手指交叉贴于脑后。另一人压住踝关节处，快速收腹起坐，双肘触及两膝，再倒体至水平	主要发展腹直肌、腹外斜肌和髂腰肌	
	直膝两头起	仰卧在垫子上，两臂在头后伸直，然后收腹起坐，同时直膝上举，两臂前摆手触脚面，再慢慢还原	发展整个腹部肌肉群	
上肢肌肉	躬身哑铃"飞鸟"	两脚开立，上体前屈与地面平行，两臂下垂，两手持哑铃，手心相对，两臂侧平举，即为"飞鸟"	主要发展三角肌	

续表

练习部位与动作		动作要领	主要作用	动作图解
上肢肌肉	胸前弯举	两脚开立，两手反握杠铃，持铃下垂，然后利用肱二头肌和肱肌收缩的力量，将杠铃屈肘弯举至胸前，再还原	主要发展肱二头肌和肱肌	
下肢肌肉	坐式负重腿屈伸	坐在长凳的一端，两臂体侧伸直，两手抓住长凳边缘，两腿弯曲并拢，脚部负重，两小腿同时屈伸，伸直时保持几秒	主要发展股四头肌、股二头肌和小腿肌群	
	负重提踵	置杠铃于颈后肩上，两手握住杠铃，足趾下可垫木板或杠铃片，做直膝提踵动作，脚跟要提起	主要发展小腿三头肌、臀大肌和屈足肌群	

三、健美竞赛主要规则

欣赏一场高水平的健美竞赛必须对健美竞赛规则有一定的了解，这样才能看懂比赛并且从比赛中学到更多健美运动的知识。健美竞赛主要规则如表 11-7 所示。

表 11-7   健美竞赛主要规则

规则	说明
竞赛类别	（1）按性别分为：男子个人、女子个人和男女混双比赛。比赛均按预赛（淘汰赛）复赛（半决赛）和决赛三个程序进行。以得分少者名次列前。男子、女子全场冠军按决赛程序进行。 （2）按年龄分为：年龄在 21 周岁以下（以生日为准）为青年，21 周岁以上为成年，40 岁以上为元老（在全国健美锦标赛和冠军中，不设此项）。
体重分级	（1）男子健美竞赛按运动员体重分为最轻量级（体重不超过 65 kg）、轻量级（体重为 65.01～70 kg）、次中量级（体重为 70.01～75 kg）、中量级（体重为 75.01～80 kg）、重量级（体重为 80 kg 以上）五级。 （2）女子健美竞赛按运动员体重分为轻量级（体重不超过 52 kg）、中量级（体重为 52.01～57 kg）、重量级（体重为 57 kg 以上）三级。 （3）青年健美竞赛按运动员体重分为轻量级（体重不超过 65 kg）、中量级（体重为 65.01～70 kg）、重量级（体重为 70 kg 以上）三级。 （4）男女混双和元老运动员不分体重级别

续表

规则	说明
运动员服饰	（1）男运动员必须穿规定式样的比赛三角裤。 （2）女运动员必须穿牢固的比基尼泳装，能使腹部肌肉和下背部肌肉都能显露。 （3）比赛服装必须是单色的，不能带有花纹、图案、商标和任何附加的装饰品，也不能带有金、银闪光色。 （4）男女混双运动员比赛服颜色必须是一致单色。 （5）运动员的号码牌必须牢固地挂在或缝在比赛裤的左边。 （6）运动员在比赛进程中不能穿鞋、袜，不允许戴手表、戒指、手镯、脚镯、项链、耳环、假发和其他装饰品；不允许吃口香糖或吸烟，身上不能贴胶布或裹绷带；身上不允许有纹身。女运动员的头发不能披下越过肩部。 （7）运动员可以在全身进行人工上色，但必须在预赛前 24 h 就用上。 （8）运动员可以在全身涂少量的油，如植物油、皮肤乳或流质液体，不允许用珠光色油。绝对禁止在身上涂过多的油，如被裁判发现，必须待擦去过量油后才能上场比赛
抽签和称量体重	（1）在称量体重前 30 min，由运动员或该队代表抽签。这个签号既是运动员称量体重的顺序号，也是运动员的比赛顺序号。 （2）称量体重是在预赛前一天晚上（六时以后）进行的。抽签和称量体重的次序应由轻到重逐级进行。称体重时，男运动员必须穿比赛三角裤，女运动员只能穿比基尼，其他均不允许穿戴。 （3）如体重超过原报名级别时，允许在半小时内再次称量（称量次数不限）。如体重不足原级别时，只允许再称一次。如果体重仍没有达到原级别，取消其比赛资格。如体重超过原报名级别，本人愿意参加高一级别的比赛，且不超过该队参赛运动员在该级别中的规定人数则可参加。 （4）每个运动员在称量体重合格后，由裁判长（或副裁判长）发给相应的号码牌。同时交上个人自选的配音带。如果没有自备的配音带，可提出书面申请，选用大会统一的音乐
比赛动作	（1）放松地自然站立。运动员保持放松的自然直立状态，不得故意收缩肌肉，也不能松弛疲塌。头部正直、两眼正直平视、两臂下垂体侧、两脚并立或稍分开站立。 （2）规定动作造型。男子单人规定动作有前展肱二头肌、前展背阔肌、侧展胸部、后展肱二头肌和小腿、后展背阔肌和小腿、侧展肱三头肌、前展腹腿部等 7 个。女子单人规定动作比男子少，包括前展和后展背阔肌 2 个动作。做法基本相同，但要体现女性特点，刚柔相济。男女混双的成对动作是在男子单人、女子单人动作的基础上，去掉男子 2 个展示背阔肌动作组合而成的。在做法上大体同单个动作，但在整体配合上注意站位和对称。 （3）自选动作的造型。自选动作是根据运动员的体格状况，从 4 个不同的面（前、后、左、右）来显示体形、肌肉。每转换一个动作，必须有一个暂短的静止状态（造型静止时间没有规定）。成套自选动作中，造型动作的多少没有规定。过渡动作可以结合舞蹈、体操、芭蕾等手势和步法，但不宜过多、过长。自选动作所配用的音乐，应使动作和音乐的节奏和谐。自选动作规定男子个人为 1 min，女子个人为 1.5 min，男女混双为 2 min
比赛场地	（1）健美比赛需要在舞台上举行。如果在体育馆或四面看台场地举办，必须配备背幕和相应的舞台装置，舞台背幕必须是深颜色的（单色），如黑色、棕色、黑绿色、深蓝色或深紫红色，不能用大红或其他浅色的幕布。 （2）比赛台是健美比赛的核心舞台装置，标准尺寸为长 8 ~ 9 m、宽 1.5 m、高 0.3 m。比赛台可采用模块化拼接设计，每个模块尺寸为 1.5 m × 1 m × 0.3 m，共需 8 ~ 9 个模块。台面可铺浅绿色或浅蓝色地毯或橡胶垫

四、个人竞赛评分方法

男子个人竞赛一般从肌肉、匀称、规定动作造型、自选动作造型几个方面进行评分。

男子个人竞赛评分方法如表 11-8 所示，女子个人竞赛评分方法如表 11-9 所示（匀称、规定动作造型和自由造型与男子个人评分方法相同），男女混合双人竞赛评分方法如表 11-10 所示。

表 11-8　男子个人竞赛评分方法

内容	评分方法
肌肉	（1）肌肉围度：观察运动员身体各部位肌群围度的大小。 （2）肌肉质量：观察运动员肌肉线条的清晰度、分离度、力度等。皮脂薄，肌纤维排列清晰，密度大。 （3）肌肉状态：肌肉收缩和放松的围度差大，形状美观，皮脂薄；全身各部位的大小肌肉均衡、协调。如在肌肉造型和非造型状态下，其围度和形状的变化是不同的，围度变化越大肌肉质量越高；反之，围差变化越小，则其肌肉的质量越低
匀称	（1）骨架匀称：观察运动员身体的左右比例，四肢与躯干的比例。双肩高低、宽窄对称，脊柱无病理性弯曲，无"鸡胸"，无 O 形或 X 形腿等。 （2）肌肉匀称：观察运动员身体各部位的肌群布局和大小肌肉块比例。如肩部、胸部、臂部、背部、腹部、腿部肌肉的大小比例协调，形状、布局匀称
规定动作造型	（1）前展肱二头肌：正面观察运动员肱二头肌的大小、形状，以及与前臂、肩部、胸部肌群是否对称，再观察其他部位肌群的整体比例是否匀称、协调。 （2）前展背阔肌：正面观察运动员背阔肌伸展的 V 字形状大小，以及与肩部、胸部、腿部等肌群的比例是否对称，再观察其他部位肌肉群的整体比例是否匀称、协调。 （3）侧展胸部：侧面观察运动员胸部的厚薄度，以及与肩部、臂部、腿部肌群的比例是否对称，再观察其他部位肌群的整体比例是否匀称、协调。 （4）后展肱二头肌：背面观察运动员肱二头肌的大小、形状，以及与肩部、腿部等肌群的比例是否对称，再观察其他部位肌群的整体比例是否匀称、协调。 （5）后展背阔肌：背面观察运动员背阔肌伸展的 V 字形状大小，以及与肩部、胸部、腿部等肌群的比例是否对称，再观察其他部位肌群的整体比例是否匀称、协调。 （6）侧展肱三头肌：侧面观察运动员肱三头肌的大小、形状，以及与肩部、胸部、腿部肌群的比例是否对称，再观察其他部位肌群的整体比例是否匀称、协调。 （7）前展腹部和腿部：前面观察运动员腹机和腿部肌肉块的大小、形状，再观察其他部位肌群的整体比例是否匀称、协调
自由造型	（1）造型：观察运动员肌肉造型的控制力，以及造型动作的规范和美观程度。如造型动作准确流畅，并充分体现运动员的耐力、控制力和表现力。 （2）表演：观察运动员动作设计、编排与音乐选配的融合，以及与观众的神情交流。如整套动作的造型衔接流畅；造型与音乐的节拍吻合，且根据音乐的旋律其眼神和手势与观众的情感交流得体、富于激情
肤色	（1）皮肤：观察运动员皮肤的健康与光洁。如皮肤是否过敏，有疤痕、斑点、纹身等。 （2）色泽：观察运动员人工着色的深浅与整洁。如颜色均匀、整洁、擦油适量

表 11-9　女子个人竞赛评分方法

内容	评分方法
肌肉	（1）肌肉围度：观察运动员身体各部位肌群围度的大小。 （2）肌肉质量：观察运动员肌肉清晰度、分离度。如皮脂要薄，肌纤维排列清晰，密度大。注意女性减脂后发达肌肉与干瘦肌肉的清晰区别。如减脂后的肌肉显得饱满、有力，而干瘦的肌肉显得干瘦无力

内容	评分方法
外表	（1）皮肤：观察运动员皮肤的健康与光洁。如皮肤是否过敏，有疤痕、斑点、纹身等。 （2）色泽：观察运动员人工着色的深浅与整洁。如颜色均匀、整洁、擦油适量。 （3）五官：观察运动员是否五官端庄，发型、脸型是否和谐

表 11-10 男女混合双人竞赛评分方法

内容	评分方法
匀称	观察配对运动员身体骨架的比例；身体各大小肌群的比例和布局，如男女运动员的肩部宽窄，身体重心高低，四肢匀称、协调；臂部、腿部围度的大小，腹肌的发达程度和形状，背阔肌扩张后的协调
肌肉	观察配对运动员肌肉的形状、清晰、相配。如男女运动员肌肉的长短、皮脂的厚薄、肌纤维的密度和清晰度的相近程度
配对	观察配对运动员身高、体型、脸型、发型、肤色、气质等整体的和谐。如男女运动员身高、身体重心的比例协调，脸型、发型、肤色、气质相近
配合	观察配对运动员的动作连贯、神情交融、音形和谐等整体的表现力。如男女运动员之间动作的协调配合，根据音乐的旋律其眼神、脸部表情、手势的变化配合默契，神情交融恰到好处

知识窗

奥林匹亚先生＆小姐赛（Mr. & Mis. Olympia），被誉为健美界的奥林匹克，每年秋天在拉斯维加斯举行。每年每个组别入围的人数有三四十人（包括历届冠军，去年的前 5 名，和本年度满足竞技分数的选手）。它不仅是比赛，更是健美者的盛会，为爱好者与偶像交流提供了宝贵机会。从 1965 年开始，随着国际健美联合会的壮大，竞赛的影响力也越来越大。

第十二章　田径运动

　　田径运动是田赛、径赛和全能比赛的全称。人们通常把用时间来计量成绩的竞走和赛跑项目叫径赛；把用高度和远度来计量成绩的跳跃、投掷项目叫田赛。

　　走、跑、跳、掷是人类生活的基本技能，是田径运动项目中最基本的运动形式。这些自然动作和技能与学习掌握田径运动各项技术有着十分密切的关系，这些自然动作越规范，越有助于正确、迅速地掌握田径运动技术。

第一节　田径运动基本技术

　　掌握合理、正确的技术动作要领，是提高人体运动水平必须具备的基本条件。田径运动的每个项目，对人体形态，身体和心理素质等都有着不同的要求，我们应从个人实际情况和特点出发选择运动项目，掌握具有个人特点的先进、合理的运动技术，促进自身的运动能力全面发展和提高。

一、竞走

　　竞走是从人们日常行走的基础上发展出来的运动，规则规定竞走时支撑腿必须伸直，从单脚支撑过渡到双脚支撑，在摆动腿的脚跟接触地面前，后蹬腿的脚尖不得离开地面，确保不出现身体"腾空"的现象。

　　1. 技术过程

　　躯干自然伸直或稍前倾，两臂屈肘约成90°，两肩与躯干配合，两腿动作也沿着身体纵轴稍做转动，以维持身体平衡和加强后蹬的效果。两臂在体侧轻松有力地前后摆动，调节走速。当身体处于垂直部位时，支撑腿完全伸直，全脚着地，摆动腿向前摆动。当重心前移过垂直面时，即开始后蹬。摆动腿屈膝向前摆动，带动骨盆沿垂直轴向前转动，小腿依靠大腿向前摆动的惯性而前摆，逐渐伸直膝关节，并用脚跟先着地，以加大步长。在摆动腿的脚跟和地面接触时，形成了刹那间的双脚支撑。当摆动腿的脚跟着地时，后蹬腿的脚尖立即蹬离地面，结束后蹬动作。

　　2. 练习方法

　　1）摆臂练习

　　先原地做不同节奏的摆臂练习，然后结合腿部动作做摆臂练习，要注意和腿部动作配合，协调用力和放松，动作自然，节奏感强。

2）腿部动作练习

沿直线做普通的大步走，体会在身体垂直部位时向前迈步、脚跟着地动作和后蹬动作；逐渐加大动作幅度和骨盆转动，增大步幅。

3）骨盆扭转练习

（1）两脚左右开立与肩同宽扭转骨盆回环转动。

（2）交叉步走，使骨盆沿垂直轴转动。

（3）两脚左右开立，两臂胸前平屈，手心向下，肩与骨盆围绕身体垂直轴做方向相反的转动。

二、跑类项目

1.认知跑类项目

跑是单腿支撑与腾空相交替，一个周期有两个支撑时期和两个腾空时期，即跑的动作是一种周期运动，整个动作由蹬地、摆动、腾空和落地以及臂的协同摆动组成。跑包括短跑、中长跑、跨栏跑、障碍跑和马拉松跑等项目。

中长跑是中距离和长距离跑的简称，包括 800 m、1500 m、3000 m、5000 m 和 10000 m 跑。超长距离跑是马拉松跑。

中长跑是对速度、耐力要求极高的运动项目，其技术要求是：动作轻松自然，重心移动平稳，节奏感强，肌肉用力和放松交替能力好。中长跑的技术由起跑和起跑后的加速跑、途中跑、终点跑和呼吸四个部分组成。

障碍跑是在田径场地上跑越一定障碍的男子竞赛项目。它不但要求运动员具有长跑的耐力和技术，还要掌握跨越障碍和水池的本领。正式比赛项目只有 3000 m 障碍跑一项，全程共跨越 35 次障碍，其中有 7 次跨带水池的障碍。

2.跑的技术

1）短跑

短跑是田径比赛项目中距离最短、速度最快、人体运动器官和内脏器官在大量缺氧条件下完成极限强度的周期性田径运动的项目。其项目包括 50 m、60 m、100 m、200 m、400 m 跑。全程由起跑、加速跑、途中跑和终点跑四个环节组成。短跑技术要领如表 12-1 所示。

表 12-1　短跑技术要领

100 m	
起　跑	加速跑
获得向前冲力，使身体摆脱静止状态，为起跑后加速创造有利条件。短跑的起跑过程包括各就位、预备、鸣枪三个阶段	加速跑是起跑的继续，要求在最短时间内尽快地加速到最大的速度。这期间身体前倾角度随着速度的增大而减小，最后逐渐接近途中跑的姿势

续表

100 m	
起 跑	**加速跑**
 各就位 ｜ 预备 ｜ 鸣枪（蹬地）	
途中跑	**终点跑**
继续保持较长距离的最高速度。途中跑是全程中距离最长、速度最快的部分，也是短跑最重要的部分。在途中跑过程中，要求动作轻松有力，协调自然，频率快，步幅大，重心平稳，直线好 	尽力保持途中跑的高速度跑过终点。终点跑技术还包括撞线技术
200 m 和 400 m（弯道跑）	

（1）200 m 和 400 m 都是弯道起跑，起跑器应安装在弯道起点的外沿，并对着弯道的切线方向。起跑时，左手撑在距起跑线后沿 5～10 cm 处，使身体对着弯道切点。弯道起跑后，为了尽快地通过切点进入弯道，加速距离要缩短，较大前倾的身体要尽早抬起。

（2）弯道跑时，整个身体向内倾斜，沿跑道内沿跑进，右脚以前掌内侧着地，左脚以前掌外侧着地，右肩稍高于左肩；右臂的摆动幅度和力量大于左臂。身体向内倾斜的幅度大小主要由跑速快慢决定，速度越快向内倾斜就越大。从弯道跑进直道时，应在弯道的最后几米，身体逐渐减小内倾程度，做惯性跑 2～3 步

左侧弯道跑

练习方法：
（1）跑的专门性练习：小跑步、高抬腿跑、后蹬跑、车轮跑、原地摆臂练习等。
（2）各种距离的中速跑、加速跑、重复跑。
（3）蹲踞式起跑和起跑后的加速跑。
（4）听信号做各种姿势的起跑反应练习。
（5）较长距离的越野跑或自然地形跑

2）接力跑技术

接力跑（见表12-2）是由短距离跑和接力区交接棒技术组成的集体项目。常规比赛的接力跑项目有男、女组别的4×100 m和4×400 m接力跑，接力区长度为30 m（4×400 m为20 m）。

表 12-2　接力跑技术要领

持棒起跑	接棒人起跑

传、接棒
（1）起跑时机适宜，加速果断、迅速。 （2）接棒人听到传棒人信号后，立即做出约定的接棒动作及手形。 （3）传、接棒人在保持较高跑速的行进中，在适宜的区间内完成传、接棒动作
练习方法： （1）单人集体听口令做上挑式和下压式传接棒练习。 （2）双人配合，集体口令在原地做上挑式和下压式传接棒练习。 （3）多人成队连续在走动或慢跑中，听传棒人信号做上挑式或下压式传接棒练习。 （4）接力跑教学比赛

3）跨栏跑技术

国际比赛中男子为110 m高栏，栏高106 cm，栏数10个；女子为100 m低栏，栏高84 cm，栏数10个。

跨栏跑是途中设有固定数量、固定距离、固定高度栏架的短跑项目，也是田径运动中技术比较复杂、节奏性比较强、锻炼价值比较高的项目。跨栏跑的关键是快，一要跑得快，二要完成跨越栏架一系列动作快。因此，任何距离跨栏跑的运动特点都是短时间、大强度的。跨栏时，动作自然，而且能以必要的幅度和较快的频率完成。

跨栏跑技术（见表12-3）包括跨栏（含起跨、过栏和下栏）和栏间跑两部分。

表 12-3　跨栏跑技术要领

（1）起跨腿用前脚掌快速着地起跨。
（2）摆动腿积极、果断攻栏。
（3）摆动腿过栏后积极下压，迅速向前提拉起跨腿过栏。
（4）两臂配合摆动，保持身体平衡

练习方法：
（1）原地站立，摆动腿屈膝高抬，然后，积极下压大腿，做"扒地"动作。同时摆动腿异侧臂协调前伸和摆动。
（2）摆动腿前跨一步，起跨腿做过栏动作的练习。两臂协调摆动，上体稍前倾。
（3）面对肋木（原地站立或走几步），摆动腿屈膝高抬前摆，并伸小腿踏在肋木上。与此同时，起跨腿蹬直，上体前倾，摆动腿异侧臂前伸。
（4）从栏侧走几步做摆动腿和起跨腿过栏的练习。
（5）在栏后按比例划出栏间步1、2、3步的标记。要求跨过一个栏之后，栏间跑踏在标记上

第二节　田径运动跳跃项目

跳跃是人的本能，跳得更高、更远是人们对突破锻炼身体极限的一种追求。

跳跃是非周期性运动项目它是运动员经过助跑、腾空起跳后，使自己的身体腾起，以克服最大的垂直方向或水平方向的空间距离为目的的运动项目，主要包括跳远、跳高。

一、跳远

跳远的完整动作由助跑、起跳、腾空和落地组成。根据在腾空阶段的动作特点，将跳远技术分为蹲踞式、挺身式和走步式三种。对跳远成绩起决定性影响的是最后几步特别富有节奏的助跑及快速、有力和协调的起跳。跳远的最大距离取决于身体重心抛物线，而抛物线又是由初速度、腾起角度和腾起高度所形成的。身体重心抛物线在人体离开地面之后无法改变，运动员在空中的任务只是如何保持平衡，为落地做好充分准备。跳远技术要领如表12-4所示。

表 12-4 跳远技术要领

助跑	（1）开始姿势：助跑是为了获得最高速度，为准确地踏上起跳板和迅速有力地起跳做好准备。助跑的距离为 30～45 m。男子助跑为 18～24 步，女子为 16～18 步。 （2）助跑技术：要求自然放松、高速度、快节奏，踏板意识强，脚着地动作富有弹性
起跳	助跑最后一步起跳，腿积极主动着地快速上板，先脚跟落地并迅速滚动至全脚掌，上体保持正直，身体迅速前移，并迅速充分地伸展起跳腿，摆动腿与地面平行，两臂用力上摆
腾空	身体起跳后进入腾空中的姿势，蹲踞式、挺身式和走步式起跳动作基本相同
落地	小腿前伸，两臂向体后摆动。脚接触沙面后屈膝，上体前倾
图示	
练习方法	（1）两脚前后站立，摆动腿在前稍屈膝，起跳腿在后，重心在前脚上。摆动腿蹬地，起跳腿由后向前迈步，做放脚、踏板、起跳的模仿动作。身体各部分要协调配合，起跳腿迅速蹬直，摆动腿积极向前上方摆动，身体重心迅速前移。 （2）悬垂于单杠或支撑在双杠上，向前提举摆动腿成腾空步，再向前提举起跳腿，团身成蹲踞式的模仿动作。 （3）起跳腿支撑站立，摆动腿屈膝高抬，然后下压并向后摆，髋部前送，胸、腰稍向前挺，两臂同时配合腿的动作向下、向侧后绕至头上，形成挺身式姿势。 （4）支撑在双杠或悬垂在单杠上，模仿走步式跳远的动作

二、跳高

跳高是一种克服垂直障碍的跳跃项目，它由助跑、起跳、过杆和落地几个动作组成，这些动作是紧密相联、相互作用的一个整体。随着跳高技术的发展，跳高方法经历了跨越式、剪式、滚式、俯卧式和背越式等。

跳高必须采用单脚起跳。比赛多采用背越式跳高。人体通过助跑、起跳，以背对横杆的姿势越过横杆的方法叫作背越式跳高（见表 12-5）。

表 12-5　背越式跳高技术要领

助跑	丈量助跑距离，按走步法或先跑直线后跑弧线的方法，直线段助跑加速积极、动作放松。弧线段助跑身体向圆心方向倾斜，步幅开阔，节奏快
起跳	用远离横杆的脚起跳，迈步放脚，身体保持向心倾斜，起跳腿向助跑切线方向插放以全脚掌快速滚动落地。支撑腿蹬伸起跳摆动腿和两臂同时前上摆，伸展起跳腿
腾空过杆	身体背向横杆，抬头、肩下潜、展腹挺髋、两腿分开、膝放松、小腿自然下垂，身体成背弓形。身体重心移过横杆后，及时含胸收腹、屈髋，使臀部过杆。最后伸膝上举小腿过杆
落垫缓冲	以肩、背落入海绵包缓冲
图示	
练习方法	（1）侧向站立，摆动腿同侧手扶支撑物，做摆腿、送髋和起跳腿蹬伸的练习。练习时，摆动腿屈膝向异侧肩的方向摆动，同时骨盆跟着扭转，起跳腿蹬伸并提脚跟。 （2）弧线助跑做单手反手投篮动作。弧线助跑后起跳。 （3）仰卧在垫子或草地上，两肩和两脚撑地，做抬臀、挺髋动作。 （4）背对搭放垫子的跳马站立，提起脚跟，肩向后伸展，做背越式过杆动作，顺势向后落下

第三节　田径运动投掷项目

投掷是人类生产和生活中常用的动作。田径运动中的投掷项目包括推铅球、投标枪、掷铁饼等。

一、推铅球

推铅球的方法很多，常用的是背向滑步推铅球。推铅球包括持球、预备姿势、滑步、用力与维持身体平衡 4 个动作（见表 12-6，以右手掷铅球为例）。

表 12-6　推铅球技术要领

持球	预备姿势
持球的手五指自然分开，将球放在食指、中指、无名指的指根处，拇指和小指贴在球的两侧	运动员进入滑步状态前调节身体姿态，为顺利地进行滑步创造条件

续表

持球	预备姿势
滑步	**用力与维持身体平衡**
滑步使铅球获得尽可能大的水平移动速度，并为最后创造良好的条件。滑步动作是以左腿向抵趾板方向的摆动开始的。整个过程包括左腿与右腿的摆、蹬配合以及形成最后用力前的预备姿势。 决定滑步效果的主要因素：一是左腿摆动的力量、速度和方向；二是右腿蹬地的力量、速度和角度；三是蹬摆配合	用力是推铅球技术的主要环节。它从左脚着地瞬间开始直到将铅球推离指尖，整个过程包括推球前的蓄力阶段和向投掷方向加速推球阶段。 在铅球即将离手刹那，继续向前加速，向投掷方向伸展全身，以加长有效的用力距离，获得更好的推球效果
练习方法： （1）原地向上、正面推铅球。 （2）背向上步推球。 （3）转体连续推实心球。 （4）持铅球完整技术动作练习	

二、掷标枪

掷标枪由握法、持枪、助跑、投掷步、用力与缓冲几个连续动作结合组成（见表12-7）。

表 12-7　掷标枪技术要领

握法	持枪
将标枪线把斜放在掌心上，用拇指和中指握在线把末端第一圈上沿，食指自然握在标枪上，无名指和小指握在线把上	多采用肩上持枪。持枪臂自然放松，持枪于右肩稍高于头，枪尖略低于尾

续表

助跑
第一阶段预跑，第二阶段投掷步（5步）：第一、二步完成引枪动作，第三步交叉步，第四步投掷与最后用力的衔接步，第五步缓冲步

用力与缓冲

练习方法： （1）原地侧向投枪。 （2）交叉步投枪。 （3）短程助跑、中程助跑和全程助跑投掷标枪

三、掷铁饼

掷铁饼运动是在投掷圈内通过旋转，用单手将铁饼掷出，比赛投掷距离的比赛项目。

目前在比赛中均采用旋转式投掷技术。旋转式投掷铁饼（见图 12-1）包括持饼及预摆、旋转、用力、出饼及缓冲。

掷铁饼比赛中，运动员应以单手投掷；进人投掷区开始投掷后，运动员身体的任何部分不得触及区外的地面、护笼和抵趾板的上部；投掷动作完成后，必须从投掷区半圆延长线的后面走出；每次试投的时间限制为 1 min；掷出的铁饼必须落在 34.92° 的扇形投掷区内方为有效。

预摆　　　　　　　　　　旋转　　　　　　　　　最后用力

图 12-1　旋转式投掷铁饼

第四节　田径比赛简要规则

田径比赛规则是田径运动项目在比赛中对成绩和名次判定的重要依据。它能使运动员在田径比赛中获得公平的竞争机会，有效地保障比赛的顺利进行。

1. 裁判

裁判是比赛规则的执行者，也是比赛场上的法官，田径比赛一般需要设总裁判长 1 名，下设径赛裁判组和田赛裁判组，径赛裁判组包括检查组、计时组、终点组、发令组、检录组。田赛裁判组包括掷部和跳部裁判组。

2. 年龄组别

田经比赛按年龄设置了如下不同组别。

少年男子和女子组：凡截至比赛当年 12 月 31 日未满 18 周岁者。

青年男子和女子组：凡截至比赛当年 12 月 31 日未满 20 周岁者。

少年男子和女子乙组：凡截至比赛当年 12 月 31 日未满 16 周岁者。

儿童组：凡截至比赛当年 12 月 31 日未满 13 周岁者。

田径比赛简要规则如表 12-8 所示。

表 12-8　田径比赛简要规则

跑类比赛	短跑	（1）短距离跑运动员必须使用起跑器进行蹲踞式起跑。 （2）运动员必须在规定的各自跑道内跑完全程。 （3）运动员在做好最后预备姿势之后和鸣枪之前开始起跑动作，应判为起跑犯规。对第一次起跑犯规的运动员给予警告，第二次犯规的运动员均取消该项目的比赛资格。 （4）在弯道跑中，运动员的脚不得触及左侧分道线，不得阻碍其他运动员在自己跑道内的正常跑进
	中长距离跑	（1）中、长距离跑项目起跑时只使用"各就位"口令。在所有运动员稳定时，鸣枪或启动经批准的发令器。起跑时运动员不得单手或双手触地。 （2）运动员在做好最后预备姿势之后和鸣枪之前开始起跑动作，应判为起跑犯规。其规则同短距离跑一样。 （3）在比赛中，运动员推、挤或阻挡、妨碍其他运动员动作时，取消其比赛资格
跳跃比赛	跳高	（1）运动员可以在主裁判事先宣布横杆升高计划中的任何一个高度上开始试跳，也可以在以后任何一个高度上根据自己的愿望决定是否试跳。但在任何一个高度上，只要运动员连续 3 次试跳失败，即失去继续比赛的资格。因第一名成绩相等而进行的决定名次赛的试跳除外。 （2）运动员在某一高度上请求免跳后，不允许在该高度上恢复试跳，除非出现第一名成绩相等的情况。当某运动员已在比赛中获胜时，有关裁判或裁判长应征求运动员意见，由该运动员决定横杆提升高度（此规定不适应于全能比赛项目）。 （3）成绩确定：每名运动员以其最好的一次试跳成绩，包括因第一名成绩相等而进行的决定名次赛的试跳成绩作为其最后的决定成绩
	跳远	如有下列情况者须判为试跳失败。 （1）在未做起跳的助跑中或在跳跃中，运动员以身体任何部位触及起跳线以外地面。 （2）从起跳板两端之外起跳，无论是否超过起跳线的延长线。 （3）触及起跳线和落地区之间的地面。

跳跃比赛	跳远	（4）在落地过程中触及落地区以外地面，而落地区外的触地点较落地区内的最近触地点更靠近起跳线。 （5）在助跑或跳跃中采用任何空翻姿势。 （6）完成试跳后，向后走出落地区。 （7）错过该次试跳顺序。 （8）无故延误时限。 （9）当裁判通知试跳时，运动员才决定免跳，时限已过，仍判为该次试跳失败
投掷比赛		运动员须在投掷圈内完成铅球、铁饼的试掷，在助跑道内完成标枪的试掷。 如果运动员在试掷时出现下列情况须判为试掷失败。 （1）铅球或标枪出手姿势不符合规定。 （2）在进入投掷圈内并开始投掷之后，身体的任何部位触及铁圈上沿或铁圈外地面。 （3）推铅球时，身体的任何部位触及抵趾板上沿。 （4）掷标枪时，身体的任何部位触及投掷区标志线或标志线外地面。运动员在器械落地后方可离开投掷圈或助跑道

知识窗 ——————————————————————————————————————

在中国的田径历史上，有5位运动员以其卓越的成就、对中国田径事业的贡献以及个人特质，成为了最具影响力的代表人物。

刘翔，中国田径史上最伟大的短跑跨栏选手之一，2004年雅典奥运会男子110 m栏，以12秒91的成绩追平了由英国选手科林·杰克逊创造的世界纪录夺冠。2006年瑞士洛桑田径超级大奖赛男子110 m栏，以12秒88的成绩打破了保持13年的世界纪录夺冠。

王军霞，中国田径史上最伟大的长跑选手之一，被誉为"东方神鹿"。1993年在世界田径锦标赛上获得10000 m金牌，同年在全运会上打破了女子3000 m和10000 m的世界纪录。1996年亚特兰大奥运会上获得女子5000 m金牌，成为中国首位获奥运会长跑金牌的运动员。

苏炳添，中国田径史上最优秀的短跑选手之一，男子60 m、100 m亚洲纪录保持者，东京奥运会男子4×100 m接力铜牌。2021年8月1日，他在东京奥运会男子100 m半决赛中以9.83 s刷新亚洲纪录，成为首位晋级奥运会男子百米决赛的中国运动员。

王丽萍，中国田径史上最优秀的女子竞走选手之一。在2000年悉尼奥运会获得女子20 km竞走金牌，并在此后的多届比赛中保持着稳定的竞技状态。

朱建华，中国田径史上最优秀的跳高选手之一，曾在1984年的洛杉矶奥运会上获得了跳高铜牌。1983年6月—1984年6月，连续三次打破男子跳高世界纪录，将其从2.35 m提高到2.39 m，被誉为"跳高王"。

第十三章　武术运动

本章导语

　　武术运动是中华民族一项宝贵的文化遗产，也是一项集中地体现中华民族风格和特色的传统体育项目。武术以中国传统文化为理论基础，以徒手和器械的攻防动作为主要锻炼内容。武术的历史悠久、内容丰富、风格独特、形式多样，强调内外兼修、体用兼备、全面发展。经常参加武术运动，不仅可以强健体魄、防身自卫，还能磨炼意志、陶冶情操、愉悦身心，增进交流和友谊。

第一节　基本武术运动

　　武术运动是以技击为内容，通过套路、搏斗等运动形式来增强体质、培养意志品质的传统体育运动项目。

一、武术运动的起源与发展

　　武术运动是中华民族的宝贵文化遗产，它历史悠久，源远流长。它源于生产劳动，在战争、军事训练中得到不断丰富和发展。

　　武术，又称"国术""功夫"或"武艺"。它是以徒手或器械进行攻防或完成单项套路、动作为内容，以表现体质、意志及格斗技能的体育运动。武术由踢、打、摔、拿、击、刺等攻防动作组成，注重手、眼、身法、步，精、气、力、功的协调配合。遵照攻守进退、刚柔虚实等规律组成的徒手或器械的演练套路。搏斗运动则是在时间、场地、体重等相同的条件下，使用各种技击制胜对方，双方进行斗智较技的搏击对抗。武术运动内容丰富，徒手有长拳、南拳、太极拳、形意拳、八卦掌等，器械有刀、枪、剑、棍及双器械和软器械等，此外，还有各种徒手对练、器械对练、散手、推手、集体表演等形式。

　　1956 年，武术运动被正式列为比赛项目；从 1959 年起，我国每年都举行类别不同的武术比赛和表演。首届国际武术邀请赛于 1982 年在南京举行，同时国际武术联合筹备会也宣告成立。不久，亚洲、欧洲、南美洲的武术联合会也相继成立。1987 年，日本横滨举办了第一届亚洲武术锦标赛，1990 年，第十一届亚运会将武术运动列为比赛项目。从此，武术运动开始步入世界体坛。

二、武术运动的分类

　　武术运动的内容丰富多彩，按其运动形式可分为以下两大类。

1. 套路运动

武术运动动作是以攻守进退、动静疾徐、刚柔虚实等矛盾运动的变化规律编成的整套练习形式，主要包括拳术、器械、对练、集体表演等。

（1）拳术：徒手练习的套路运动。它的种类很多，主要有长拳、太极拳、南拳、形意拳、八卦掌、通背拳、象形拳等。

（2）器械：分为长器械、短器械、双器械、软器械，其中刀、枪、剑、棍是目前最为常见的比赛项目。

（3）对练：是在单练的基础上，两人或两人以上在预定的条件下进行的假设性攻防实战练习。其中包括徒手对练、器械对练、徒手与器械的对练等。

（4）集体表演：是以 6 人以上的徒手或器械集体演练，可变换队形与图案，并采用音乐伴奏，要求队形整齐，动作协调一致。

2. 搏斗运动

两人在特定条件下按照一定的规则进行斗智较力的对抗练习形式。目前武术比赛中开展的有散手、推手和短兵三项。

（1）散手：即散打，是两人按照一定的规则使用踢、打、摔、拿等方法制胜对方的竞技项目。

（2）推手：是两人按照一定的规则，使用掤、捋、挤、按、肘、靠等手法，双方沾连粘随，通过肌肉的感觉来判断对方的用劲，然后借劲发力将对方推出，以此决定胜负的竞技项目。

（3）短兵：是两人手持一种用藤、皮、棉制作的短棒似的器械，在约 533 cm 田径的园形场地内，按照一定的规则，使用劈、砍、刺、崩、点、斩等方法进行决胜负的竞技项目。

三、武术运动基本技术

武术运动基本功是初学者的入门功夫，也是武术运动教学的基础和关键。基本功和基本动作的练习，能够使身体各部位得到全面训练，并能较快地发展武术运动的专项身体素质，为学习拳术和器械套路、提高运动技术水平打下良好基础。学武术一般从基本技术入手，先练习基本功，包括单个动作、组合动作、套路、器械，再学格斗对抗。

手型与手法是武术技术中上肢进攻和防守时手的形状（手型）和手臂的运动方法（手法），属于武术"四击（踢、打、摔、拿）"技术中内容最丰富的一类。武术中的手型、手法因拳种流派各异，方法多、变化奇巧。

步型与步法是各类武术技术的基础。可以说武术"踢、打、摔、拿"技术都是在步型和步法的基础上完成的。

腿法在武术中的作用也十分重要，拳谚有"手似两扇门，全凭腿打人"的说法，表明腿法在武术中的重要作用。腿法是武术"四击（踢、打、摔、拿）"技术中较有难度的一类技术，因此必须要经过腿部的柔韧性练习和踢沙袋等硬度练习，才能达到一定水平。腿法按其运动形式可分为直摆性腿法,如正踢腿、外摆腿;伸屈性腿法,如弹腿、蹬腿;扫转性腿法,如前扫腿、后扫腿;击响性腿法,如拍脚、里合腿击响等。

跳跃是两脚蹬地起跳,身体在腾空时完成攻防招数的各种动作,是武术中难度较大的一类技术。跳跃技术不仅是武术套路中"锦上添花"的动作,在格斗实战中有时也可以取得出其不意的进攻效果。

武术运动基本技术要领如表 13-1 所示。

表 13-1 武术运动基本技术要领

手型		
拳:四指并拢紧握,拇指屈扣于食指和中指的中节	掌:四指并拢伸直,拇指扣于虎口外	勾:五指指尖紧撮在一起,屈腕

手法			
抱拳:两脚站立或分开,两手握拳抱于腰侧	冲拳:拳从腰间旋臂向前快速击出,力达拳面	推掌:掌由腰间旋臂向前立掌推击,速度要快,臂要直,力达掌外沿	亮掌:臂微屈,抖腕翻掌,举于体侧或头部上方

步法				
弓步:前腿弓,后腿绷;挺胸,塌腰,沉髋;前脚与后脚成一直线。后脚不得拔跟、掀掌	马步:挺胸,塌腰,脚跟外蹬	虚步:挺胸,塌腰,虚实分明	仆步:挺胸、塌腰,沉髋	歇步:挺胸、塌腰,两腿靠拢并贴紧

续表

步法		
击步：两眼向前平视，上体前倾，后脚提起，前脚随即蹬地前纵，在空中时后脚向前脚碰击。落地时，后脚先落，前脚后落	垫步：后脚提起，向前脚处落步，前脚立即蹬地向前上方跳起，将位置让于后脚，然后向前落步；两眼平视前方	插步：右脚向左脚后横插一步，两腿交叉

腿法		
正踢腿：两脚并步站立，两臂侧平举，立掌。目视前方；左脚向前上半步，左腿支撑，右腿挺膝，脚尖勾起向前额处快速踢起	十字腿：预备姿势同正踢腿。左脚向前上半步，左腿支撑，右腿挺膝，勾脚向异侧耳部踢起。目视前方	天腿（侧踢）：预备姿势同正踢腿。右脚向前上半步，脚尖外展；左脚跟稍提起，身体略右转，左臂前伸，右臂后举。随即左腿挺膝，勾脚向左耳侧踢起，同时右臂上举亮掌，左臂屈肘立掌于右肩前。目视前方
外摆（外合）腿：预备姿势同正踢腿。右脚上步，左脚尖勾紧，向右侧上方踢起，经面前向左侧上方摆动，直腿落于右脚旁，目视前方。右掌和左掌也可在面前依次迎击左脚面		内摆（里合）腿：预备姿势同正踢腿。右脚上步，左脚尖勾起并向左上方踢起，经面前向右侧上方，直腿摆动，落于右脚旁。右掌也可在右侧上方迎击左脚掌。目视前方

腿法	

单拍脚：并步站立，两手握拳抱于腰间。左脚上步，左腿支撑；右腿挺膝，脚面绷直向前上方快速踢摆。同时右拳变拿举于头右前上方，掌心朝前，迎击右脚面。目视前方

弹腿：左腿支撑，右腿屈膝提起接近水平时，小腿猛力向前弹出，挺膝，力达脚尖。目视前方

侧踹腿：右脚经左脚前盖步，随即右腿伸直支撑，左腿屈膝提起，脚尖勾起内扣，用脚底向左上方猛力踹出，脚高过腰，上体右倾。目视左侧方

后扫腿：成左弓步，两掌向前推出。左脚尖内扣，左腿屈膝全蹲成右仆步，同时上体前俯，两掌撑地，随上体向右后拧转的惯性力量，以左脚掌为轴，右脚贴地向身后扫转一周

跳法	

腾空飞脚：右脚上步，左脚向前、向上摆踢，右脚蹬地跃起，身体腾空，两臂向头上摆起，右手背迎击左手掌。在空中，右腿向上弹踢，脚面绷平，脚高过肩，右手迎击右脚面；同时，左腿屈膝，脚面绷平，脚尖向下；左手摆至左侧上方变勾手，略高于肩，上体略前倾

大跃步前穿：并步站立。左脚上一步蹬地向前跃出，两臂依次向上画弧摆起，左、右脚随即落地成仆步，右掌变拳抱于腰间，左掌下落停于胸前成立掌，目视左掌

续表

跳法
旋风脚：从高虚步亮掌开始，左脚向左侧上步，同时左手掌前推，右手掌向右后摆动。右脚随即上步，脚尖内扣，准备蹬地起跳；左掌摆至右胸前，右掌自右向左直臂摆动。重心右移，右腿屈膝蹬地跳起，左腿提起向左后上方摆动；同时，两臂向下、向左后上方抢摆，上体向左上方翻转，右腿做里合腿摆动，左手在面前迎击右脚掌，左腿自然下垂。空中旋转一周落地

腾空摆莲：高虚步亮掌站立，左脚向前上步，右脚随之向前上一大步，脚尖外展、屈膝微蹲，身体右转，同时右臂下落，左臂前摆；右脚蹬地跳起，同时左腿里合踢摆，双手上摆于头上击掌。上体向右转体，身体腾空；右腿上踢外摆，左右手依次拍击右脚面，左腿伸直控于体侧，右腿缓冲落地

四、武术套路

武术套路就是一连串包含技击和攻防含义的动作组合，是以技击动作为素材，以攻守进退、动静疾徐、刚柔虚实等矛盾运动的变化规律编成的整套练习形式，又称为套路运动。

套路是中国武术中的一种独特形式，也是区别于其他武术的一大技术特征。中国武术各家各派都有许多表现自己门派特色的套路，而且套路多是循序渐进的。

初级长拳是中国传统拳派之一，属于北派武术。一般将查拳、华拳、炮拳、红拳等列入长拳。其特点是姿势舒展、动作灵活、快速有力、节奏显明，并包括有蹿蹦跳跃、闪展腾挪及起伏转折等技术的拳术。长拳的动作幅度舒展，关节活动范围较大，对肌肉和韧带的柔韧性、弹性等都有较高的要求。因此，练习长拳能够发展肌肉的弹性，关节的灵活性，以及脊柱伸屈的灵活性及柔韧性。本套长拳分 35 个动作（见表 13-2）。

表 13-2　长拳

预备势	并步抱拳	弓步搂手冲拳
（1）	（2）	（3）

弓步撩掌		仆步切掌
（4）	（5）	（6）

弓步双架掌	弓步双推掌	
（7）	（8）	（9）

续表

转身歇步冲拳	弓步冲拳
(10)　　　(11)	(12)　　　(13)

上步右单拍脚	弓步冲拳
(14)　　(15)　　(16)	(17)

并步推掌	上步右单拍脚	上步左单拍脚
(18)	(19)　　(20)	(21)　　(22)　　(23)

上步左单拍脚	弓步冲拳	转身右勾拳
(24)	(25)	(26)

续表

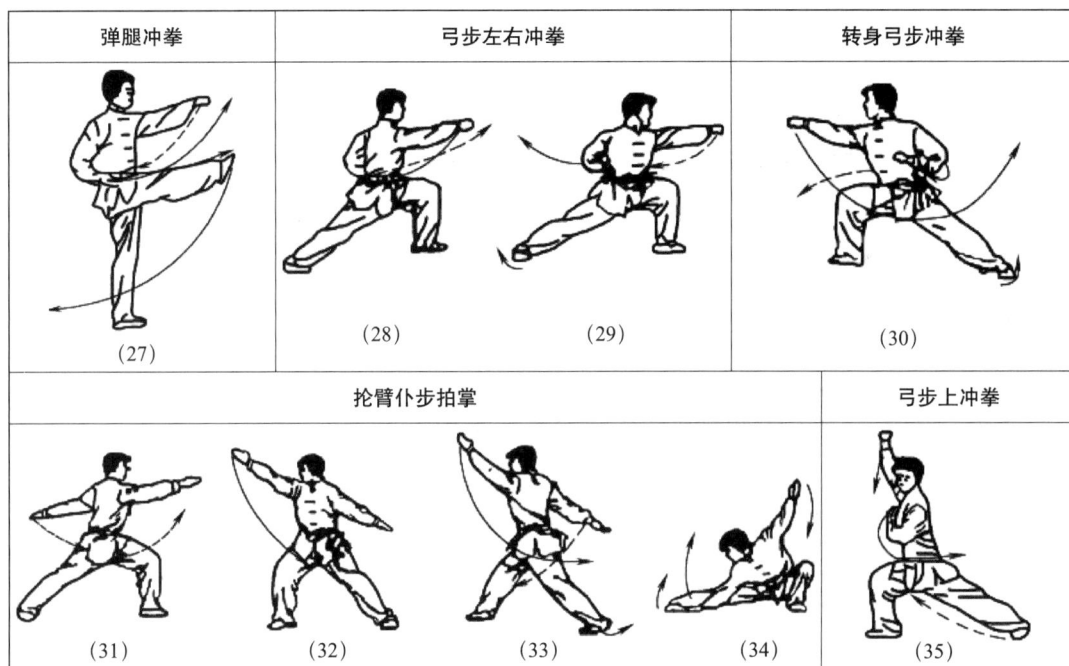

弹腿冲拳	弓步左右冲拳		转身弓步冲拳
(27)	(28)	(29)	(30)
抡臂仆步拍掌			弓步上冲拳
(31) (32) (33) (34)			(35)

五、初级剑术

剑是武术短器械的一种。初级剑术（见表13-3）是剑术的基础套路，以刺、点、崩、撩、劈、挂等剑法为主，配合另一手的剑指动作，以及各种步型、步法、腿法、平衡、跳跃等动作组成的套路练习。其技术特点是灵活轻快、飘洒优美，练习时要求刚柔相济、吞吐自如、身剑合一。此套路（通常指标准初级套路）包含预备式、四段32个技术动作及收势三部分。

表13-3 初级剑术

预备式
(1) (2) (3) (4) (5)
(6) (7) (8) (9)

续表

第一段

（1）弓步直刺

（2）回身后劈

（3）弓步平抹

（4）弓步左撩

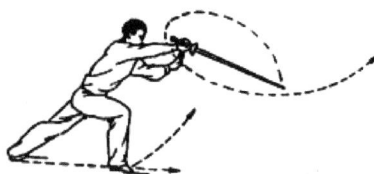

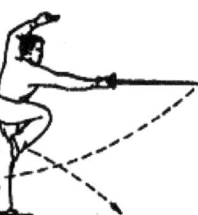

（5）提膝平斩

（6）回身下刺

（7）挂剑直刺

（8）虚步架剑

续表

第二段

（1）虚步平劈　　　　　　　　　（2）弓步下劈

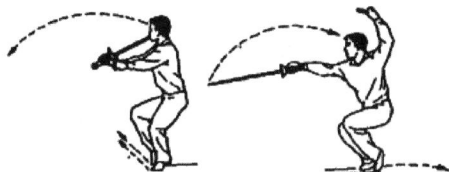 

（3）带剑前点　　　　　　　　　　（4）提膝下截

（5）提膝直刺

（6）回身平崩　　　　　　　　　　（7）歇步下劈

（8）提膝下点

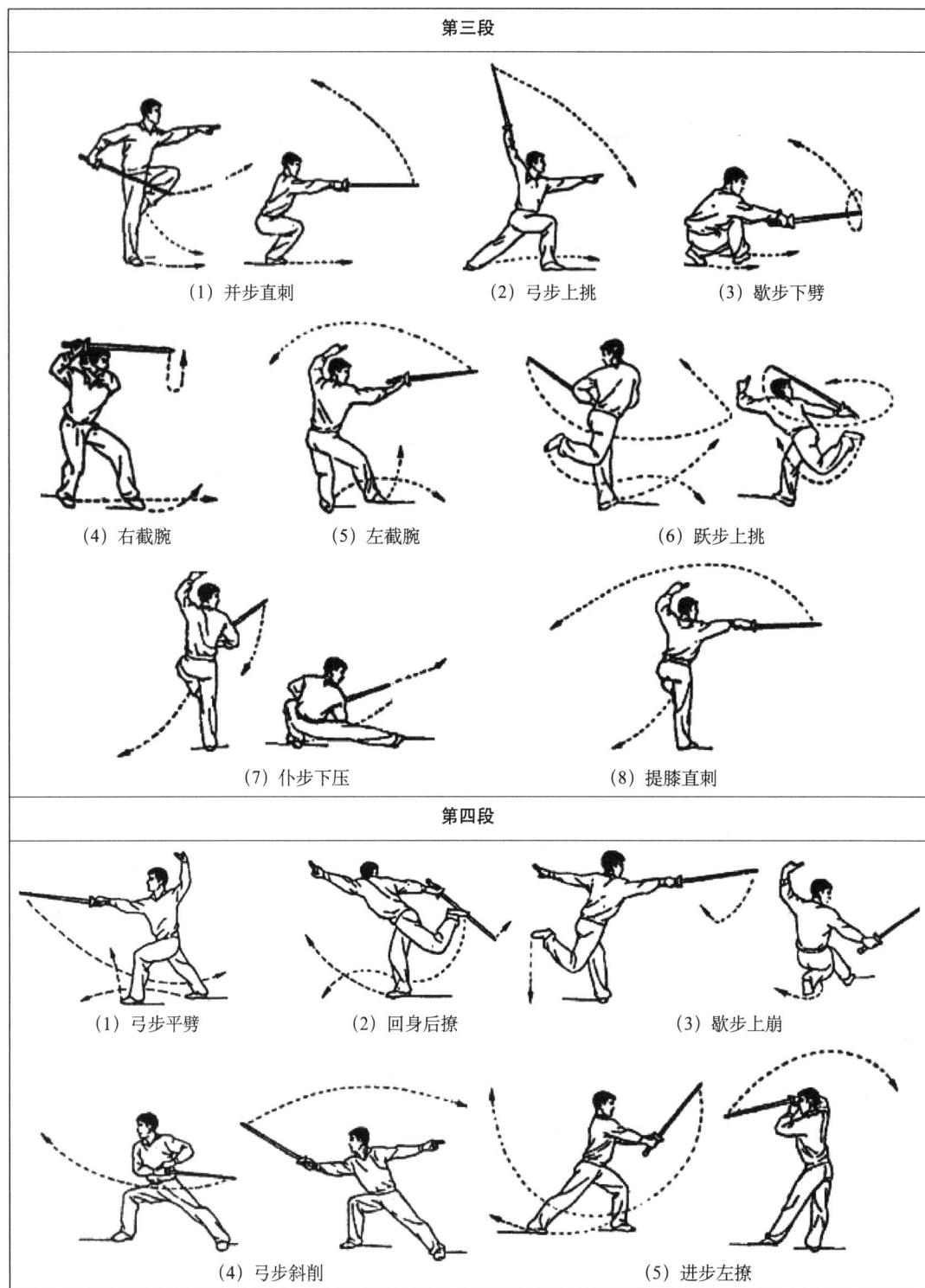

续表

第三段

（1）并步直刺　　　　　　（2）弓步上挑　　　　　　（3）歇步下劈

（4）右截腕　　　　　　（5）左截腕　　　　　　（6）跃步上挑

（7）仆步下压　　　　　　（8）提膝直刺

第四段

（1）弓步平劈　　　　　（2）回身后撩　　　　　（3）歇步上崩

（4）弓步斜削　　　　　　（5）进步左撩

续表

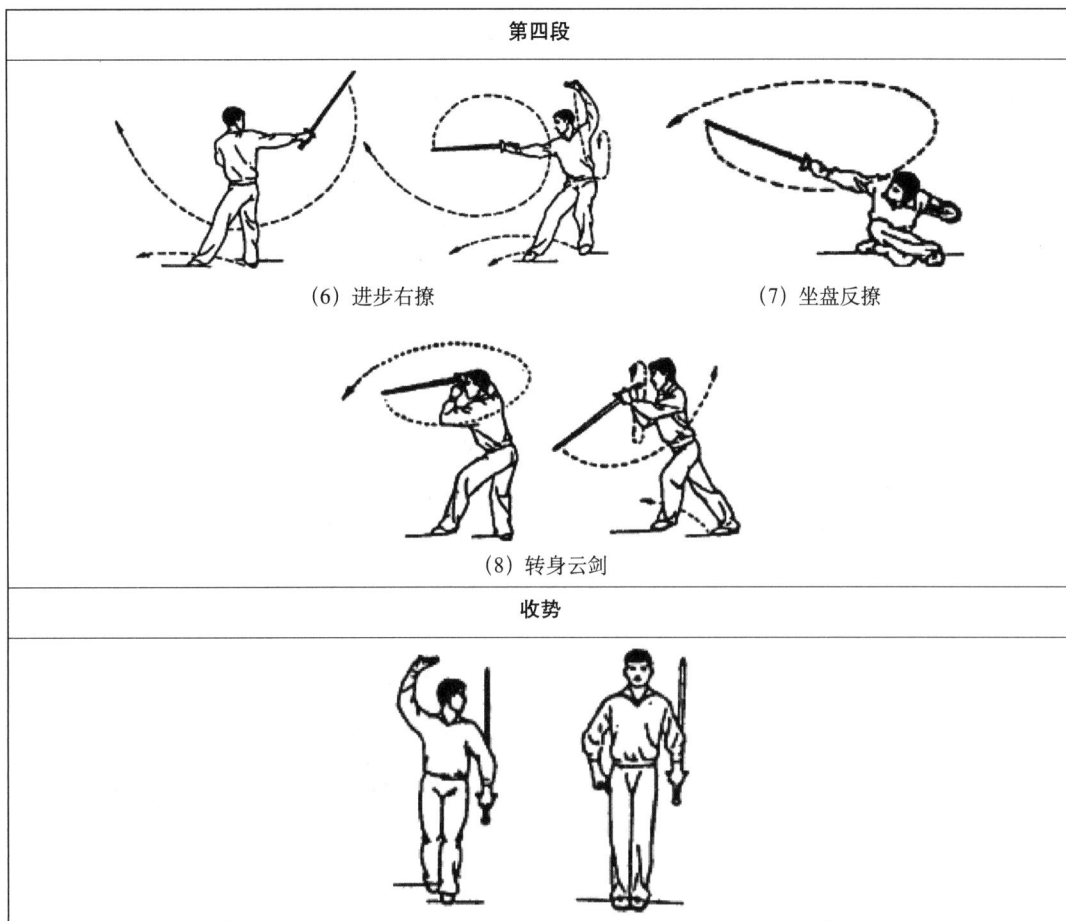

第四段
（6）进步右撩　　　　　　　（7）坐盘反撩
（8）转身云剑
收势

知识窗

　　"南尊武当，北崇少林。"武当、少林是中华武术的两大门宗，威振江湖的武当剑、少林棍自然成了武当、少林南北功夫的代表。武当剑为轻兵器，其法以钩、挂、点、挑、刺、撩、劈为主，练习时要求剑随身走、以身带剑，应用时要做到剑与身合、身与气合、气与神合。

　　《吴越春秋》所载"越女论剑"，从心理、技术、战术三个方面阐述了击剑的原则；《庄子》以"示之以虚、开之以利、后之以发、先之以至"十六字高度概括了对抗性练习的基本原则；《汉书·艺文志》专列了"兵技巧"一类，记载了《剑道》38篇，《手搏》6篇等与武术有关的著作。

第二节　散　打

散打亦称散手，是中华武术的精粹，是现代武术中攻防动作的具体体现和充分运用。通过散打练习，可以增强体质，提高机体的灵活性，提高大脑思维的快速反应力及在高度紧张、复杂情况下自我控制的能力，同时可以培养人的勇敢、机智、果断、灵活的意志品质。

散打的合理攻防方法包括目击、声击、逼近、进招、突击、佯攻、破招、潜势防守、逆力防守、顺力防守、横力防守、还击、迎击、反击等。散打运动员必须依靠自己的身体素质（包括体力、耐力）与攻防技术、战术等方面的能力打击对方，取得胜利。

一、散打基本技术

散打除了重、长、稳，还追求速度和灵活性。除了动作舒展、拳脚有力，还要求身体敏捷、动作灵巧、拳腿迅捷，能够随机应变。散打术招法简捷，没有套路，注重实用。基本技术主要包括拳法、肘法、腿法、膝法、摔法和拿法。部分散打基本技术要领如表 13-4 所示。

表 13-4　部分散打基本技术要领

拳法	(1) 左右直拳　　　　　　　　　　(2) 左右贯拳 (3) 左右抄拳
腿法	(1) 蹬腿　　　　　(2) 踹腿　　　　　(3) 侧弹腿

续表

摔法	

（1）抱腿前顶摔　　　（2）抱腿绊摔

（3）夹颈挑摔

二、散打比赛规则简介

散打分团体比赛和个人比赛两种，比赛办法采用循环赛、单败淘汰赛和双败淘汰赛。每场比赛采用三局两胜制。每局净打 2 min，局间休息 1 min。

散打比赛时，服装护具分为全护型和点护型两种。全护型运动员应戴拳套、护头、护齿、护胸、护裆、护腿，赤脚穿护脚背；点护型运动员只戴拳套、护齿和护裆。

比赛时，后脑、颈部、裆部为禁击部位。头部、躯干、大腿和小腿为得分部位。禁用头、肘、膝和反关节的动作进攻对方；禁用迫使对方头部先着地的摔法或有意砸压对方；禁用腿法攻击倒地者的头部。

散打比赛胜负的评定方法包括点数胜和优势胜

1. 点数胜

在一场比赛结束时，被多数边裁判判为胜方的运动员获胜。

2. 优势胜

（1）比赛中，双方实力相差悬殊，台上裁判征得裁判长的同意，判技术强者为该场胜方。

（2）击倒对方获胜：如果一名运动员受重击倒地，在 10 s 内不能重新比赛，或 10 s 内站起后明显丧失比赛能力，判对方为该场胜方。

（3）因对方被强制读秒获胜：一场比赛中，被重击强制读秒达 3 次，判对方为该场胜方。

（4）因对方被取消资格而获胜：如果一方运动员因犯规或诈伤等而被取消资格，另一方运动员即为该场胜方。

2000 年 3 月 25 日，中国诞生了首个职业搏击赛事—中国武术散打王争霸赛。

2012 年 2 月，中国散打队在陕西省西安市成立，这在中国武术发展史上尚属首次。此后运动健儿们屡屡在世界比赛中获得佳绩，拥有了更大的舞台。

第三节　跆拳道

跆拳道起源于韩国，是一种手脚并用的传统搏击格斗术，也是一项紧张激烈、惊险刺激的以腿法对抗为主要形式的现代竞技运动，更是一门强健体魄、磨练意志品质的高尚武道文化，受到全世界尚武青少年的推崇和喜爱，被称誉为世界第一搏击运动。

一、跆拳道起源与发展

1955 年，"跆拳道"一词是由朝鲜族人崔泓熙提出。其中"跆"指踢击（脚法）、"拳"指拳击，"道"为练习的方法，也代表道行、自己对礼仪的修练。

跆拳道古称跆跟、花郎道，起源于古代韩国新罗时期民间武艺，早期是民间较普遍流行的一项技击术。随着社会的发展，不断变化的生活环境和不同种族之间的斗争，要求人们要有强健的体魄和掌握一定的搏斗技能，这样才能保障生活的安定，这就促进了跆拳道雏形的形成。经过漫长的岁月，人们本能的强健体魄和自卫而产生的搏击逐渐演化为有意识的技击活动，从而产生了朝鲜民族特有的运动形式——跆拳道。跆拳道吸收了许多国家的武艺精华，如中国的武术、日本的空手道等，得到了进一步的丰富和发展。

1961 年 9 月，韩国成立了唐手道协会，后更名为跆拳道协会。1966 年成立了国际跆拳道联盟。1973 年 5 月，世界跆拳道联盟在韩国首尔成立。1975 年，世界跆拳道联盟被正式接纳为国际体育联盟会员。1980 年，国际奥委会正式承认了世界跆拳道联盟。1973 年，举办了首届跆拳道世界锦标赛。1974 年，举办了首届亚洲锦标赛。跆拳道在 1986 年第十届亚运会上被列为正式比赛项目，1994 年 9 月被列为 2000 年奥运会的正式比赛项目。

跆拳道运动已经成为完全独立的国际体育组织和正规的比赛项目，目前跆拳道在全世界的组织主要分为两个体系，即国际跆拳道联盟体系和世界跆拳道联盟体系。目前，世界上有 190 多个国家的 7 千多万爱好者参加了跆拳道的练习。

二、跆拳道基本技术

跆拳道以腿为主，以手为辅，主要在于腿法的运用。跆拳道技术中占主导地位的是腿法，腿法技术在整体运用中约占 3/4，因为腿的长度最长，力量最大，其次是手。腿的技法有很多种形式，可高可低、可近可远、可左可右、可直可屈、可转可旋，威胁力极大，是实用制敌的有效方法。跆拳道基本技术要领如表 13-5 所示。

表 13-5 跆拳道基本技术要领

基本步型	（1）并立步：体直立，脚并拢，手握拳（或自然伸直）置于身体两侧。 （2）开立步：体直立，脚分开外展22.5°，与肩同宽。臂下垂，手握拳（或自然伸直）置于身体两侧。 （3）马步：脚平行分开，略大于肩，挺胸收臀，膝微屈，身体重心落在两腿之间。 （4）弓步：脚前后开立，前后大于两个肩的距离，左右约有一拳到两拳的距离。前脚与身体正对前方。前腿弓，膝关节投影不过踝关节，后腿直，外展45°，前后脚不能在同一条线上。挺胸抬头，重心在两腿之间。 （5）三七步：在马步站立方法的基础上，身体向外侧旋转45°，前脚正对前方，后脚和前脚垂直，大部分身体重心落在后脚，挺胸抬头。 （6）虚步：两脚间距离约同于肩，后腿稍弯，后脚外展90°。前腿弯曲，脚尖点地，脚跟提起，两个膝关节稍微里扣，身体重心落后脚，挺胸抬头。 （7）屈立步：体直正对前方，两脚以约半个肩的距离前后站立，前脚正对前方，后脚外展45°，大部分身体重心落在后脚。 （8）交叉步：两腿稍微弯曲交叉站立，后脚脚跟提起
基本动作	前踢：实战姿势的基本姿势开始。右脚蹬地髋关节向左旋转，双手握拳置于体侧；同时，右腿以髋关节为轴屈膝上提。当大腿抬至水平或稍高时，关节向前送、向前顶，小腿以膝关节为轴快速向前上方踢出，力达腿尖，整条腿蹦直。踢击后迅速放松，右腿沿原路线弹回，将右脚放置在左脚前面仍成实战姿势 侧踢：实战姿势开始。右脚蹬地右腿以髋关节为轴屈膝提起，两手握拳置于体侧；随即左脚以前脚掌为轴外旋180°，髋关节向左旋转，右腿以膝关节为轴向前蹬伸，右脚快速向右前上方直线踢出，力点在脚跟。发力后沿起腿路线收腿、放松、重心落下（原处或向前均可），再次回到实战姿势 后踢：实战姿势开始。转身后腿后撤背对对方。重心后移至左脚，右脚蹬地后屈膝提起，右脚贴近左大腿，两手握拳置于胸前；随即左脚蹬地伸直，右脚自左大腿内侧向后方直线踢出，力达脚跟。踢击后右脚沿原路线快速收回，成实战姿势

基本动作	下劈：实战姿势开始。右脚蹬地，重心前移至左脚。同时，右腿以髋关节为轴屈膝上提，两手握拳置于胸前；随即充分送髋，上提膝关节至胸部，右小腿以膝关节为轴向上伸直，将右腿伸直举于体前，右脚过头。然后放松向下以右脚后跟（或脚掌）为力点劈击，一直到地面，成实战姿势 勾踢：实战姿势开始。右脚蹬地重心前移，右腿以髋关节为轴屈膝上提，两手握拳置于体侧；左脚以前脚掌为轴外旋180°，右腿以膝关节为轴继续向前上方伸成直线，顺势右脚的脚掌用力向右侧屈膝鞭打，顺鞭打之势上体右转，右腿屈膝回收，右脚落回原处，成实战姿势 动作要领：提膝、伸直、右侧屈膝鞭打动作要连贯快速，没有停顿。击打点在体前偏右侧，以脚掌为击打点；左脚旋转支撑保持平衡，踹击后迅速将腿收回。摆踢攻击的主要部位是头面部和腹胸部 后旋踢：实战姿势开始。两脚以两脚掌为轴均内旋180°，身体随之右转约90°，两拳置于胸前。上体右转，与双腿拧成一定角度。右脚蹬地将蹬地的力量与上体拧转的力量合在一起，右腿继续向右后旋摆鞭打，同时上体向右转，带动右腿弧形摆至身体右侧，右腿屈膝回收；右脚落到右后成实战姿势 横踢：实战姿势开始。右脚蹬地，重心前移至左脚，右脚屈膝上提，两拳置于胸前；左脚前脚掌碾地内旋，髋关节左转，左膝内扣；随即左脚掌继续内旋至180°，右腿膝关节向前抬至水平状态，小腿快速向左前横向踢出；击打目标后迅速放松收回小腿。右腿落回原地成实战姿势 跳踢：指先跳起使身体腾空，然后在空中完成各种踢法的攻击技术。跳踢包括旋风踢、双飞踢、腾空后踢、腾空劈腿、腾空后旋踢、跳步横踢等多种方法，是跆拳道高难技术动作
基本防御手型	1）防上段（上挡） 上段防御的方法，大多数采用一手握拳自腰间旋转举向额部前方，使拳背向自己颜面，置于额部中央前方，手腕距额部约一拳距离，肘关节约成100°，用手腕外侧防守自上而下的攻击。 2）防中段（中挡） （1）手臂（或手腕）防：一手握拳从外侧向内侧或从内侧向外侧格挡至胸前，肘关节约成90°，拳心正对自己或背向自己，用手腕和前臂的内侧或外侧防守对中段部位的攻击。 （2）手刀防：手握成手刀，于胸前自内侧向外侧截击来自对方的进攻。 3）防下段（下挡） （1）手臂（或手腕）防：一手握拳，自腰间先举至对侧肩部，然后下挡至腹部前方或侧方，拳心向里，手腕正对腹部中央或腹部侧方，用手腕外侧防守对下段的攻击。 （2）十字防：两手握拳，自腰间十字交叉，截击至自己的腹部下方，防守对下段的攻击

三、跆拳道比赛规则简介

跆拳道比赛规则简介如表 13-6 所示。

表 13-6　跆拳道比赛规则简介

场地	比赛场地为 12 m×12 m 水平、无障碍物、正方形的场地。8 m×8 m 见方的区域称为比赛区域。比赛场地应铺设有弹性的、平整的经中国跆拳道协会监制或指定的专用软垫
服装	运动员比赛时必须佩戴护具，包括：护胸、头盔、护裆、护臂、护腿、护齿、手套等。其中护裆、护臂、护腿应戴在道服内
时间	每场比赛为 3 局，每局比赛 2 min，局间休息 1 min；青少年比赛时间可根据情况适当调整
比赛开始前及结束后的程序	（1）每场比赛开始前，主裁判给出"青"（Chung），"红"（Hong）的口令，示意双方运动员左臂紧夹头盔进入比赛区。 （2）双方运动员相向站立，听到主裁判发出"立正"（Cha-ryeot）和"敬礼"（Kyeong-rye）的口令时互相敬礼。敬礼时自然站立，腰部前屈不小于 30°，头部前屈不小于 45°。鞠躬完毕后，运动员戴上头盔。 （3）主裁判发出"准备"（Joon-bi）和"开始"（Shi-jak）口令开始比赛。 （4）每局比赛由主裁判发出"开始"（Shi-jak）口令即开始，主裁判发出"停"（Keu-man）口令即结束。即使主裁判没有发出"停"（Keu-man）的口令，比赛仍将按照规定的时间结束。 （5）最后 1 局比赛结束后，双方运动员相向站在各自指定位置，脱下头盔，并用左臂夹紧头盔。主裁判发出"立正"（Cha-ryeot）、"敬礼"（Kyeong-rye）的口令时，双方运动员相互敬礼，在主裁判宣判比赛结果后退场
允许攻击部位	（1）躯干：允许使用拳和脚的技术攻击躯干被护具包裹的部分，但禁止攻击后背脊柱。 （2）头部：从两耳向前的头颈的前部，只允许使用脚的技术攻击
有效得分部位	（1）3 躯干：允许使用拳和脚的技术攻击躯干部位被护胸包裹的部分，但禁止攻击后背脊柱。 （2）头部：锁骨以上的部位，只允许使用脚的技术攻击
犯规行为判罚"警告"	（1）双脚越出边界线。 （2）转身背向对方运动员逃避进攻。 （3）倒地。 （4）故意回避比赛，或处于消极状态。 （5）抓、搂抱或推对方运动员。 （6）攻击对方运动员腰以下部位。 （7）伪装受伤。 （8）用膝部顶撞或攻击对方运动员；或提膝阻碍或逃避对方运动员的攻击。 （9）用拳攻击对方运动员头部。 （10）教练员或运动员有任何不良言行
犯规行为判罚"扣分"	（1）主裁判发出"分开"（Kal-yeo）口令后攻击对方运动员。 （2）攻击已倒地的对方运动员。 （3）抓住对方运动员进攻的脚将其摔倒，或用手推倒对方运动员。 （4）故意用拳攻击对方运动员头部。 （5）教练员或运动员打断比赛进程。 （6）教练员或运动员使用过激言语、出现严重违反体育道德的行为
获胜方式	（1）击倒胜（K.O 胜）。 （2）主裁判终止比赛胜（RSC 胜）。 （3）比分或优势胜。 （4）弃权胜。 （5）失去资格胜。 （6）判罚犯规胜

知识窗 ——————————————————————————————————

　　跆拳道以级、品、段来划分，级位分为十级至一级，即白带十级、白黄带九级、黄带八级、黄绿带七级、绿带六级、绿蓝带五级、蓝带四级、蓝红带三级、红带二级、红黑带一级、黑带，进入黑带表示有一定技术水平。品位分为一品至三品。段位分为一段至九段，黑带又细分为一段到九段。一段至三段为黑带新手的段位；四段至六段属高水平段位，代表具有较高的教学和裁判能力；七段至九段只授予具有很高造诣和对跆拳道的发展做出重大贡献的杰出人物。

第三篇　休闲体育运动篇

　　休闲体育运动是一种健康、积极、快乐的生活方式，是人们在工作或学习之余利用空闲时间，选择自己喜欢的运动方式进行身体锻炼和享受健康生活的活动。相对于竞技体育运动，休闲体育运动更注重身心健康和互动交流，在现代人压力大、工作繁忙的现实情况下，休闲体育运动成为一种健康、舒缓的调剂方式。

　　现代社会人们闲暇时间所参与的休闲体育运动，内容丰富多彩，项目繁多，可分为：健身健美、康乐游戏、竞争对抗、养生保健、探险拓展五个大类。

第十四章　健身健美类休闲体育运动

第十五章　康乐游戏类休闲体育运动

第十六章　运动竞赛休闲体育运动

第十七章　养生保健类休闲体育运动

第十八章　探险拓展类休闲体育运动

第十四章　健身健美类休闲体育运动

本章导语

　　健身健美类休闲体育运动有健美操、健身操、普拉提、啦啦队、体育舞蹈、街舞、瑜伽等，主要可以训练体型、减肥瘦身、调节机能，是很好的有氧运动，具有表演性、艺术性还有技巧性。

　　这类休闲运动一般伴以节律强劲的音乐，还有豪迈奔放的舞姿，不仅能放松身心、消除疲劳，塑造自己外在俊朗、内秀素质的充满生命力的个人健康形象，还可以提高审美能力和审美情趣，很好地统一外在美和内在美，将大自然赋予人类的体态美还有体育活动的运动美集中展示出来。

第一节　体育舞蹈

　　体育舞蹈是体育和舞蹈相结合的具有锻炼、竞技和审美作用的一种新的舞蹈体裁，也是一种体育性较强的舞蹈，如冰上芭蕾、水上舞蹈、艺术体操、大型歌舞团体操，以及中国传统的形意拳、舞刀、舞剑等均属此类。体育舞蹈也和其他舞蹈艺术一样，反映人们的生活和情感，更侧重于表现人的健美、勇敢向上、朝气蓬勃的精神面貌。

一、体育舞蹈的起源与发展

　　1. 体育舞蹈的起源

　　体育舞蹈的起源，可以追溯到 10 世纪以前，它从古老的民间舞发展演变而成。蕴含着交谊舞意识形态的男女对舞，最早出现在非洲，在农闲季节和节日，人们成群结队地在草地上和广场上跳乡村土风舞。14 世纪末到 15 世纪初，随着社会阶级的日益分化，民间舞逐步进入贵族城堡的舞会中。最早出现交谊舞的国家是意大利，继而意大利出现了世界上第一批专职舞蹈师。15 世纪末，宫廷舞蹈又演变成奢华庆典活动的骑士舞。17 世纪中叶，交谊舞逐渐从拘谨、文雅、华丽趋向于尊贵、活泼、轻快，已经有了国际标准交谊舞的雏形。

　　2. 体育舞蹈的发展

　　18 世纪初，在德国和奥地利民间流行一种"兰德勒"舞，后演化成三步舞——华尔兹。它和波兰的"玛祖卡""波尔卡"一样，以轻快的节奏和快速的旋转而受到人们的欢迎。19 世纪，波尔卡、华尔兹、四方舞等十分流行。到了 19 世纪末，一种糅合了波尔卡、华尔兹的狐步舞雏形应运而生。之后，起源于古巴的拉丁舞也逐渐盛行。20 世纪初，交谊舞进入一个崭新的历史时期，1924 年，英国皇家交谊舞专业教师协会召集各国舞蹈专家，对当时的交谊舞进行整理，将各个舞种的舞步、舞姿、步法进行分类并加以规范，同时制定了交谊舞比赛规则，制定了 7 种交谊舞为国际标准交谊舞（俗称老国标或老交谊舞）分别是"布鲁斯""慢华尔兹""慢狐步舞""快华尔兹""快步舞""伦巴""探戈"。1927 年，美国又出现了"吉特巴"舞，来源于海军士兵在军舰上的踏舞，丰富了交谊舞脚下的点踏动作，因此，在第二次世界大战时期，"水手舞"—"吉特巴"风靡全球。

21 世纪交谊舞有了蓬勃的发展，国际标准交谊舞的会员国达 30 多国，随着时代的发展和变化，交谊舞也在发展和变革。从 20 世纪 20 年代至 20 世纪 60 年代，老国标经历了半个世纪的演变，发展成为新国标，增加了拉丁舞，从 1960 年开始拉丁舞也被列为世界交谊舞锦标赛的比赛项目。至此，国际标准交谊舞已形成如下两大系列的 10 个舞种。

1）摩登舞

（1）华尔兹（Waltz）。

（2）维也纳华尔兹（Viiennese Waltz）。

（3）探戈（Tango）。

（4）狐步舞（Foxtrot）。

（5）快步舞（Quickstep）。

2）拉丁舞

（1）伦巴（Rumba）。

（2）恰恰（Cha Cha Cha）。

（3）桑巴（Samba）。

（4）帕索多不列（Paso Doble，又称斗牛舞）。

（5）加依夫（Jive，又称牛仔舞）。

1964 年以后，在国际标准交谊舞比赛中，又增加了新的内容——"集体舞"。迄今为止，摩登舞、拉丁舞、集体舞这 3 项崭新的交谊舞被称为当代国际标准交谊舞。

二、体育舞蹈的基本动作

体育舞蹈有 10 个舞种，它们的基本动作各不相同，由于篇幅有限，本节仅介绍摩登舞中华尔兹和拉丁舞中伦巴的基本动作。

1. 华尔兹

华尔兹是交谊舞中历史最悠久，流传最广泛的舞种，以其舞曲旋律优美、抒情，舞步自由流畅、起伏性强，舞姿华丽高雅等特点，享有"舞中之后"的美称。华尔兹属于旋转型舞，其音乐是 3/4 拍，每分钟 28～30 小节，没有快慢步之分，一般每小节 3 步，第一拍重，第二拍弱，第三拍最弱。华尔兹的基本舞步有左脚并换步、右脚并换步、右转步、左转步、外侧换步、扫步等。

华尔兹的基本动作如表 14-1 所示。

表 14-1　华尔兹基本动作

步法	基本动作	动作图解
左脚并换步	第一拍，男：左脚前进；女：右脚后退	
	第二拍，男：右脚向侧并稍向前；女：左脚向侧并稍后退	
	第三拍，男：左脚并右脚；女：右脚并左脚	
右脚并换步	第一拍，男：右脚前进；女：左脚后退	
	第二拍，男：左脚向侧并稍向前；女：右脚向侧并稍向后	
	第三拍，男：右脚并左脚；女：左脚并右脚	
右转步	第一拍，男：右脚前进，开始右转；女：左脚后退，开始右转	
	第二拍，男：左脚向前，右转；女：右脚向侧，右转	
	第三拍，男：右脚并左脚同时右转；女：左脚并右脚，身体完成转动	
	第四拍，男：左脚后退，继续右转；女：右脚前进，继续右转	
	第五拍，男：右脚向侧，右转；女：左脚向侧，右转	
	第六拍，男：左脚并右脚，身体完成转动；女：右脚并左脚，右转	
左转步	第一拍，男：左脚前进，开始左转；女：右脚后退，开始左转	
	第二拍，男：右脚向侧，左转；女：左脚向侧，左转	
	第三拍，男：左脚并右脚，左转；女：右脚并左脚，身体完成转动	
	第四拍，男：右脚后退，继续左转；女：左脚前进，继续左转	
	第五拍，男：左脚向侧，左转；女：右脚向侧，左转	
	第六拍，男：右脚并左脚，身体完成转动；女：左脚并右脚，左转	

续表

步法	基本动作	动作图解
外侧换步	第一拍，男：左脚后退；女：右脚前进	
	第二拍，男：右脚后退，开始左转；女：左脚前进，开始左转	
	第三拍，男：左脚向侧，并稍向前转；女：右脚向侧，并稍向后转	
	第四拍，男：在反身位置和外侧舞伴中，右脚前进；女：在反身位置中，左脚后退	
扫步	第一拍，男：左脚前进，有轻微反身动作；女：右脚后退	
	第二拍，男：右脚向侧，并稍前进；女：左脚斜退，身体向右稍转	
	第三拍，男：左脚在侧行位置交叉于右脚后；女：右脚在侧行位置交叉于左脚后，身体完成转动	

2.伦巴的基本情况

在拉丁舞中，伦巴的历史最悠久，舞型最成熟，被称为"拉丁舞之王"。伦巴动作舒展，舞姿优美，配上缠绵婉转的音乐，使舞蹈充满浪漫情调，令人陶醉。

伦巴舞曲节奏较缓慢，曲调抒情。近年来，随着伦巴舞的广泛流传，舞曲也出现了较为热烈奔放的旋律。伦巴舞曲的节奏为每分钟28～31小节，音乐是4/4拍，重音在第一拍上。基本韵律是"快、快、慢"。伦巴舞有一个非常重要的特点，即"先出胯，后出步"。这样，舞步的节拍和音乐节奏才能一致。

三、体育舞蹈比赛欣赏

1.比赛基本规则

1）比赛内容

体育舞蹈比赛包括两个系列的舞蹈，即摩登舞系列和拉丁舞系列，每个系列包括5个舞种。

2）比赛程序

比赛必须经过初赛、复赛、半决赛和决赛，每一轮比赛必须从参赛选手中筛选不少于

1/2 的选手参加下一轮的比赛。

3）比赛舞种

每一对选手必须进行 5 个舞种的比赛，在决赛之前进行 4 个舞种，摩登舞是华尔兹、狐步舞、探戈、快步舞或维也纳华尔兹，拉丁舞是恰恰、伦巴、桑巴、牛仔或斗牛舞。

4）比赛场地

比赛地面应平整光滑，面积为 15 m×23 m，赛场两条较长的边线叫 A 线，两条较短的边线叫 B 线，参赛选手应根据边线的长短安排不同的舞步，按舞程线逆时针方向循序而行。

5）比赛的时间和速度

在各轮的各舞种比赛中，每种舞音乐的伴奏时间最少不少于 1.5 min。维也纳华尔兹和牛仔舞最少不少于 1 min。

各种舞的速度为：华尔兹，30 小节 / min；桑巴，50 小节 / min；探戈，33 小节 / min；恰恰，30 小节 / min；维也纳华尔兹，60 小节 / min；伦巴，27 小节 / min；狐步舞，30 小节 / min；牛仔舞，44 小节 / min；快步舞，50 小节 / min；斗牛舞，62 小节 / min。

6）音乐特点

音乐是舞蹈的灵魂。节拍、速度、旋律构成了音乐的三要素。1990 年，国际体育舞蹈联合会公布了常用的节拍、速度、节奏。

7）比赛服装

比赛服装规定：摩登舞男子穿燕尾服，女子穿不过脚踝的长裙；拉丁舞服装必须有拉美风格，男女选手服装必须协调，男选手穿紧身裤或萝卜裤，上身穿宽松式长袖衣。女士穿露背、腿的短裙。男女舞鞋必须与服装颜色一致。专业选手背号为黑底白字。业余选手背号为白底黑字。

2. 体育舞蹈比赛欣赏

体育舞蹈融艺术、体育、音乐、舞蹈于一体，被人们称为"健"与"美"相结合的典范。作为一种艺术形式，它具有独特的观赏性，强烈的艺术感染力使它在众多的体育项目中鹤立鸡群。我们可以从以下几个方面来观赏。

1）观赏形体美

在比赛中，选手们技艺超群、形体优美，使裁判和观众为之倾倒，优美的身体造型与音乐的协调配合能够极大地满足人们的审美心理要求。因此，在这样一个较量美的运动项目中，优美的身体形态成为夺取好成绩的必要条件。

2）欣赏音乐美

音乐是体育舞蹈的重要组成部分，体育舞蹈一定要在音乐的伴奏下进行。音乐是一种表现艺术，它以声音来表达创造者和表演者的内心世界。因此，我们在观赏时，可以随着音乐的旋律产生联想与想象，进而在自己头脑形成富有一定情感的臆想，在情绪中受到感染和陶冶。在观看体育舞蹈比赛时，要欣赏音乐与动作的有机结合，动作和音乐的适配，技术动作和乐曲的旋律、节奏，以及个人风格的和谐。

3）观赏动作美

根据体育竞赛的竞技性特点，由动作、技术和战术综合表现的动作美，是观赏体育竞赛的核心内容。当代体育舞蹈的发展，要求运动员在不同的舞种表演中，寻求和表现不同的风格。在体育舞蹈比赛中，运动员娴熟地完成各具特色的动作表和精彩的难度动作组合，动中有静、静中有动、舒展流畅、连绵不断，以优美的动作表现内在情感，加上优美动听的音乐，令我们陶醉在美的艺术之中，充分得到美的享受。

知识窗 ——————————————————————————

体育舞蹈是各种舞蹈中最国际化的舞蹈。在国际上，UK 公开赛、黑池舞蹈节与 International（世界）锦标赛是最顶级的三大体育舞蹈赛事。

全国体育舞蹈锦标赛是中国体育舞蹈的最高级别赛事。

第二节　健美操

健美操是在音乐伴奏下，以身体练习为基本手段，以有氧运动为基础，达到增进健康、塑造形体和娱乐目的的一项体育运动。我们所做的健美操一般指健身健美操。经常进行健美操锻炼，能健身美体，提高协调性、节奏感，激发情绪、愉悦身心。

一、健美操概述

健美操是一项深受广大群众喜爱的、普及性极强的，集体操、舞蹈、健身、娱乐于一体的体育项目。

健美操中大量吸收了迪斯科、爵士舞、霹雳舞中的上下肢、躯干、头颈和足踝动作，特别是髋部动作，这给健美操增添了活力。坚持做健美操有利于减少臀部和腹部脂肪的堆积，有利于改善动作的协调性和灵活性。

1982 年，世界上最大的国际性健身组织（国际健身协会）正式成立，目前有 80 多个国家的 23000 多名会员。1991 年，亚洲健身协会宣告成立，是亚洲地区最具影响力的健身性国际组织。20 世纪 80 年代初，世界性的健美操热传到我国，在各种新闻媒体的大力宣传下，健美操以其独特的魅力在众多的传统体育项目中脱颖而出，并迅速渗透到人们生活中，特别是在中高等院校，健美操被列入教学大纲，作为正规的教学内容传授。其后，各种不同类型的健身俱乐部也像雨后春笋般开办起来。

健美操可分竞技健美操和健身健美操，可用于大型表演。竞技健美操是在音乐伴奏下，通过完成难度动作，展示运动员连续表演复杂和高难度动作的能力。健身健美操是普及性的，根据练习对象不同进行创编。它有许多风格，如一般健身操、爵士健美操、踏板健身操、搏击健身操、瑜珈健身操等。

二、健美操的基本动作

健美操基本动作是指动作中最主要、最稳定的部分，所有动作都以此为核心加以扩展。健美操的基本动作是健美操运动的基础，是最小单位的元素动作。千姿百态的健美操组合动作都是在基本动作的基础上变化和发展起来的。正确的健美操基本动作是培养良好动作姿态和身体姿态的前提保障。健美操基本动作包括基本姿态、基本难度动作、基础动作。

（1）基本姿态动作是指在静态和动态时的身体各部位姿势，它可以通过舞蹈的姿态进行训练。

（2）基本难度动作是指与竞技健美操中规定的特定动作相应的具有一定难度的动作。

（3）基础动作是根据人体结构和活动特点确定的具有代表性的动作，共分为 7 个部位的动作，即头颈、肩、胸、腰、髋部，以及上、下肢动作。

健美操的基本动作如表 14-2 所示。

表 14-2　健美操基本动作

手型
健美操的手型主要有掌和拳两种 分掌：五指用力分开，手腕保持一定的紧张程度。合掌：五指并拢伸直；拳：五指弯曲紧握，大姆指压在食指弯曲部位 分掌　　　　合掌　　　　拳
头颈部动作
（1）屈：指头颈关节的弯曲，包括前屈、后屈、左屈、右屈。 （2）转：头颈部绕身体垂直轴转动，包括左转和右转。 （3）绕和绕环：指头以颈为轴心的弧形和圆形运动，包括左、右绕和左、右绕环。 做各种形式的头颈动作时，上体保持正直，速度要慢，头颈移动的方向要准确，使颈部被动肌群充分伸展 前屈　　　　后屈　　　　左屈　　　　右屈

续表

头颈部动作
左转　　　　右转　　　　绕　　　　绕环

肩部动作
（1）提肩：肩胛骨做向上的运动，包括单肩、双肩的同时提和依次提。 （2）沉肩：肩胛骨做向下的运动，包括单肩、双肩的同时沉和依次沉。 （3）绕肩：以肩关节为轴做小于360°的弧形运动，包括单肩向前、后绕，双肩同时或依次向前、后绕。 （4）肩绕环：以肩关节为轴做360°及360°以上的圆形运动，包括单肩向前、后绕环，双肩同时或依次向前、后绕环。 （5）振肩：固定上体，肩急速向前或向后摆动，包括双肩同时前、后振和依次前、后振。 要求： （1）提肩时尽力向上，沉肩时尽力向下，动作幅度大而有力。 （2）绕肩时上体不能摆动，两臂放松，头颈不能前探；动作连贯，速度均匀，幅度大。 （3）振肩动作要有速度、力度和弹性

上肢（手臂）动作
（1）举：以肩为轴，臂的活动范围不超过180°而停止在某一部位，包括单臂和双臂的前、后、侧，以及不同中间方向的举（如上举，侧上、侧下、侧下举等） 前举　　　后举　　　侧举　　　侧上举　　　侧下举　　　上举
（2）屈：肘关节弯曲一定角度，包括头上屈、头后屈、肩侧屈、肩上侧屈、肩下侧屈、肩上前屈、胸前屈、胸前平屈、腰间屈、背后屈 胸前屈　　胸前平屈　　肩侧屈　　肩上侧屈　　肩下侧屈　　肩上前屈　　腰间屈　　头后屈

上肢（手臂）动作
（3）绕：双臂或单臂向内、外、前、后做180°以上、360°以下的弧形运动。 （4）绕环：以肩关节为轴，双臂或单臂做向前、向后、向内的绕环。 （5）摆：以肩关节带动手臂完成臂的摆动动作。包括单臂和双臂同时或依次向前、后、左、右的摆 双臂向内外绕　　　　单臂前后绕环　　　　双臂前后绕环　　　　摆
（6）振：以肩为轴，手臂用力摆至最大幅度，包括侧举后振、上举后振、下举后振 侧举后振　　　　上举后振　　　　下举后振
（7）旋：以肩或肘为轴做臂的内旋或外旋动作 内旋　　　　　　　　　　　外旋
要求：做臂的举、屈伸时，肩下沉；做臂的摆动时，起与落要保持弧形；上体保持正直，位置准确，幅度要大，力达身体最远端

胸部动作
（1）含胸：两肩内合，缩小胸腔。 （2）展胸：两肩外展，扩大胸腔。 （3）移胸：髋部固定，做胸左、右的水平移动。 要求：练习时，收腹、立腰。含、展、移胸要达到最大极限   含胸　　　　展胸　　　　左右移胸
腰部动作
（1）屈：下肢固定，上体沿矢状轴和水平轴运动，包括前屈、后屈、左侧屈、右侧屈。 （2）转：下肢固定，上体沿垂直轴扭转，包括左转、右转。 （3）绕和绕环：下肢固定，上体沿垂直轴做弧形和圆形运动，包括左、右绕和绕环。 要求： （1）练习时，身体远端尽力向外延伸，绕环幅度要大、充分而连贯，速度放慢。 （2）腰前屈、转时，上体立直   前屈　　　后屈　　　左侧屈　　　右侧屈 左转　　　右转　　　绕　　　　绕环

续表

髋部动作
（1）顶髋：髋关节做急速的水平移动，包括左、右、后、前顶髋。 （2）提髋：髋关节做急速向一侧上提的动作，包括左、右提髋。 （3）摆髋：髋关节做钟摆式的连续移动动作，包括左、右侧摆和前、后摆。 （4）绕髋和髋绕环：髋关节做弧形、圆形移动，包括向左、右的绕和绕环。 要求：髋关节做顶、提、摆绕和绕环时应平稳、柔和、协调，稍带弹性，上体要放松

左顶　　　　　　右顶　　　　　　后顶　　　　　　前顶

左提　　　　　　右提　　　　　　绕　　　　　　绕环

下肢动作
（1）滚动步：两脚同时交替做由前脚尖至全掌依次落地动作。 （2）交叉步：一脚向另一脚前或后交叉行进。 （3）跑跳步：两脚交替进行，跑后支撑阶段有一次跳的过程。 （4）并腿跳：双腿并拢，直膝或屈膝跳。 （5）侧摆腿跳：单腿跳起，同时另一腿向侧摆动。 要求：跳跃要轻松自如，有弹性，注意呼吸配合

滚动步　　　　　交叉步　　　　　跑跳步　　　　　并腿跳　　　　侧摆腿跳

基本站立
（1）直立：头颈、躯干和脚的纵轴保持在一条直线上。 （2）开立：两脚左右分开与肩同宽或宽于肩。 （3）提踵立：两脚跟提起，用前脚掌站立。 （4）点地立：一腿直立（重心在站立脚上），另一腿向各方向伸直，脚尖点地，包括侧点立、前点立、后点立

直立　　开立　　提踵立　　侧点立　　前点立　　后点立

（5）弓步：一腿向某方向迈出一步，膝关节弯曲成90°左右，膝部与脚尖垂直，另一腿伸直，包括左、右腿的前、侧、后弓步。 （6）跪立：指大腿与小腿成直角的跪姿，包括双腿跪立、单腿跪立

前弓步　　侧弓步　　后弓步　　双腿跪立　　单腿跪立

健美操规则规定的7个基本步伐
（1）踏步：两腿交替，不间断地做屈膝上提，然后踏地的动作，包括脚尖不离地的踏步、脚离地的踏步、高抬腿的大幅度踏步。 要求：落地时，由脚尖过渡到脚跟着地；屈膝时，胯微收。两臂自然前后摆动。 （2）吸腿跳：单腿跳起，同时另一腿屈膝向前、侧上提。 要求：大腿用力上提，小腿自然下垂。 （3）踢腿跳：单腿跳起，同时另一腿直腿向前、侧方踢出。包括小幅度和大幅度的踢腿。 要求：踢腿时，必须加速用力，上体保持正直、立腰

踏步　　　吸腿跳　　　高踢腿跳

续表

健美操规则规定的7个基本步伐
（4）后踢腿跳：两腿交替有短暂腾空过程（类似跑步），小腿向后屈。 要求：髋和膝在一条线上，小腿叠于大腿。 （5）弹踢腿跳：单腿跳起，同时另一腿经屈膝向前、侧方向弹踢。 要求：大腿抬起至一定角度后，小腿自然伸直，膝关节稍控制。 （6）开合跳：并腿跳至开立，分腿跳至并立。 要求：分腿时，两腿自然外开，膝关节沿脚尖方向弯曲；跳起与落地时，屈膝缓冲。 （7）弓步跳：并腿跳起，落地时成前（侧、后）弓步。 要求：跳成弓步时，把握住身体重心

后踢腿跳　　　侧弹踢腿跳　　　开合跳　　　弓步跳

三、健美操的组合动作

健美操组合动作（见表14-3）是以健美操基本动作为元素进行编排的，以展示健美操的连续性、柔韧性、力量性的连串或成套动作。

成套组合动作要结合音乐和实际场合需要进行设计，包括入场设计、造型动作设计、基本组合设计、队形图案设计及最后造型设计。

表14-3　健美操组合动作

动作图解	拍	动作说明
 预备　①　②　③　④ ⑤　⑥　⑦　⑧	①	预备姿势—直立，两臂置于体侧。两手半握拳，右脚向前一步，同时两臂弯曲，左臂前摆，右臂后摆
	②	左脚向前一步，同时两臂弯曲，右臂前摆，左臂后摆
	③	同①
	④	成直立姿势，两臂弯曲置于身体两侧，双手半握拳，拳心向上
	⑤	右脚向右侧分成侧弓步，左腿伸直，左臂向右前方侧平举，左拳心向下，右臂屈肘，右拳心向上置于体侧
	⑥	成直立姿势，两臂弯曲置于体侧，两手半握拳，拳心向上
	⑦	同⑤拍的动作，方向相反
	⑧	还原成预备姿势

续表

动作图解	拍	动作说明
①　　②　　③　　④　　⑤　　⑥　　⑦　　⑧	①	两臂侧平举，两手半握拳，拳心向下，同时右脚向右侧一步
	②	左脚向右侧移，在右腿后面交叉，两臂伸直，在体前交叉
	③	同①拍的动作
	④	成直立姿势，两手半握拳，拳心向内
	⑤	两臂弯曲在胸前交叉，两手半握拳，右脚向右前方迈一步，同时膝关节弯曲
	⑥	两臂侧上举，两手半握拳，拳心向下，同时左脚向左前方迈一步，两腿弯曲
	⑦	两臂弯曲在胸前交叉，拳心向内，右脚向右侧后方迈一步
	⑧	还原成预备姿势
①　　②　　③　　④　　⑤　　⑥　　⑦　　⑧	①	两手半握拳，两臂弯曲，左臂前摆，右臂后摆，同时右脚向前走一步
	②	右臂前摆，左臂后摆，同时左脚向前一步并右脚
	③	左臂前摆，右臂后摆，同时右脚向后走一步
	④	右臂前摆，左臂后摆，同时左脚向后走一步并左脚
	⑤	右脚向前一步成前弓步，两臂侧上举，撑掌，掌心向上
	⑥	两臂放下置于体侧，同时原地后转180°
	⑦	右脚再向前一步成前弓步，两臂侧上举，撑掌，掌心向上
	⑧	原地转体90°，两臂放下置于体侧
①　　②　　③　　④　　⑤　　⑥　　⑦　　⑧	①	右脚向左前方迈一步，右臂弯曲置于胸前
	②	右脚支撑，左腿向后屈膝弹动一次
	③	左脚重新接触地面，同①拍
	④	右脚向右侧，两臂侧平举，两手成操化手形，掌心向下，左脚并右脚
	⑤	以左腿为轴转体90°，同时送胯，右脚侧点，左手叉腰，右手半握拳，右臂经内旋出
	⑥	右腿提膝，右臂肩侧屈
	⑦	同⑤拍，方向相反
	⑧	左脚并右脚还原成预备姿势

续表

动作图解	拍	动作说明
		预备姿势：直立，两臂置于体侧
	①	右脚向右跳跨一步
	②	左脚移向后侧成交叉，右臂前平举到上举，掌心向内
	③	右脚向右侧再跨一步，同时两腿弯曲成弓步，右臂侧平举，掌心向下
预备 ① ② ③ ④	④	左脚并右脚，还原成预备姿势
	⑤	右腿向后弯曲，左臂胸前平屈，掌心向下
	⑥	左腿向后弯曲，左臂伸直成侧平举
	⑦	两腿成弓步，同时左臂向上弯曲，掌心向前
⑤ ⑥ ⑦ ⑧	⑧	还原成预备姿势
	①	跳起成前后分腿开立，左腿在前，同时两臂上举，撑掌，掌心向前
	②	跳成并腿蹲立，同时两臂肩侧屈，握拳，拳心向内
	③	同①动作，右脚在前
① ② ③ ④	④	跳成并立，同时两臂下举
	⑤	跳成开立，同时两臂肩上侧屈，握拳，拳心相对
	⑥	跳成并立，同时两臂胸前屈，拳心向内
	⑦	跳成开立，同时两臂胸前平屈，基本手形，拳心向下
⑤ ⑥ ⑦ ⑧	⑧	跳成并立，同时两臂上举，两手半握拳，拳心向内
	①	右脚跳起，左脚向前高踢，同时两臂下拉至垂直向上屈肘(拳心向内)
	②	跳成预备姿势
① ② ③ ④	③～④	同①～②拍动作，换腿完成

动作图解	拍	动作说明
⑤　⑥　⑦　⑧	⑤	跳成左后侧弓步，同时左臂肩侧屈握拳，拳心向内，右臂侧上举，半握拳，拳心向下
	⑥	跳成并立，同时两臂屈肘于胸前，拳心向下
	⑦	跳成右后侧弓步，同时右臂肩侧握拳，拳心向内，左臂侧上举，半握拳，拳心向下
	⑧	还原成预备姿势
①②③④　⑤　⑥　⑦　⑧	①～④	半蹲向前小跳，右臂向左侧上举，撑掌，掌心向下，左臂置于体侧
	⑤	右手半握拳，右臂侧上举，左腿侧踢，同时向右转体90°
	⑥	向左转体90°，左腿并右腿，两臂还原至体侧
	⑦	跳转90°，两臂侧平举，撑掌，掌心向前，左腿支撑，右腿提膝内收
	⑧	还原成预备姿势

四、健美操比赛欣赏

竞技健美操比赛共设 5 个项目，男子单人、女子单人、混合双人、三人（男三、女三或混合三人）、混合六人（男三女三，男四女二，男二女四）。成套动作必须在音乐伴奏下进行，音乐速度在 24 拍 /10 s 以上，成套动作完成时间：单人、混合双人、三人项目均为 110～130 s，六人项目为 150～180 s。成套动作必须有三类特定动作和两项特定要求。特定动作为连续 4 次高踢腿、俯卧撑和仰卧起坐；特定要求为：连续 30 s 跑跳，4 个八拍操化动作（有健美操特色的对称动作）。不得出现违例动作，如空翻、托举等。六人项目成套动作中不得少于 5 次不同的队形变化。

1. 欣赏形体美和着装美

优美的身体形态、得体的着装是夺取健美操冠军的必备条件。因为健美操比赛是从运动员一上场就开始的，五官端正、身材匀称、具有健与美特征的运动员，配以得体的着装及恰到好处的脸部化妆，会使观众得到视觉和审美心理上的极大满足。

2. 欣赏音乐美

音乐是健美操的灵魂，音乐赋予健美操特有的活力。当观众听到鲜明强劲的动感音乐，会随着音乐的旋律按照自己的理解产生联想和想象，在欣赏音乐和动作的有机结合时，在精神和听觉上得到满足。

3. 欣赏动作美

动作的力度、幅度、准确性、协调性、熟练性及稳定性是健美操项目评判和欣赏的重要内容。

1）特定动作的欣赏

特定动作有连续 4 次俯卧撑、仰卧起坐和高踢腿跳。单人完成动作可欣赏规范性、准确性及姿态。双人、三人、六人集体项目以上内容，还要看整体的一致性、整齐性。

2）特定要求动作的欣赏

特定要求动作包括 4 个八拍的站立式操化动作组合、连续 30 s 的跑跳动作，主要欣赏动作的各种变化。

3）难度动作的欣赏

难度动作可分为支撑类、跳跃类、转体类及俯卧撑类动作。主要欣赏运动员完成动作的质量，如腾空的高度、动作的开度、支撑动作的持续时间变化及稳定性等。集体完成这些动作时，还可欣赏动作的整齐性和一致性。

4）力度的欣赏

"力度"是健美操的重要特点之一，与成套动作质量密切相关。男单动作应豪放，力度感强，体现男子的阳刚之气。女单动作应优美，刚柔结合。

5）表现力的欣赏

运动员在进行健美操比赛时，应表现出朝气蓬勃的精神面貌和热情、自信的激情。将音乐、动作深层次的内涵淋漓尽致地表现出来，用眼神和脸部表情与裁判和观众进行交流，吸引观众，感染观众。

4. 动作创新及编排的欣赏

一套节奏感强、动作有独创性、有新意及编排立意新颖、风格独特、连接巧妙、流畅连贯，具有体育和艺术美感染力的成套动作，必然会牢牢地吸引观众，征服观众，使他们得到视觉、听觉和心理上的满足。

知识窗

　　健身健美操与竞技健美操都是在音乐伴奏下进行的身体练习。健身健美操以有氧为主，以健身为目的，强度和难度较低，速度较慢；竞技健美操以无氧为主，以竞技为目的，强度和难度较高，速度较快。

　　街舞是体育与街头表演相结合的舞蹈，它以身体动作舞蹈为基本内容，配合街舞风格的音乐，单人或集体配合，是既有娱乐健身作用，又有表演性质的体育运动。

　　20 世纪 60 年代末，街舞出现于美国东海岸的纽约和西海岸的加利福尼亚州。20 世纪 80 年代中期，街舞传入中国。1990 年，德国举办了第一届 *Battle of the Year* 街舞比赛，这是全世界最重要的年度街舞赛事之一。

第十五章　康乐游戏类休闲体育运动

本章导语

　　康乐游戏类休闲体育运动有放风筝、跳绳、钓鱼、踢毽子、打陀螺、轮滑、飞镖等，这些活动来源于古代的民间游戏，具有悠久的历史，在传承演变过程中发展成为现代特色的运动项目。

　　这类运动最大的特色是娱乐性显著，在运动中尽情玩耍，在玩乐中可以强身健体、陶冶情操、开拓思维、培育品格，让你的身心变得愉悦。

　　本章分三节介绍青少年学生喜爱的轮滑运动、跳绳和飞镖。

第一节　轮滑

轮滑又称滚轴溜冰、滑旱冰，是穿着带滚轮的特制鞋在坚硬的场地上滑行的运动。

一、轮滑运动的起源与发展

　　轮滑运动是从滑冰运动过渡而来的。苏格兰的 Dutchman 于 1700 年制造了第一双溜冰鞋，他希望能在夏天模拟冰上溜冰，于是用木线轴附在鞋子上尝试在平坦的地面上滑行，多次试验后取得了成功，并逐步吸引了众多的参与者。同年年中在爱丁堡成立了第一个溜冰俱乐部。

　　20 世纪初，轮滑运动在美国和欧洲得到广泛发展，一些地区相继成立了轮滑俱乐部。英国于 1908 年修建了世界上最大的轮滑场。

　　1924 年，国际轮滑联盟在瑞士成立；1936 年，在德国斯图加特举行了首届世界轮滑竞标赛；1937 年，在意大利蒙扎正式举办了首届世界速度轮滑锦标赛。此后，轮滑运动得到快速发展，花样轮滑、速度轮滑、轮滑球等项目逐渐成为全球性的竞赛项目。

　　如今，轮滑运动又从赛场回到了普通人的生活中，成为一项很流行的休闲运动，它是街头文化的一种存在形态，在人与自然的融合中，借助特殊的运动设备，最大限度地发泄压力，寻找刺激，从而体验现代生活和工作所无法感受到的愉悦感与成就感。

二、轮滑运动的种类

　　轮滑是种类和风格较多的运动项目，有竞技类项目与休闲类项目之分，也因轮滑鞋、活动与比赛场所、活动目的的不同而形成的区别。从大的类型上主要包括花样轮滑、速度轮滑、轮滑球、极限轮滑、轮滑舞、自由轮滑（FSK）、平地花式轮滑等。在世界各地的参与者中，有热衷于其中一项的，也有参与其中几项的。虽说都是轮滑，但不同项目给参与者带来的感受是不同。

1. 花样轮滑

花样轮滑分为规定图形滑、自由滑、双人滑和双人舞4个项目。比赛在不小于50 m长、25 m宽的场地上进行。根据动作的难易程度、舞姿的优美程度打分确定胜方。

2. 速度轮滑

速度轮滑以单排、双排轮滑鞋为比赛工具，分场地跑道比赛和公路比赛两种，是轮滑中最主要的比赛项目。世界锦标赛场地跑道比赛距离为：300 m计时赛，500 m淘汰赛，1000 m、5000 m、10000 m、20000 m；公路比赛包括女子21 km半程马拉松赛、男子42 km马拉松赛。场地跑道像自行车场一样呈盆形。

3. 轮滑球

轮滑球看上去像是冰球和曲棍球的结合体，打法同冰球打法相似。一般轮滑球运动量大，场面精彩激烈。

4. 极限轮滑

极限轮滑也叫特技直排轮滑，其花式繁多、刺激，每个参与者都可以通过各种技巧来演绎各自对"极限"的理解，因此很受青少年的追捧。

5. 轮滑舞

轮滑舞结合轮滑与街舞等舞蹈的动作和特点，在技术上对于体能、轮滑基本功以及基本的舞蹈功底都有较高的要求。

6. 自由轮滑

自由轮滑即FSK（freeskating），是一种很新的轮滑项目，它是一种综合各种轮滑技能的运动。因这种轮滑花样繁多，休闲性强，个性突出，目前在欧美已经成为一种都市轮滑精神的象征。

7. 平地花式轮滑

平地花式轮滑包括速度过桩、花式过桩等，讲究过桩的足部花式技巧，同时要有节奏感，具有非常高的观赏性。在比赛中平地花式轮滑归入自由轮滑。

三、轮滑运动的基本技术

轮滑是一项在运动中灵活变换重心、维持动态平衡的运动。在练习时，应大胆、灵活，及时移动重心、掌握技术，并通过多种练习手段提高移动重心的灵活性和掌握平衡的能力。

由于在滑行过程中，装着轮子前后转动的轮滑鞋无法在身体后面找到有效的支撑点，只能在体侧找到合理稳固的支点，只有通过向侧蹬，才能产生前进的动力。所以，学习轮滑必须克服在陆地上走或跑时后蹬用力的习惯，建立向侧用力的概念，掌握正确的用力方法。学习轮滑要从站立维持身体的平衡开始。

轮滑者一般采用蹲或半蹲的姿势滑行，通过腿的屈伸动作产生蹬地的力量，因此要求初学者时刻想着腿的正确蹲姿，培养良好的习惯。如果习惯于直腿滑行，不仅滑不快、易摔倒，而且还不利于摔倒时进行自我保护。

1. 滑行基本技术

滑行基本技术要领如表 15-1 所示。

表 15-1　滑行基本技术要领

行走
两脚跟靠拢，脚尖外展，屈膝，上体略前倾，两臂侧下举。行走时，脚成外八字，每步 10 ～ 20 cm，提脚稍离地即可，身体重心要不断移到支撑脚上。迈大步走和分开腿走都是错误的。开始练习时，可扶栏杆或在同伴帮助下进行

小步滑动	前滑压步转弯（以前滑压步左转弯为例）
在会走步的基础上，滑轮落地时有意向前稍搓一下，如同穿拖鞋走路一样。出脚与上体前倾要同时，滑进是靠上体移动和搓轮作动力。滑步短小，交换脚稍快，最好不停顿	左脚支撑滑行，身体左倾，右脚在右后侧蹬地。蹬地后摆越左脚，在左前侧落地，身体重心移左脚。同时左脚用外轮在右后侧蹬地，蹬后前移至左前侧落地支撑滑行。前滑压步右转弯与左转弯动作相同，方向相反。练习时，可在同伴帮助下进行

葫芦形后滑	蛇行后滑
开始呈站立姿势，腿稍屈，两脚尖相靠，后跟分开成八字形。滑行时重心后移，两脚用内轮向前下方用力蹬地，两脚分开后滑，滑行至脚与肩宽时，两腿和两脚跟用力内收靠拢。这样连续不断地一分一收，就成葫芦形后滑。练习时可扶栏杆后滑或由同伴推着后滑	开始呈站立姿势，腿微屈，两脚平行与肩宽，两臂侧下举。后滑时两脚跟向左右摆，臀部左后移，上体和两肩臂配合向右扭转。身体右倾，重心移右脚，左脚稍用力下蹬，转为向左后滑行

续表

葫芦形后滑	蛇行后滑

后滑压步转弯（以后滑压步右转弯为例）

先后脚支撑后滑，身体向右倾斜，左脚在左前下方蹬地。左脚蹬地后摆越右脚尖，在右侧下方支撑落地，身体重心移左脚，同时向右后压步转弯滑行

双脚前滑转体变后滑（以前滑向左转为例）	双脚后滑转体变前滑（以双脚同时后滑依次转体变前滑为例）
先两脚平行前滑，左脚后轮支撑，前轮离地向左转。右脚前轮支撑，后轮离地向右后拖滑。同时上体和手臂也配合向左转体180°接后滑。向右转体变后滑的动作方法和向左转体相同，动作方向相反	如果向左转体，重心移右脚，左脚提起，随上体和手臂向左转体180°落地支撑。重心移左脚，同时右脚蹬转接前滑。用同样方法也可做向右转，动作方向相反

停止滑行

滑轮停滑，可以采用改变滑轮滑行方向，加大轮和地面的摩擦力，使其减速并停止

续表

转圆停滑	丁字停滑	平行急停
如向左转圆停滑时，双脚平行滑，左腿屈、右腿直；上体左倾，肩向左扭转；两脚也向左扭转，逐渐改变滑行方向减速停滑	如左脚支撑前滑，重心在左脚。右脚横放四轮触地横动摩擦，逐渐停滑	双脚平行前滑，双脚和上体突然向左转体 90°，上体向左倾斜，双腿弯曲缓冲，使双脚滑轮协调地横动摩擦，急停下来

2. 速度轮滑基本技术

速度轮滑包括直道滑行、弯道滑行、起跑、冲刺几个部分，基本技术要领如表 15-2 所示。

表 15-2　速度轮滑基本技术要领

直道滑行
上体前倾稍高于臀部，大腿与小腿约成 60° 夹角，重心落于支撑脚的两轮之间，目视前方 10 m 左右地面①。如果左脚支撑前滑，右脚在右后侧下蹬地，蹬地角约 60°。同时右手前摆约高于头部，左臂自然后摆②。右脚蹬地后，屈腿后摆再前收，靠左脚后落地支撑滑行。接着左腿在左后侧下方蹬地，交替滑行动作

弯道滑行
速滑比赛按逆时针方向转弯滑行。从直道进入弯道时，要增大向心力，上体必须向左倾斜。倾度的大小根据滑行速度和弯道大小来决定。左脚滑行时身体左倾，右脚在右后侧下方蹬地，右臂在前上摆，左臂自然后摆①。右脚蹬地后，右大腿带动小腿，提脚落于左后侧支撑滑行，重心移至右脚，上体左倾；同时左脚在右后侧下方蹬地；左臂左前上摆，摆幅稍小，右臂自然后摆，摆幅稍大②。如此交替压步转弯至直道滑进

续表

起跑
起跑由预备姿势、起动和疾跑构成，有正面起跑和侧向交叉起跑两种姿势。目前一些运动员多用侧向交叉起跑。侧向交叉起跑：当听到预备口令时，运动员左肩对滑跑方向，两脚与肩同宽，左外轮紧靠起跑线站立。上体直，两臂前平举，两腿屈成稍蹲姿势①，静止不动。听到起跑信号后，右腿用力蹬地并在左腿前交叉跨第一步，重心侧移，上体左侧前倾，两臂右摆；接着左脚外轮用力蹬地，蹬后左脚跨出第二步，两臂左摆，上体转向正前方倾斜；然后用外八字步，内轮用力蹬地，疾跑五六步进入滑行
④　　　③　　　②　　　①
冲刺
在全程滑跑最后段落进行。冲刺时要加快节奏，提高效率，加大摆臂力量。长距离一般在最后 400～800 m 时冲刺。短距离在最后 100～200 m 时冲刺。冲刺距离要根据训练水平、战术要求来安排

3. 花样轮滑基本技术

学习花样轮滑，首先应从学习步伐开始。掌握了花样轮滑的步伐，提高了控制身体平衡的能力，继而由易到难、由浅入深，逐步进行其他类型动作的练习。花样轮滑基本技术要领如表 15-3 所示。

表 15-3　花样轮滑基本技术要领

规定图形"8"字形滑法
①右前外，左前外滑法。预备势，站立于两圆相切处，右脚在前，左脚在后与右脚成 45°。右肩臂在前，左肩臂在后①。滑时重心前移，稍屈右腿，右脚支撑前滑。左脚在后下方蹬地，蹬地后成浮脚在后，身体稍向圆内倾斜，眼看圆弧线②。随着前滑，两肩臂和上体慢慢向右摆转。左浮脚渐靠滑脚。滑过半圆后，左浮脚逐渐前移，右肩臂逐渐摆向后，左肩臂逐渐摆向前。滑至圆的 3/4 处，左浮脚和左肩臂已摆到前面，右肩臂已摆到后面，并以此姿势滑至圆的封口处③。②左前外滑行技术同右前外滑行技术的动作要领相同，动作方向相反
③　　　②　　　①

续表

半周跳（3字跳）
从右后外滑接左前外滑。左腿屈，右浮脚伸直在后，两臂后摆作向前跳摆准备。接着左、右脚用力蹬地跳起，同时右浮脚和两手臂配合往左前上方摆动，并在空中作左转180°动作。然后右腿落地缓冲成弯曲腿后滑，左腿伸直后摆，右臂侧平举，左臂前平举
双脚旋转
原地旋转，两脚平行站立约同肩宽，两臂向右预摆。左臂向左迅速平摆，上体配合向左转。同时右脚后轮支撑前轮离地向左转，左脚前轮支撑后轮离地向右后转，重心放于4个支撑轮之间向左旋转。待旋转一两圈后，两臂下压于体侧或抱于胸前，缩短半径，加速旋转

4. 轮滑运动注意事项

轮滑运动技巧性很强，不可盲目进行，应注意安全。

（1）学滑前必须了解一些理论知识和他人经验，以指导实际行动。

（2）轮滑运动的技术特点主要是移动身体重心，保护身体的动态平衡。滑行时必须使身体重心的垂直射影点落在支撑底面积内，否则就会摔跤。

（3）严格遵守旱冰场制定的规定，这是维护安全和防止外伤的重要保障。

（4）进行轮滑运动前，应充分做好准备活动，尤其是下肢各关节的活动。

（5）选用的旱冰鞋大小要合适，扎带时松紧适度，检查鞋子质量，最好穿运动服练习滑行。

（6）练习时要由易到难，由慢到快，循序渐进。滑行按逆时针方向，初学者可靠近栏杆或在慢滑道中练习。

（7）初学者往往由于身体重心移动跟不上滑行而失去平衡摔倒，开始时可由同伴扶着或手扶栏杆练习，体会动作的要领。练习时适当降低重心，膝要弯曲，上体前倾，两臂自然下垂，这样重心低，容易保持平衡，即使摔倒，也较轻缓。初学时切忌好胜求快，万一碰撞或失控摔倒，千万不要用手硬撑，腕部、桡骨远端和舟骨受张力最易骨折，应迅速屈膝下蹲，顺势团身滚翻，进行自我保护。

（8）轮滑运动趣味性强，要控制活动时间，以免过度疲劳。

四、轮滑运动的场地与装备

1. 场地

一般出于休闲目的的轮滑运动并无特殊的场地限制，只要是水泥等平坦的路面以及地板上都可以进行。对于专业的轮滑比赛则有专门的场地要求。

速度轮滑的室内场地一般是硬木板地面或者十分平整光滑的水磨石、水泥或合成胶地面。跑道由两条长度相等的直道和两条对称并具有相同半径的弯道组成，成椭圆形。跑道的周长一般不少于 125 m，不超过 400 m，宽度一般不少于 5 m。

花样轮滑的比赛场地一般设在室内，地面以平整、光滑的硬木地板为最佳。但也可以根据条件采用平整光滑的水磨石、水泥或合成胶地面。标准的花样轮滑场地为长不少于 50 m、宽不少于 25 m 的长方形场地。

2. 轮滑鞋

轮滑鞋的种类较多，总体上可以分为下列三种。

（1）直排花样鞋，用于一般休闲与健身活动，它一般由四个轮子排成一线，轮子后方装有制动器，高鞋腰，中等鞋跟。

（2）直排速滑鞋，通常专业选手用于速度轮滑竞赛。一般有四个大轮子，最多时可装六个轮子，排成一线，低鞋腰，低鞋跟，通常不装制动器。

（3）花样轮滑鞋，用于花样轮滑比赛或表演，其主要特点是四个轮子排成两排，前后各两个轮子，且两个轮子的间距略宽于脚，脚尖前下方安装制动器，高鞋腰，高鞋跟。

由于各种鞋的性能特点不同，学习轮滑时要根据个人特点以及技能水平合理选择。

轮滑时的护具是最容易被忽视的，它是很重要的一种装备，包括头盔、护肘、护腕和护膝等。头盔的种类有休闲轮滑头盔（呈半球状）、速度轮滑头盔（呈前后较长的流线形）、极限轮滑头盔（呈半球状）和根据轮滑球运动员不同位置而设计的不同形状的头盔等许多种。初学轮滑者必须戴头盔，速度轮滑、极限轮滑和轮滑球的规则也要求戴头盔，以防摔倒时头部受伤。选用时要根据自己所参加的轮滑运动项目和头部大小而定。同样，轮滑运动都有专门的护膝、护肘、护腕掌手套等护具，轮滑参与者应根据自身的特点与需要选择合适的护具。

五、比赛欣赏

1. 速度轮滑竞赛规则

1）竞赛项目

场地、公路速度轮滑正式比赛距离为：300 m、500 m、1000 m、1500 m、2000 m、3000 m、5000 m、10000 m、15000 m、20000 m、21000 m、30000 m、42000 m、50000 m。

全国场地速度轮滑锦标赛项目包括男子：300 m、500 m、1500 m、5000 m、10000 m、20000 m 等；女子：300 m、500 m、1500 m、3000 m、5000 m、10000 m 等。

全国公路速度轮滑锦标（公开）赛项目包括男子：300 m、500 m、1500 m、5000 m、10000 m、20000 m 和 42 km 马拉松；女子：300 m、500 m、1500 m、3000 m、5000 m、10000 m 和 21 km 马拉松。

2）竞赛类型

（1）计时赛：在场地或公路上进行。一定数量的运动队或运动员在固定的滑跑距离上进行的竞速计时性比赛。

（2）淘汰赛：在场地或公路上进行，比赛过程中在一个或多个固定地点直接淘汰一个或多个运动员，具体淘汰办法赛前由裁判长决定。

（3）群滑赛：在场地或公路上进行。参赛人数不限，一次性集体出发。如果参赛人数太多，比赛跑道受限，可分预赛和决赛。

（4）定时赛：在场地或公路上进行。比赛限定滑跑时间，运动员的名次根据在限定的时间内所滑距离的长短决定。

（5）计分赛：可在场地或公路上进行。赛前确定运动员或运动队的得分标准，在比赛路线上固定计分地点，比赛时运动员通过此地点时计取分数，运动员到达终点，以获得分数的多少决定名次，获得最高分数的运动员或运动队为优胜。

（6）接力比赛：在场地或公路上进行。每队由两名以上运动员组成，比赛途中在固定的地点可随时换人，换人时必须接触到本队同伴，最后一次换人必须在倒数第一圈以前完成。

（7）分段赛：只在公路上进行。根据一定的规则，长、中、短距离混合排列在一起，总名次根据运动员在各个固定的距离的成绩决定。每一分段的成绩，根据分段时间，其分配方法可事先商定。如果几名运动员成绩相等，根据每段比赛所得最好成绩决定名次。

（8）追逐赛：比赛可在场地或封闭环形式公路跑道上进行。两名运动员或两个队从等距离的地点出发，在规定的距离上互相追逐，如其中一名运动员或一个队超过对手时，比赛即告结束。每个队有 3～4 名运动员的团体赛中，由倒数第二名运动员决定该队名次。

3）途中滑跑的规定

无论场地比赛或公路比赛，运动员从起点出发后一直到抵达终点，其滑跑途中必须严格遵守如下规则，否则取消比赛资格。

（1）运动员在各项距离的滑跑途中，严禁得到任何方式的外界帮助，除非轮滑鞋出现故障。

（2）每项比赛的滑跑途中，运动员应沿一条设想中的直线滑行至终点，不得以曲线或横向滑行影响其他运动员的正常滑跑。

（3）在弯道滑跑时，除非沿内侧有足够的空间可以通过，否则只能从外侧超越其他运动员。

（4）在任何情况下，不得故意强行阻挡他人的超越滑行，严禁撞人、推人、拉人、挡人、踢人、绊人等有意阻碍他人滑跑的行为发生。

（5）在场地跑道或在封闭环形公路跑道比赛时，严禁领先的运动员阻挡后者的超越，或者帮助正在被超越的运动员。

（6）禁止运动员的轮滑鞋触及或踏出跑道线。

（7）只要不妨碍比赛的进行，运动员可以修理出故障的轮滑鞋，必要时可接受新鞋更换已损坏的轮滑鞋，但必须独立完成而不得接受外界帮助。

（8）在滑跑途中运动员摔倒时，可以自己起来继续比赛，不得由他人协助，否则取消比赛资格。

（9）在任何项目的比赛中，参赛运动员的态度要积极、奋力拼搏，有竞争精神，那些态度消极、落后无能力竞争者应及时淘汰。

（10）在公路开放式跑道或公路封闭环形式跑道上集体出发的比赛，参赛运动员除应遵守上述规则外，还应做到始终靠公路赛道的右侧滑行，在任何情况下不得越过公路跑道的中央线，同时还要严格执行组织者的指示。

（11）退出比赛的运动员，要到终点通知裁判，以便确定名次。

4）比赛器材、场地的规定

（1）运动员的器材须适合轮滑运动的特点。参赛运动员要戴保护头盔、护膝、护腕、护肘；轮滑鞋轮轴不得超出轮子以外，不得使用制动器。鼓励使用单排轮轮滑器材。

（2）比赛路线分为场地跑道和公路跑道。公路比赛路线有起点和终点不衔接的直线开放式以及起点和终点相衔接的封闭环形式两种。

（3）测量场地的跑道或公路上比赛路线应距跑道或公路边界线内侧 30 cm。此测量线称为"边界绳索"。

（4）每条比赛路线在弯道处应有清楚易见的自然界线或设有可移动的标志。这些标志不要放在内侧，以免运动员发生危险。

（5）公路比赛路线沿左右方向均可设有弯道。

（6）场地跑道的规定：比赛场地的跑道是指设在露天的或有覆盖设施的比赛路线，它有两条长度相等的直线跑道段和两个对称的具有相同直径的弯道相连接的竞赛跑道；比赛场地跑道的标准长度为 200 m，宽度为 6 m 以上（根据情况长度最短不少于 125 m，最长不超过 400 m，宽度最短不少于 5 m）；比赛场地跑道的地面可用任何材料铺成，要求完全平坦，有一定的光滑度，不易摔倒，适合举办轮滑竞赛；场地要求完全平坦，弯道可有一定的倾斜度。有倾斜度的部分要从内侧边缘逐渐均匀平稳地升高，直到外侧边缘。直线跑道为了与弯道倾斜跑道相衔接，也可以有向内侧倾斜的衔接部分，但直线赛道的平坦部分不应少于跑道总长的 33%；终点要用白色线标出，宽为 5 cm，一直标到跑道外侧边线。终点线不能设在弯道处（一般设在直道中线前伸 10 m 处为宜）；跑道外缘应设有保护设施。

（7）公路跑道的规定：在开放式公路比赛路线进行的比赛，其终点和起点不衔接。封闭式公路比赛路线其终点和起点相衔接，有两条对称路线。运动员须根据比赛的距离在此路线上滑行一圈或几圈；封闭式环形公路，路线最短不少于 250 m、最长不超过 1000 m；公路的宽度全程不得少于 5 m；公路的路面应平坦而光滑，没有断裂。路面不平坦部分不得超过其宽度的 3%；公路跑道斜坡部分不得超过 5%，即使在特殊情况下，其倾斜部分也不得超过全部路线的 25%；终点线与起点线均应以 5 cm 宽的白色线标出，起、终点线不能设在弯道处，除非无法避开时，起点线应设在距弯道 50 m 以外的地方，终点线应设在距最后一个弯道的直弯道分界线前 50 m 处。

2. 花样轮滑比赛简介比赛规则

花样轮滑比赛包括男、女单人滑和双人滑（一男一女），规定图形有 17 类共 61 种滑法。根据运动员所做动作的准确性、难度、造型优美程度来评分。

3. 轮滑球比赛规则

轮滑球比赛双方各上场 5 人，其中 1 名为守门员。运动员脚穿轮滑鞋，手执长 91～114 cm 的木制球杆在一块长 22 m，宽 12.35 m 的长方形水泥质或花岗石制成的硬质地面球场上进行比赛。运动员可以传球、运球，通过配合把球攻入对方球门得 1 分，得分多者为优胜队。球门高 1.05 m，宽 1.54 m，分置于球场两端线的中间。比赛用球形如棒球，质量为 155.925 g。每场比赛分两局进行，每局 20 min。

4. 自由轮滑比赛规则

1）花式过桩

（1）每人的比赛用时 1.5 min。可以要求额外的练习时间。一共有 3 排桩，每排 20 个桩，间距分别为 50 cm、80 cm、120 cm。比赛过程有音乐，由选手自行提供 CD 或者磁带。所有选手完成第一轮比赛再进行第二轮。

（2）花式绕桩将所有动作分为旋转类、单轮类、蹲坐类、跳跃类及其他类，所有动作根据难度分为 A、B、C、D、E、F 六个等级，其中 A 级难度最高，F 级难度最低。

（3）选手出场两次，得分较高的一次作为比赛成绩，得分由 3 个部分组成：一是技术分，难度系数包括单个技术的难度，多个绕桩技术之间衔接的难度，每撞倒一桩扣分若干；二是风格分，完成情况包括每个技术动作完成情况，多个技术动作间的衔接完成情况，一些非正规的过桩动作可以得到加分，前提是必须能令比赛出彩，技术的多样性（前向、后向、单足、双足、蟹步……），音乐节奏的和谐度，节奏的变化性；三是掌控分，对多种技巧（动作、节奏、变化）的掌握和控制程度，作为评判标准。由三个单项分数之和决定各轮比赛的名次。

2）速度障碍赛（过桩）

速度障碍赛一般分为两轮进行。第一轮是计时初测赛：运动员将完成 2 次，起跑后经过 12 m 加速区，80 cm 间距排列的 20 个锥桩，80 cm 到达终点，总长为 12+0.8×19+0.8=28 m。每碰倒或漏掉一个锥桩判罚 0.2 s。自起跑线到终点线计时。

第二轮是复赛，每组两人同时进行比赛，按第一轮每一位参赛者的最好比赛成绩进行计时分组。

3）高台跳跃

在高台跳跃比赛中，运动员需借助一个跳台（平顶，高 55 cm，宽 1.2 m，长 2.1 m）来越过障碍物。每位运动员有三次试跳机会，成功完成跳跃后方可进入下一轮。运动员也可选择跳过当前轮次，保留试跳机会至后续轮次。规则与田径跳高类似，例如实力较强的选手可能选择跳过 1.5 m 的高度，直接挑战 1.7 m。

若障碍物被碰倒，或运动员从障碍物下方穿过，均视为试跳失败。成功跳跃需满足以下条件：越过障碍物后平稳落地且未跌倒；未用手触地支撑。三次试跳均失败的运动员将被淘汰。建议运动员佩戴护膝和护腕以保护关节。女子起跳高度为 1.6 m，男子起跳高度为 1.68 m。高度以 10 cm 为增量逐轮提升，直至仅剩三名运动员，之后由这三名运动员协商后续提升高度。

名次根据运动员能成功越过的最高高度从高到低排列。若两名运动员最高高度相同，则比较他们在该高度的试跳次数（试跳次数少者排名更高）。

知识窗 —————————————————————————————————————

　　1986 年，中国花样滑冰队正式组建，姚滨担任首任国家队主教练。1995 年，陈露在英国伯明翰世锦赛中夺冠，为中国花样滑冰队赢得了首枚世锦赛金牌。2002 年，申雪/赵宏博在日本长野世锦赛上夺冠，成为中国首对双人滑世锦赛冠军组合。

　　随着庞清/佟健、张丹/张昊的成长，中国花样滑冰队在双人滑项目上展现出强大实力：2006 年都灵冬奥会上，中国三对双人滑组合全部进入四强，其中张丹/张昊获得了银牌，申雪/赵宏博摘得了铜牌；2010 年温哥华冬奥会上，申雪/赵宏博夺冠，庞清/佟健获得了亚军，张丹/张昊排名第五，中国花样滑冰队达到了巅峰。

　　2018 年平昌冬奥会上，隋文静/韩聪夺得了花样滑冰双人滑亚军。2022 年北京冬奥会上，隋文静/韩聪夺得了花样滑冰双人滑冠军，彭程/金杨排名第五。

第二节　跳绳

跳绳是一种利用绳子在身体下方摆动，配合脚部跳跃的运动或游戏。跳绳把跑步的效果、跳跃的竞技性和舞蹈的优美结合在一起，是一项简单易行且具有很高锻炼价值的运动。

一、跳绳的起源与发展

跳绳起源于古埃及，后来传播到欧洲和亚洲，成为一种流行的健身和竞技项目。在我国从南宋以来，每逢佳节，人们都跳绳，称为跳白索。原属于庭院游戏类，后发展成民间竞技运动。跳绳有三种类型：一是游戏性跳绳，边跳边伴唱，以娱乐为主；二是技巧性跳绳，有单脚跳、换脚跳、两脚并跳、两脚空中分跳、蹲跳、反手跳和侧卧式跳等多种花样动作；三是快速性跳绳，有快跑跳绳比赛和原地正反快跳比赛之分。跳绳的方式有个人与集体之分，双人对跳、多人同跳和鱼贯顺序跳，都是集体跳绳的主要形式。绳亦有两种：一是长绳供多人跳，由两人摆绳；二是短绳由单人两手摆绳，自摆自跳。

跳绳是一项任何年龄和性别的人都可以进行的大众体育运动，据统计，全世界共有600多种玩法，其中以比赛连续跳的次数、一定时间内跳的次数和连续跳双摇的次数为多见。此外，还经常有人发明一些新玩法，如双人跳、前后摇等，也有不少人向三摇、四摇或更高的纪录冲击。跳绳运动不受场地器材的限制，容易进行，不仅对健康有益，也是运动员训练和恢复的手段之一。

二、跳绳注意事项

跳绳是一种较安全的运动，很少有运动伤害的发生，即使跳跃失败或停顿，也不会有坠落、跌倒、冲突或被用具所伤的危险。跳绳者能随自己的身体状况、体力及技术来自由调节跳绳的速度及次数，因此一般不易受伤。但跳绳时运动强度比较大，如果方法不得当也易影响健康，以下是跳绳时应注意的事项。

（1）注意跳绳前的热身。抬抬胳膊，踢踢腿，弯弯腰，再上下弹跳几下，把身体各部分活动开，感觉微热即可。要注意的是，在跳绳前要做好充分的腿部准备活动。

（2）跳绳者应穿质地软、重量轻的高帮鞋，避免脚踝受伤。

（3）跳绳时需放松肌肉和关节，脚尖和脚跟需用力协调。

（4）较胖的人或中老年人宜采用两脚同时起落。同时，上跃不要太高，以免关节负重。

（5）要循序渐进练习。动作由慢到快、由易到难。先学单人跳绳的各种动作，然后学较复杂的多人跳或团体跳绳动作。

（6）活动时间。跳绳的时间一般不受限制，但要避免引起身体过度疲劳，饭前和饭后半小时内不要跳绳。

（7）跳跃的速度。慢速平均跳 60 ～ 70 次 / min；较快速平均跳 140 ～ 160 次 / min。初学者刚开始不要跳得太快，而且要特别注意小腿肌肉的伸展状况，原则上每跳 100 次、200 次就可以稍事休息。若要达到预期的功效，最少要跳 100 次 / min，理想跳速约为 150 次 / min。当动作越来越熟练，技术和体力越来越好时，可以加大运动量。若能跳到 140 次 / min 以上，跳 6 min 的运动效果相当于慢跑半小时。

（8）注意跳绳后的拉伸。剧烈的跳绳运动后不要立刻停止，应继续以比较慢的速度跳绳或步行一段时间，让血液循环恢复正常才可以停止下来，再做一些伸展、缓和的动作结束运动。

三、跳绳运动方法

（1）跳绳方法：跳绳时用前脚掌起跳和落地，切记不可用全脚或脚跟落地，以免脑部受到震动；当跃起在空中时，不要极度弯曲身体，要自然弯曲。跳绳时，呼吸要自然有节奏。

（2）短绳握绳的方法：两手分别握住绳两端的把手，通常情况下以一脚踩住绳子中间，两臂屈肘将小臂抬平，绳子被拉直即为适合的长度。

（3）短绳摇绳的方法：向前摇时，大臂靠近身体两侧，肘稍外展，上臂近似水平，用手腕发力做外展内旋运动，使两手在体侧做画圆动作。每摇动一次，绳子从地经身后向上向下回旋一周，绳子转动的速度和手摇绳的速度成正比，摇动越快，则绳子回旋越快。

（4）短绳停绳的方法：向前摇时，一脚伸出，前脚掌离地，脚跟着地使绳停在脚掌下；向后摇时，则一脚后出，脚跟离地，脚掌着地，使绳停在脚底。

四、跳绳前的准备工作

（1）选择适宜的场地。跳绳运动只需要很小的活动空间，地面必须平坦，最好在上面铺上地毯和软垫，灰尘多或有砂砾的场地及凹凸不平的水泥地应避免，最好选择铺木板的室内体育馆或具弹性的塑胶场地。

（2）穿着适当的服装。跳绳时，最好穿运动服或轻便服装，穿软底布鞋或运动鞋。

（3）选择一副合适的跳绳。工欲善其事，必先利其器。跳绳运动最重要的工具就是跳绳。在选择时，长度和重量应以舒适为主，材质则可根据个人喜好选择。建议初学者选择稍长一些的跳绳，这样摆动幅度较大、速度较慢，便于掌握技巧，随着技能的提高，可以逐渐缩短绳子的长度。此外，电子计数跳绳也是一个不错的选择，它能够自动计数，并显示跳绳消耗的热量和相当于行走的距离，非常方便，能够使跳绳变得更加有趣。

（4）充分做好准备活动。跳绳是一项比较激烈的运动，练习前一定要做好身体各部位的准备活动。

五、趣味跳绳法

1. 集体跳

（1）由单人鱼贯式或多人一齐跑进、跑出、跳过或连跳的方式进行跳绳。在跳绳的时候，可任意跳几次，可加做一些自己喜欢的小动作，如拍手、转身、报号、唱儿歌、拾物等，增加跳绳的乐趣。

（2）2～3人花样趣味跳绳法。一人摇跳，另一人跑进、跑出或同跳；两人同摇跳或跑动跳，两人左、右手持绳的两端，做向前跑动跳绳的练习，速度要求中等，动作协调，注意不要被绳子绊倒；三人重叠跳，一人摇跳，另两人跑进、跑出或同跳。方法是：一人先用稍长的绳并脚跳，速度较慢，然后其余两人跳进或跳出跳绳者的体前或体后，同跳。注意跳起高度基本一致，摇绳速度要均匀，不能忽快忽慢。

2. 单人跳

（1）原地单脚向前（后）摇跳：如一脚跳过绳，另一腿前举、前屈或后屈。

（2）原地两脚摇跳：如前腿跳、蹲跳等。

（3）原地交换脚跳：如交换做高抬腿跳等。

（4）行进间交换脚跳。

（5）花样跳：如双摇跳、交臂摇跳、"8"字摇跳等，也可计时跳、规定数量跳和变换速度跳等。

知识窗 ————————————————————

世界跳绳锦标赛是跳绳运动的顶级赛事，每两年举办一次。2023年世界跳绳锦标赛在美国科罗拉多斯普林斯举行，中国国家跳绳队斩获了20枚金牌、11枚银牌、5枚铜牌，并4次打破了世界纪录。

世界跳绳锦标赛包括国际跳绳公开赛、世界青少年跳绳锦标赛、世界跳绳锦标赛、世界交互绳大赛和表演赛等。国际跳绳公开赛设有12～15岁、16～18岁、19岁以上和30岁以上等多个年龄组别。

第三节　飞镖运动

飞镖运动是一种在靶子上投掷小型箭状物的运动或游戏。

一、飞镖的起源和发展过程

飞镖运动起源于英国，后来传播到世界各地，尤其是欧洲、美国、加拿大、澳大利亚和新西兰等。飞镖运动不仅能锻炼手眼协调、精准控制和稳定心态，还能增进友谊、消除压力和提高自信心。飞镖运动有多种玩法和规则，如 301、501、701、Cricket、Around the Clock 等。飞镖运动也有专业的组织和赛事，如世界飞镖联盟、世界职业飞镖协会、世界飞镖大奖赛等。20 世纪 70 年代初，飞镖"飞"出英国，迅速漫延整个欧洲大陆，许多国家相继成立了飞镖协会，并建立了世界飞镖联合会，每年都举办世界飞镖锦标赛及许多职业或业余的国际飞镖比赛，大多由啤酒公司赞助，参赛选手的酬金可观。最普遍的一种就是在酒吧里进行的飞镖比赛。如在德国，酒吧经常邀请优秀飞镖运动员做客，进行比赛、表演、传授技艺，吸引客人，人们一边喝酒，一边观赏比赛。

1989 年飞镖运动在苏联出现。当时，由一家英国公司赠送苏联体育界 100 套飞镖器材。几乎同时，苏联电视台播放了在芝加哥举行的世界飞镖锦标赛，使成千上万的观众大饱眼福。1991 年后，俄罗斯飞镖联合成立，飞镖运动在俄罗斯迅速发展起来。

飞镖运动在我国出现是在 20 世纪 80 年代，甚至比俄罗斯早，只是发展较为迟缓。近几年，北京、上海、广州、天津、大连等地掀起了不大不小的飞镖运动热，各大商场都能购买到飞镖器材，飞镖运动爱好者的队伍不断扩大，各种规模的飞镖比赛层出不穷，选手进步很快。1999 年 12 月 28 日至 31 日，全国首届飞镖公开赛在天津举行。

二、飞镖运动的特点

飞镖运动是一种集竞技、健身及娱乐于一体的运动。

根据飞镖比赛的规则，选手必须打中约 50 mm × 8 mm 的扇形区域或直径 12.7 mm 的圆心才能结束比赛。在双方选手都在争 Double 结束的时候，选手的心理素质往往起着决定性作用，在飞镖比赛中，我们经常可以看到以弱胜强的战例，作为一名飞镖选手不仅要具备"指哪儿打哪儿"的技术，而且还要有很强的心理控制能力。所以，飞镖比赛给人以很大的悬念，极具竞技性、观赏性。

选手在投镖前一只脚牢牢地抓住地面站稳，另一只脚用作辅助支撑，举镖的手及身体任何部位都不能晃动，排除一切杂念，凝神于目标，投镖时肩、肘、腕自然畅展运动。计算分是飞镖运动的重要环节之一，会算分，心算快的选手往往比同等技术水平的选手提前一至两轮收 Double，并且镖打得流畅，命中率高。所以，飞镖运动又是一项极佳的修生养性的健身运动。

飞镖运动的器材简单耐用，价格便宜，且占地面积小，家庭、酒吧、公司都可以安装飞镖；不受气候、年龄、性别限制，简单易学；比赛中无须任何身体对抗。因此，飞镖运动是一项适应面极广的休闲娱乐健身运动。

三、飞镖运动的分类

飞镖运动采用的飞镖分硬式、软式两种。

1. 硬式

飞镖的镖针是钢制的，非常尖利。常见有钨合金镖、铜镖两种。钨合金镖比重大、体积小，选手一般都选用这种镖。铜镖色泽美观、价格便宜，适用于一般的娱乐。镖盘一般常见的有麻靶、纸靶两种质地。

2. 软式

飞镖的镖针是尼龙做的，比较软。镖盘是塑料制成的蜂巢状镖靶，蜂巢孔后面安装传感器并连接自动计分系统，就是我们现在常说的电子靶。

四、飞镖的基本设施

1. 飞镖的种类

飞镖的形状可分为直筒形、酒筒形和鱼雷形三种。直筒形的飞镖质量平均分布在镖身上；酒筒形的飞镖质量集中在镖的中央；鱼雷形的飞镖质量集中在镖身的前半部。在选择适合自己的飞镖时，要看投掷飞镖后，飞镖着靶的方式，呈水平或稍下垂为最理想。

2. 镖靶的种类

镖靶根据材料不同可分为纸靶与纤维靶两种。纸靶适合家庭使用，竞技比赛选择琼麻靶。现在国内常见的飞镖主要有两种：英国产的专业镖盘，价格为 500 元左右，飞镖及配件价格为 200 ～ 800 元，价格比较昂贵；国产的镖盘价格为 280 元左右，飞镖和配件价格为 100 ～ 200 元，比较经济实惠。

3. 镖靶的悬挂方法

1）镖靶的安装尺寸

（1）以靶心（牛眼）为基点，悬挂高度为垂直于地面 1.73 m 的位置。

（2）投掷飞镖应站在距靶面水平距离 2.37 m 的位置。

（3）检测靶心至投掷线的直线距离应为 2.93 m，如果这个距离准确，说明安装墙面是垂直的，地面是水平的。

2）镖靶的安装方法

（1）将挂件用两个螺钉牢固地拧在墙面上（水泥墙面建议使用膨胀螺钉）。

（2）将较长的螺钉拧在镖靶背板的中心定位孔中，不要拧到底，留约 5 mm 的距离。

（3）将三个底角用小钉钉在镖靶背板的另外三个小定位孔中，注意寻找定位孔的位置，约 120° 一个。

（4）将镖靶上的螺钉挂在挂件的槽中。

（5）调节螺钉的长短，使三个底角都能贴紧墙面，悬挂牢靠。

4. 镖靶的保养方法

（1）镖靶的周围和正下方要有适当的缓冲物，以免投镖时损坏墙面、地面，损坏飞镖。

（2）镖针要经常用磨头油石磨，以保持尖度，否则拔镖时倒刺会把麻纤维带出，增大靶面的破坏程度。

（3）经常落镖的地方破损程度大，可将镖靶旋转一个角度，再调节分数圈，使黑色分格对准正上方的 20 分。

（4）镖杆、尾翼是这套器材的易损件，如果损坏后如不更换，会影响镖的飞行。购买和更换镖杆和尾翼时，需要确定它们的类型。

五、飞镖的基本技术

飞镖的基本技术由握镖、站立姿势和投镖三个基本动作构成。飞镖的基本技术与场地如表 15-4 所示。

表 15-4　飞镖的基本技术与场地

握镖方法
握镖方法不是绝对的，必须自己感觉舒适。每个人持镖的习惯不一样，以拿毛笔式的握法稳定性最佳。为保证镖在空中飞行稳定，必须握在镖的重心处

投镖的站姿
（1）脚尖向前：身体直立，双脚靠拢，脚尖与投掷线成直角。 （2）脚尖平行或成直角：这是最普遍的姿势，两脚脚尖面向投掷线。 （3）一脚在前：此法最适合初学者，站立时右脚在前，脚可以自然旋转一个角度，以自己站得舒适为原则

投镖技巧
投掷技巧讲究姿势、平衡、持镖与出镖方式、手臂和手腕的动作、注意力集中等，必须心、眼、手、脑合一。投镖时要神情专注于目标，小臂前挥带动手腕运动将镖投出，镖出手后，手臂、腕自然展开，各关节放松，投镖过程必须自然舒展。镖在空中飞行一个小抛物线，着靶时镖垂直于靶面或镖尾翼稍向上翘为宜。 投镖时，镖可能会被弹到地上，取镖时，要先拔出靶上的镖，再拾起地上的镖，以免在拾镖时镖落下发生危险

续表

飞镖国际标准飞镖、盘面和场地

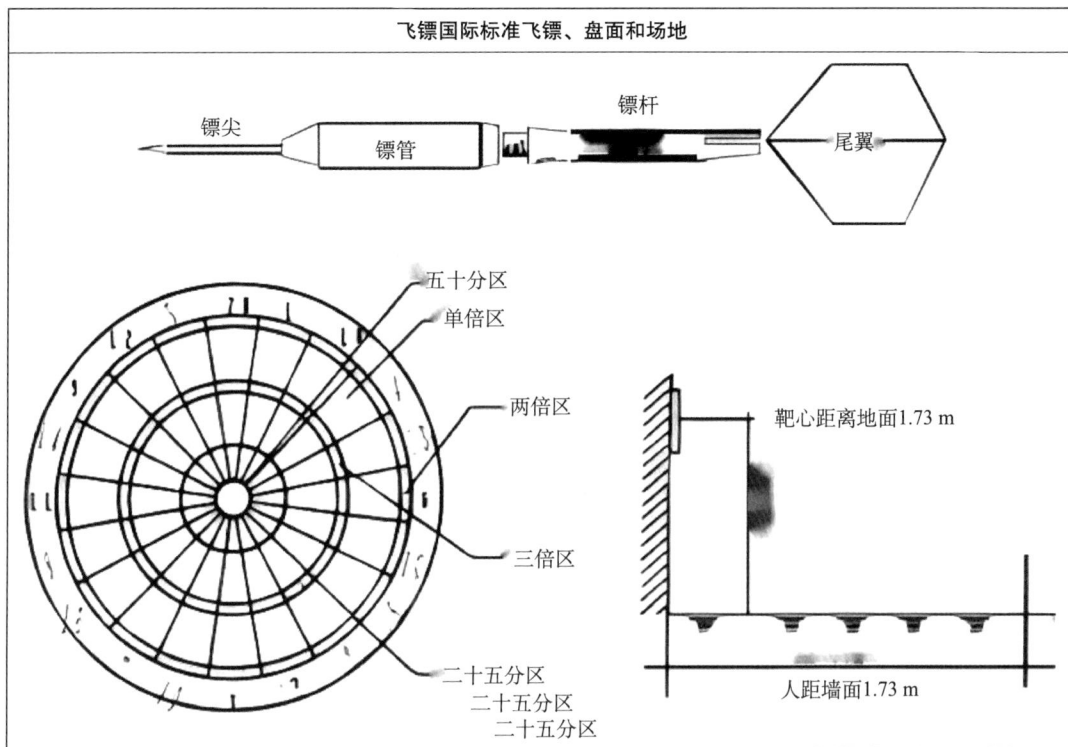

六、飞镖比赛的基本规则

1.飞镖游戏的计分方法

飞镖的计分方法很简单，镖靶最内圈的红心是 50 分，次绿心是 25 分，绿心外围是两个由铁环相隔的大圈，大圈分格标着分值，计分时按所标分值进行计算。如果射中相隔两个大圈的内铁环，按所标分值的 3 倍计算分数；如果射中外铁环，按所标分值的 2 倍计算分数。超出外铁圈则投镖无效。

2.飞镖比赛的种类

飞镖比赛分个人赛、双人赛和团体赛三种。

个人赛一般以 301 分或 501 分制进行计算。平时娱乐具体局数一般根据选手的水平自己拟定，在国际正式比赛中一般采用 501 分五局三胜制或者七局四胜制。

双人赛一般也采用 501 分制，我们在电视上经常看到的飞镖双人赛一般采用十一局六胜制。由于国内选手水平尚处于较低阶段，因此在双人比赛中采用七局四胜制的比较多。

最能体现协作战斗精神的是团体赛。每个队的队员 6 ～ 10 人，简单规则如下。

（1）团体对抗。每局 100 分定胜负。两队选手全部上场，各选一名代表投掷飞镖以扎中红心决定哪个队先开始，然后双方队员全体交替投掷飞镖，胜方将为本队获取 3 分。

（2）4 局 301 分的单打对抗。各队挑选 4 名选手参赛，一局定胜负，胜者为本队获取 2 分。

（3）3 局 501 分双打比赛。各队选 3～4 名队员参赛，一局定胜负，胜者为本队获取 2 分。

（4）团体米老鼠打法对抗赛。既能先结束又能赢分的队伍为胜方，并获得 3 分。整个比赛总分为 20 分，要想取得胜利，不仅要靠水平、心理，关键还在队长的排兵布阵和战略战术。比赛中采取的计分制，如 301 制，即按 301 分递减分值，如选手投了 45 分，就是 301 减去 45 分等于 256 分，如再打出 60 分，就用 256 减去 60 分等于 196 分，以此类推，一直减到 0 分。在最后结束比赛时一定要打双倍结束。如还剩 38 分就要打 19 分的双倍结束比赛，而且结束比赛时所打出的分数减后要正好为 0 分，才能有效。

3. 飞镖比赛方法

国际比赛一般采用 501 分"直接进入""双倍结束"。

（1）双方选手以猜币或投红心方式决出"先手"。

（2）每组三镖，每人每次投一组，交替进行。

（3）每人分别从 501 分开始递减。

（4）最后一镖必须投在"双倍区"后刚好减到 0 分，先减到 0 分者为胜。

（5）只差一分或减成负数，此组得分为 0，称为"爆镖"。

（6）任何投掷的镖若不能附着于镖靶上，或未投中任何分数区，则此镖得分为 0。

以上介绍了飞镖的基本知识及比赛方法，实际应用中飞镖的游戏方法很多，大家在平时游戏时，还可以设计出多种多样的玩法，但不管怎样，提高命中率是非常重要的，所以要经常训练飞镖的打法，领悟其中奥秘，提高技术及技巧，以便在竞技、娱乐中充分发挥个人的才华。

知识窗

飞镖运动在中国是一项小众运动，大多出现在酒吧和游戏厅。1999 年，国家体育总局将飞镖运动列入正式体育竞技比赛项目，成立了中国飞镖运动协会，飞镖运动得以迅猛发展，国家体育总局将其列为第 95 个正式开展的体育项目。

中国飞镖联赛是我国最高级别的飞镖赛事。

第十六章　运动竞赛休闲体育运动

本章导语

　　运动竞赛休闲体育运动有保龄球运动、台球运动、高尔夫球运动、电子竞技等，这些运动富含技艺性、竞争性和规则性，赋予了体育这一人类文明活动无法言喻的魅力，吸引着众多参与者。

　　通过运动竞赛活动，参与者不仅能展示自我，张扬个性，还能体现敢于创新、顽强拼搏、奋力争先的精神。运动竞赛活动能满足参与者的竞争心理，发挥个人智慧和才华，帮助人们摆脱孤独、调整心态；同时，在轻松的竞赛中学会处理人际关系，形成融洽的朋友圈。

第一节　保龄球运动

　　保龄球，又称地滚球，是一种在木板球道上用球滚击木瓶的室内体育运动，流行于欧洲、大洋洲和亚洲的一些国家。保龄球起源于3—4世纪的德国，最初是一种天主教用来检验教徒信仰的仪式，后来逐渐演变成为一种民间的娱乐和竞赛项目。保龄球有多种类型和玩法，如十瓶制、九瓶制、五瓶制、九球、八球等，每种都有自己的规则、技巧和器材。保龄球不仅能锻炼手眼协调、精准控制和稳定的心态，还能增进友谊、消除压力和提高自信心。保龄球也有专业的组织和赛事，如国际保龄球联合会（International Bowling Federation）、世界保龄球锦标赛（World Bowling Championships）等。

一、保龄球运动概述

　　古代保龄球最初起源于宗教而不是运动。据传，在中世纪前期欧洲的一些地方，天主教在教堂的走廊安放木柱，象征异教徒和邪恶，当他们自己认为遭遇不幸时，就用石球滚击木柱，只要击倒木柱就可以驱除邪恶，赎罪消灾。后来它逐渐发展成为一个运动项目和游戏形式，从教堂传到民间，先在欧洲流行，以后传入美国和亚洲。那时作为撞击目标的瓶柱，采用的是九瓶制。到18世纪，美国人在九瓶的基础上增加一个瓶，形成了今天世界公认的十瓶制，打保龄球也被列为体育运动的比赛项目。

　　保龄球运动具有很强的趣味性和吸引力。它的整套动作，仪态高雅，身体消耗少、安全性高，既能锻炼身体，又有利于社交。从普及的角度看，它的最大优点是不受年龄和性别的限制，社会各层面的保龄球爱好者都可以参与。特别是对从事脑力劳动的人，长时间工作之后，打几局保龄球，自娱自乐，舒展身心，达到一种更为放松休闲的境界。

保龄球在我国是一个新兴的运动项目。近几年，很多城市都相继建起了保龄球馆，每天向爱好者开放，深受欢迎。目前，有不少青少年学生深深迷上了这项运动，发展势头很好。为了推动这项运动的开展，1984 年国家体委决定把保龄球列为全国比赛项目，1985年 5 月成立了中国保龄球协会，使保龄球运动纳入正轨。

二、保龄球运动基本技术

保龄球运动的一般要领比较容易学，但真正打得好，出球全中，可就不那么简单了。从握球、推球、摆球、滑步出球直至出球后的延伸动作，有一套科学严谨的方法，一个环节把握不好，整局球就打不出水平。因此，初学者必须从打球的基本方法开始学起。保龄球基本技术要领如表 16-1 所示。

表 16-1 保龄球基本技术要领

握球
击球前，要选一个适合自己的球，主要是质量和指孔，先将中指和无名指放入孔内，然后将大拇指放入拇指孔内，掌心尽量贴住球面，拇指能自如地转动

两节握法：中指、无名指孔与拇指孔的距离相对较短，三个手指插入孔中，手掌与球面贴住后，中指和无名指与两个指孔正好扣在手指的第二关节	一节半握法：握球后，中指、无名指入孔为第一关节与第二关节的一半	一节握法：握球后，只将中指、无名指的第一节插入孔中。这种握法适合有一定球龄及经验的球员采用

站位
助跑分三步、四步和五步助跑法。一般采用四步助跑法。助跑前应先找到起跑点。确定起跑点的方法是：站在第 15 或第 17 块板上，离犯规线 7 cm 外，面向底线，向前走四个自然步，再加上半步（滑步），然后转身 180°，面向球道，经反复练习，此处就是四步助跑的起跑点。 站在起跑点上，两脚稍分开，左脚稍前，右脚稍后，脚尖向前，排除杂念，全神贯注，准备投球

助跑（四步助跑法的步法）
第一步：右脚向前迈出一步，步幅稍小，速度稍慢。 第二步：左脚迅速跟上一步，步幅比前一步稍大，速度稍快。 第三步：右脚迈出，步幅加大，速度加快。 第四步：左脚迈出，速度再加快，并随着左脚冲力，向前自然滑动 20～30 cm，至越界线 7 cm 左右处制动。此时，左脚内侧必须在第 17 块木板边线上。 助跑时，身体稍前倾，脚步稳定，保持身体平衡。特别注意使每一步的脚尖都对准标示点

握球摆臂
进行时，两手同时把球向前下方（45°）推出，至手臂伸直。随后右手在球的重力作用下向下摆动（此时左手离球），右手握球后摆至肩平，向前回摆，完成一个连续的摆臂动作。摆臂时必须遵循以下原则： （1）以肩为支点，手臂伸直。 （2）摆臂动作要以球带臂，切不可强制性用力。 （3）摆臂时，手臂的运动必须在与地面的垂直面上进行。 （4）摆臂速度与步伐相配合，以提高协调性

续表

放球
球回摆时，手臂和手腕不做任何人为的转动，当球回摆至左脚内侧时，拇指退出，中指和无名指向上钩提后脱出，将球离手推出

综合练习

第一步——向前推球
身体稍前倾，重心移至左脚，两手向前推出，同时右脚向前迈出一步，步幅宜小，速度稍慢。此时，在重力作用下，球向前下方摆出。手臂自然，手腕伸直并有弹性，身体保持平衡
练习方法： （1）徒手练习。 （2）持球练习，在身体前相应处放一标志物，进行练习。 （3）对着镜子（或侧向镜子）练习

第二步——垂直下摆
当球推出后，右手在球的重力作用下自然下摆，同时左脚迈出一步，步幅比第一步稍大，左臂自然外展，右臂下摆到与肩部成垂直时，完成第二步
练习方法： （1）身体侧向靠近墙壁，作摆臂练习。 （2）正面或侧面对着镜子练习

243

续表

第三步——后摆
在惯性作用下，球由下摆转为后摆，后摆高度不超过肩平。此时，右脚以稍大幅度迈出，速度加快，并使右肩、球、右脚几乎在同一垂直面上。左臂继续顺势外展，以保持身体平衡

练习方法：
（1）重复第二步练习方法。
（2）练习者后面放一标志，要求后摆时使球击到标志，或站一个人予以提示

第四步——前摆放球
球在重力作用下带着右臂向前回摆，身体自然前倾，同时迈出左脚，速度加快，并使左脚以惯性向前滑行半步，至离犯规线 7 cm 处，以脚跟着地制动；左膝深屈，形成屈俯状；此时球已回摆至左脚内侧，此时所有力量积蓄达到最大，以爆发力将球推出。球推出时，手腕不作任何转动动作。大拇指先行脱出指孔，中指、无名指紧接着向上钩提后脱出指孔。球出手后，右臂顺势向前上方摆起，右手像和对方握手一样，左臂同时继续外展

综合练习要求
必须做到"一保持"和"四看清"。"一保持"即保持投球后手臂延伸姿势。"四看清"即看清球是否通过△号目标箭头，看清球的运动路线，看清球是否进入①～③号瓶位的角度，以及检查左脚所处的位置。"四步助跑法"整体图解如下

练习方法：
（1）两人面对面相距 5 ～ 8 m，单膝跪撑，按摆臂要求，进行放球练习。
（2）侧向与墙壁平行站立（左臂在外），右臂进行摆臂放球练习

续表

直线球
投直线球时，站在第 27 块木板的边线上，与犯规线成 90°角投球，球落在第 20 块木板上，通过△号目标箭头，直射①号瓶。进行时，要求助跑平衡，球落点准确，球路直。这样可将①号瓶击中。球在运行中会受到多种因素的影响，如果球偏右，能进入①～③号瓶袋，偏左则进入①～②瓶袋，有可能发生连锁反应将瓶全部击倒

斜线球
斜线球是有角度的直线球。投斜线球时，沿左脚内侧线站立在第 21 块木板边线上，把第 5 引导标点作为球的落点，以△号目标箭头为基准，形成一个入射角，使球有可能进入①～③瓶而获得全中机会。斜线球在理论和实践上比直线球前进了一步

钩球
钩球技术相对比较难，需掌握前面两种手法才可学习。钩球是在球出手时，手指提钩引起球的曲线走向，形成自然曲线球和短曲线球。 （1）自然曲线球：当球进入球道，运行到距瓶台 3～4 m 处，拐弯成钩形路线进入瓶袋。 （2）短曲线球：球在球道上大部分行程是直线[①]，运行到离①号瓶 1.5～3 m 处，急转弯形成钩形路线进入瓶袋

弧线球和钩球
弧线球和钩球投法基本相同，但球所走的路线不同。弧线球运行的路线横向跨越几块木板，形成弧形进入瓶袋，而钩球走的是直线到转折处拐弯钩进瓶袋，路线上横向跨越的木板较少。 弧线球能有效地增大和加深入射角[①]，击中时①号瓶厚时③瓶薄，对瓶的杀伤力强。其技术难度较大，这是因为球横经木板多，遇到球道上的不利因素多，所以难以控制

投全中球
投全中球要求： （1）球必须击中瓶袋。 （2）球进入瓶袋的入射角要深。 （3）球入袋以后的作用力要适当产生击倒瓶的连锁反应。 （4）球入袋的速度足以维持贯穿整个瓶台，如作用力过小，速度过慢，不足渗透整个瓶台，反之适得其反。 投全中球的技术要领如下。 （1）掌握角度线瞄准法：是指球员根据某一球道的特性，确定站位，并使落球点、目标箭头、瓶袋三者之间构成一个瞄准用的全中角度线。

---

① 入射角是球转向①～⑧号瓶位时的路线与①号瓶中心线之间的夹角。

续表

投全中球
（2）适宜的速度：投全中球必须掌握球速。从犯规线到①号瓶中心线为 1916 cm，球的圆周为 68.5 cm，因此，球在球道上滚动 26 圈才能到达①号瓶。由于球的滚动滑行，事实上只有 15 圈左右。球速过快或过慢都会造成不良后果。速度过快增加滑溜距离，并使球进入瓶袋时来不及形成足够的旋转圈数，击倒的瓶不能产生横向撞击，甚至出现瓶垂直飞向沟底。球速过慢撞击力不足，不能有效地贯穿瓶台。一般，正确的球速是当球投出从落点到击中①号瓶的时间为（2.2±0.2）s，以中速为宜。 （3）取得有效的入射角。投全中球必须增大和加深入射角。入射角越大，撞击的破坏力越大；入射角越深，杀伤力越强。所以优秀球员一般都采用弧线球、自然曲线球等投球法。 （4）正确的作用力。作用力使球贯穿整个瓶台，并使木瓶被依次击倒。作用力包括手臂的提力、球的旋转力、指力和钩力等。其中最主要的是放球时拇指和无名指、中指施加在球上的力。另外，还有球道、球速、瓶重等因素。作用力过大或过小，都会造成偏差。影响作用力的因素很多，只有反复练习才能投出最佳效果

三、保龄球比赛场地与器材

保龄球比赛场地与器材如表 16-2 所示。

表 16-2　保龄球比赛场地与器材

球	保龄球传统制造材料为硬木，现代专业用球普遍采用聚氨酯复合材料。球的质量为 6～16 磅（1 磅 =453.6 g），共有 11 种规格。球的直径为 21.8 cm，圆周不大于 68.5 cm。 保龄球分通用球和专用球两种。一般场馆中用的都是通用球，通用球又叫娱乐用球，球上标有质量。专用球是根据球员的体重、体力、握力和臂力等因素定制的，以求最适合该球员使用
球道	球道长 1916 cm，宽 104～107 cm，助走区和竖瓶区用枫木板条拼接而成，其余用松木板条拼成。这些木板条的数目是有规定的，常见的球道是由 39 块木板条拼接而成的，但也有由 41 块木板条拼接而成的。竖瓶区（瓶台）从①号木瓶中心线到底部的距离为 86.83 cm，有 10 个瓶位，间隔各为 30.48 cm，成正三角形排列，发球区犯规线距跑道底线为 457.3 cm

木瓶	木瓶以枫木为主要材料粘合而成，表面呈极为圆滑的曲线。瓶重 1.26～1.46 kg。正式比赛用 10 个木瓶，在放瓶区内成倒三角形排列
其他	其他装置主要是自动化送瓶装置，包括由程序控制箱控制的扫瓶、送瓶、竖瓶、夹瓶、升瓶、回瓶、瓶位信号显示和犯规仪等

四、比赛方法

（1）保龄球是以局为单位，以击倒木瓶数的多少来计分并决定胜负的。一局分为 10 轮，每轮有两次投球机会。如果在一轮中，第一次投球把 10 个瓶全部击倒，即全中，就不能再投第二次。只有第 10 轮不同，第一次如果全中，需继续投完最后一球，结束全局。值得强调的是，如果两次投球没有将 10 个瓶全部击倒，那么第三次机会就会被自动取消。

（2）比赛以抽签的方式决定道次。每局在相邻的一对球道上进行比赛，每轮互换球道，直至全局结束。

（3）保龄球比赛时，均以 6 局总分累计决定名次。①单人赛：将每一局的成绩相加，以 6 局总分最高者为冠军，次者为亚军。②双人赛：每人 6 局，以两人合计 12 局累计总分高低决定名次。③三人赛：每人 6 局，以三人合计 18 局累计总分高低决定名次。④五人赛：每人 6 局，以五人合计 30 局累计总分高低决定名次。⑤全能赛：以每人 24 局总分高低决定名次。⑥精英赛：通过上述前四项比赛，取 24 局总分的前 16 名参加准决赛，进行单循环后共打完 15 局，取 15 局总分的前 4 名参加挑战赛：第四名对第三名，是第一次挑战；胜者对第二名是第二次挑战；胜者对第一名的比赛称为决赛。连胜两局者为冠军，连负两局者为亚军，一胜一负的情况下两局总分高的为冠军，总分低的为亚军。如果两局总分相同，就看双方第九轮与第十轮的成绩，分数高的为冠军。

五、记分规则及记分符号

（1）比赛按顺序每轮允许投两个球，投完 10 轮为一局。

（2）每击倒一个木瓶得一分。投完一轮将两球所得分相加，为该轮的应得分，10 轮依次累计为全局的总分。

（3）第一球将全部木瓶击倒时，称为"全中"，用符号"×"表示，该轮得分为 10 分。第二球不再投。按规定奖励下一轮两球的所得分。它们所得分之和为该轮的应得分。

（4）第一球未能"全中"，记下被击倒木瓶数，作为第一球所得分。如果第二球将剩余木瓶全部击倒，则称为"补中"，用符号"/"表示，该轮所得分亦为 10 分，并奖励下轮第一球的所得分。它们所得分之和为该轮的应得分。

（5）第 10 轮全中时，在同一条球道上继续投完最后一个球结束全局。这两个球的所得分应累计在该局总分内。

（6）第 10 轮为补中时，在同一条球道上继续投完最后一个球结束全局。这个球的所得分累计在该局总分内。

（7）第一球击倒部分木瓶（①号瓶必须被击倒），和第二球未能补中记分均用符号"0"把数字圈起来表示。

（8）如果第一球落入边沟，即为"失误球"，用字母"G"表示，该球得分为 0。当第二球将 10 个瓶全部击倒，应视为"补中"，该球得分为 10 分，该轮应得分按（4）所述计算。凡是第二球失误（落入边沟或击中任何一个球），用符号"—"表示，该球得分应为 0。

（9）第一球、第二球犯规均用符号"F"表示，该球得分为 0。

（10）如果第 10 轮第一球犯规，同样用符号"F"表示，该球得分为 0。当第二球击倒全部 10 个瓶为"补中"，该球得分为 10 分，并允许投完最后一个球，并把最后一个球所得分累计在该局总分内。

（11）如果从第一轮第一球开始到第 10 轮，连续 12 个球全中，按规则每个全中球应奖励下一轮两个球的所得分，即每轮以 30 分计"最高局分"将达到 300 分。

（12）比赛结束出现同分时，从第九轮开始决胜负。

知识窗 ————————————————————————————

世界十瓶保龄球锦标赛（WTBA World Championships）是由世界十瓶保龄球联合会（WTBA）组织的比赛。国际保龄球联合会世界十瓶保龄球锦标赛只准其属下近期会员协会的球员参与。该项赛事每两年举办一届，并且男女分开举办。

第二节　台球运动

台球运动源于英国，是一项在国际上广泛流行的高雅室内体育运动。它是一种用球杆在台上击球、依靠计算得分确定比赛胜负的室内娱乐体育项目。台球的娱乐性极强，根据各种球势衍生的击球技巧，变化莫测，引人入胜，若参与者略通其理，将从中获得许多乐趣。

一、台球运动

1. 台球运动的起源与发展

台球也叫桌球，或称打弹子，历史记载其起源的资料甚少。15 世纪法国出现过"台球"这个名词，但据美国《科利尔百科全书》记载，英国詹姆士一世执政期间曾有简单的台球游戏。

现代台球随着器械的改革和技术水平的提高，开始由娱乐活动向竞技体育项目发展，世界撞球联盟成立于 1940 年，总部设在比利时首都布鲁塞尔，目前已有 30 多个国家参加经常性的世界台球大赛。台球按玩法、规则可分为两大类，落袋台球和撞击台球。按地区而可分为英式台球、法式台球和美式台球。英美属于落袋台球，法国属于撞击台球。经过数百年的发展完善，比较常见的台球项目主要分为落袋台球（比利）、彩色台球（斯诺克）、四球台球（开伦）、美式八球（普尔）和美式九球几种。国际比赛仍以斯诺克最受欢迎。

台球于 100 年前传入我国。20 世纪 80 年代开始，台球运动在我国盛行一时。台球玩法丰富多样，各娱乐场所和街头打台球的人比比皆是。

2. 斯诺克简介

斯诺克，又称英式台球和落袋台球。它使用的球桌长约 3569 mm、宽 1778 mm，台面四角以及两长边中心位置各有一个球洞，使用 1 个白球，15 个红球和 6 个彩球（黄、绿、棕、蓝、粉红、黑）共 22 个球。击球顺序为一个红球、一个彩球直到红球全部落袋，然后以黄、绿、棕、蓝、粉红、黑的顺序逐个击球，最后以得分高者为胜。斯诺克盛行于英国、加拿大、澳大利亚和印度等。近十几年来，斯诺克运动在东亚得到推广和普及，目前泰国、中国等都有优秀选手涌现。目前，随着我国"台球神童"丁俊辉和"九球天后"潘晓婷在国际赛场上的出色表现，吸引了世界台球界对中国台球运动的广泛关注，也掀起了我国台球运动的高潮。

3. 台球设备简介

1）球台

球台也叫台盘，四角和两边共设有 6 个直径约 85 mm 的洞穴，洞口边缘做成圆形倒角，用网绳扎成落袋，或由铜棒托成斜梯状，分别称为角袋和腰袋。

2）台球

台球通常用硬质高强度的热固性树脂研磨高压而成，有纸浆球、化学球、象牙球等。国际大赛普遍采用比利时和英国产的水晶球。落袋式台球直径为 40～42 mm，质量 200 g 左右。

3）球杆

球杆是以优质木材削成的圆锥棒状体，不能有任何弯曲。落袋式球杆细长，约有 160 cm，杆头直径为 8～10 mm，杆底直径约 28 mm。

4）加长把

加长把是加在球杆尾部的一根短棒，用于增加球杆长度，当主球远离选手时帮助选手击打主球。

5）托架

托架是与球杆配合使用的辅助器械，前端可以转动，杆头装有 X 形托架，由金属制成，分长、中、短 3 种，还有专门用于击打主球后面目标球的高脚托架。

6）定位器

一种带有角形卡球开口或半圆形卡球开口的装置，用于确定球的准确位置。在其帮助下，球在比赛中途擦拭后可以准确无误地放回原来的位置。

二、台球运动基本技术

台球运动是一项智力与体力相结合而又比较轻松的球类运动。台球运动的基本技术要领如表 16-3 所示。

表 16-3　台球基本技术要领

准备姿势	
握杆	身体姿势
拇指和食指在虎口处轻握球杆，其余 3 个手指虚握 错误　　　正确　　　错误	手腕放松垂直握杆，虎口中心与小臂成直线向下。用拇指、食指握住球杆的末端，其余三指围住球杆，但不可紧握。下巴贴杆，双眼沿出杆方向平视，杆头指向母球。运杆时小臂钟摆式前进并尽量使杆头接近母球，击点、球杆、后肘三点一线

	击球
架杆	架杆就是用手给球杆一个稳定支撑，并对杆头在主球的击球点进行调节。架杆是打好台球的重要环节。 基本架杆：图①②将左手放在台面上，拇指紧靠食指，根部上翘，手背稍微弓起，其余四指分开，球杆由翘起的拇指与食指所成的夹角穿过。图③将左手放在台面上，食指弯曲，拇指与食指指尖轻触，球杆就从拇指与食指所构成的指环穿过 ①　　　　②　　　　③
	特殊架杆：当主球靠近库边以及主球后面有球时，需用特殊的架杆方法 ①　　　　②　　　　③

续表

准备姿势

击球

架杆	架杆使用：身体适度前倾，手持球杆的尾部，拇指在下，食指、中指在上夹住球杆，无名指、小指自然弯屈，另一手将杆架置于适当位置，将杆架整体放在台面上，用手按住以防运杆、出杆时杆架晃动
运杆	在击打主球之前，都有一个运杆的过程，这个过程可分解为运杆、后摆、暂停
出杆击球	正确的握杆、身体姿势、架杆以及运杆，是进行有效击球的重要准备工作，出杆击球是最关键环节。出杆击球以肘关节为轴，前臂向前送出。触击球瞬间注意手力量控制，避免过分抖动手腕造成击球不准确。出杆时，肩部和身体不要用力，出杆动作果断、清晰
随势跟进	击球后的球杆跟进动作，是为了保证击球的力量充分作用在主球上和击球动作的协调连贯。适当的跟进动作对击球动作的完成起着重要的作用。如果跟进太多，杆头出得过长，会使肩、肘下沉，破坏击球动作的正确性，影响击球质量。如果跟进太少，则会使击球动作发紧，力量不能有效作用于主球，击球稳定性差

击球法

击球点	主球的击球点有五个，即正中部、中下部、中上部、左侧和右侧。另外，还有四个常用的击球点，即左上、左下、右上和右下
旋转特征	当球杆撞击主球的中上部时，主球以正上旋方式向前方运动；当球杆撞击主球的正中部时，主球开始以无旋转方式向前滑行，然后以正上旋转方式向前运动；当球杆撞击主球的中下部时，主球开始以逆旋转方式向前做瞬间滑行，然后无旋转滑行一段距离后，仍然以正上旋方式向前运动

251

击球法	
不同击球点主球运动方向	当球杆撞击主球的中上部、正中部和中下部时，主球运动方向是向前的直线方向，但旋转特征略有差别，以此对主球进行走位控制 主球击点：正中部 A 当球杆沿水平方向撞击主球正中部两侧的击球点（左侧和右侧）时，主球的运动方向是与球杆中轴线平行的方向。主球既自转又向前运动，即短暂滑行后开始右自转或左自转向前行进 主球击点：右上部
主球与目标球	
直线球	直线球是击球入袋最基本的形式之一。当主球的击球点、目标球的撞点和球袋中心在一条直线上时，主球中心点受到球杆的撞击，并撞击目标球的中心撞点时，目标球便会直落球袋 球袋中心　目标球 撞点　瞄准点 球的半径　主球
偏球	偏球是指主球撞击目标球的侧面。由于主球撞击目标球侧面的程度不同，可分为厚球、薄球。偏球的厚薄可分成 5 种，即 1/2、1/3、2/3、1/4、3/4。厚球是指主球撞击目标球的撞点在目标球球体 1/2 以上。薄球是指主球撞击目标球的撞击点在目标球球体 1/2 以下 $\frac{1}{2}$　$\frac{1}{3}$　$\frac{2}{3}$　$\frac{1}{4}$　$\frac{3}{4}$

续表

主球与目标球
偏球	厚球、薄球是台球运动中经常使用的一种击球技术。在打目标球的厚薄时,其瞄准点是目标球击球点向外一个球半径处与主球中心点运动方向延长线的交点

基本杆法和运用
(1)推进球技术:做好击球准备,握杆的后手保持球杆水平,用球杆击主球中心部,力量适中,避免过猛
(2)跟进球技术:做好击球准备,握杆的后手保持球杆水平,用球杆击打主球的中上部,出杆的力量根据主球走位距离的长短而定
(3)定位球技术:做好击球准备,球杆保持水平击主球的中心部,出杆时要迅速有力,干净利落。对距离较远的目标球,可击主球的中心点稍偏下方,以确保主球的定位

续表

基本杆法和运用
（4）缩杆球技术：做好击球准备，架杆手尽量放低平，球杆保持水平，击主球的中下部，出杆时要果断迅速，动作连贯协调。 当用低杆击打主球时，主球急速下旋，与目标球相撞时，目标球向前运动，主球则借助其旋转向后运动。在同一力度下，由于主球和目标球的距离不同，缩杆的效果也有所不同 → 后退远　30 cm → 后退较远　90 cm 后退小　150 cm 停止　250 cm
（5）侧旋球技术：侧旋球就是球杆撞击主球的左侧或右侧使主球旋转并向前进

三、比赛欣赏

1. 斯诺克

斯诺克是由 15 个红球、6 个其他颜色球（黄色、绿色、褐色、蓝色、粉色、黑色）及一个白球，共 22 个球组成的一种娱乐游戏。比赛是在一定规则下，用主球按顺序把不同分值的目标球击落袋中，最后计算总分。

1）斯诺克规则

斯诺克球台内沿长 350 cm，宽 175 cm，高 85 cm。斯诺克共用球 22 个，排法如图 16-1 所示。红球分值 1 分，排成三角形，放在 6 分和 7 分之间，彩球的颜色及分值如下：2 分球（黄）、3 分球（绿）、4 分球（褐色）、5 分球（蓝）、6 分球（粉红）、7 分球（黑球）。

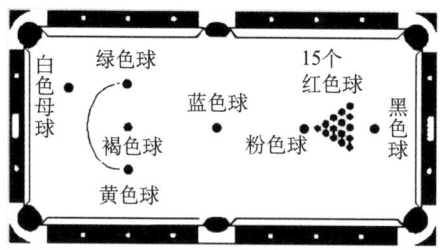

图 16-1　斯诺克球的排法

台上半圆形区域为开球区。开球前，双方可以通过抛硬币来决定谁先开球。开球方可将白球摆在开球区的任何位置，每次击球后，白球停在什么位置，就必须从该位置继续击球。打球方必须先打入一颗红球后，才能任选一颗有利的彩球进行击打。彩球入袋后，需取出重新摆回其定位点。接着，击打红球，红球入袋后再击打彩球，如此交替进行，当所有红球入袋后，必须按照从低分值球到高分值的顺序击打彩球，依次是黄球、绿球、褐色球、蓝球、粉球和黑球。此时，入袋的彩球不再取出，直至所有彩球入袋，台面只剩下白球时比赛结束。

从开球到所有球被击打入袋这个过程称为一局。打球过程中，如果一方未能一杆全收，或者打了一个违规球，则击球权让给另一方。一场比赛可约定打一局、三局、五局、七局决定胜负。世界职业锦标赛决赛则是打三十五局。如果结束时，双方平分，决定胜负的传统方法是：将黑球摆在黑球位上，白球摆在开球区，双方通过抛硬币，决定谁先打，先将黑球打入者为胜方。每局的胜负由双方积分多少决定，分值高者为胜方。得分有两种途径：一是靠进球得分，二是通过对方失误罚分而得分。每打入一颗红球得 1 分，打入一次黄球得 2 分，绿球 3 分，褐色球 4 分，蓝球 5 分，粉球 6 分，黑球 7 分。因此，双方都会尽最大努力，多将黑球打入袋内。

斯诺克规则规定，未遵守下列规则，属犯规行为，当处罚分。

（1）打红球时，如果白球未能撞到任何红球即空杆，罚 4 分；如果误撞了彩球，则按照该彩球的分数罚分，但最少罚 4 分，如果撞到黑球罚 7 分，撞了黄球罚 4 分。

（2）打彩球时，如果未能打到要打的彩球，则按照此彩球的分数罚分。如果误撞了更高分的彩球，按照高分罚分，最少罚 4 分。因此进红球后打彩球前，如果不能明显看出要打的彩球，则必须声明击打的是哪个球，否则自动罚 7 分。

（3）如果误将白球入袋，最少罚 4 分，或者按照白球进袋前最先碰到的最高分数球罚分。白球入袋后，接着打的一方可将白球摆在开球区的任何位置击球；罚分不从受罚方的分中扣减，而是加入对方的得分中。

下列行为也属违规。

（1）将球打落台桌面。

（2）双脚同时离地击球。

（3）白球跳过中间球击打目标球。

（4）台面上的球被球杆击球端以外任何物品或身体任何部位碰到。

（5）在出杆时，球杆连续击白球两次以上。

（6）球杆、白球和目标球同时接触。当白球和目标球距离少于 2.5 cm 时，想不犯规出杆非常困难，所以当白球紧贴目标球时，击球方就只准将白球击开，而不得带动目标球。在这种特殊情况下，只要将白球打离目标球，就当作击中目标球。好的球手，经常会利用这种机会做安全球或斯诺克。

2）相关术语

（1）自由球。在一方打了失误球台面出现斯诺克后，另一方无法直接打到红球，则可以任选一彩球当红球打，此彩球便被称为自由球。如果这个彩球入袋，就当作红球入袋得 1 分，接着照常规打彩球。如果台面红球已被打完，则另一方可以任选一彩球打，此球即为自由球，自由球入袋得分按台面上所剩的最低分球计算，进球后其他球按常规顺序击打。

（2）重打球。如果一方打了一个失误球，而使对方处于不利的境地，对方有权要求失误方接着打。这条规则同自由球规则一样，是防止任何一方有意打失误球以从中得益。不过，在决策让失误方重打之前，一定要确认台面上每个球都不存在机会，而且要综合考虑失误方的技术水平。

（3）无意识救球。在一方打了失误球以后，如果裁判认为这个球应该可以打到，则可以判罚无意识救球。在这种情况下，另一方可以有以下几种选择：①将球恢复失误球前的原状，要求失误方重新打；②要求失误方在现在的位置上接着打；③在现在的位置上自己打；④如果台面上出现斯诺克，自己打自由球。

（4）彩球摆位。当彩球落袋重新摆回台面时，如果这个彩球的原位点被其他球占了，则将这个彩球摆到当时最高分的彩球空位点上。如果所有彩球点都被占，此时应将此彩球摆在自己定位点垂直于底边的直线上最靠近定位点的位置，且不能够碰到其他球。

（5）僵局。当裁判认为台面已成僵局时会向双方声明，如果几个回合之后，局面仍无明显变化，此局便成为无效局，必须重新开始。

2. 九球花式台球

九球花式台球属美式台球，是由双方共用一只白色主球，击打 9 只标明 1～9 号彩色目标球的一种娱乐游戏。用主球按顺序号依次击球，不论击球入袋的数量和分值，而以谁先将九号球击入袋为胜。

1）开球

开球时必须先撞击 1 号球，九个球中，最少要有四个彩球碰到台边，或有彩球进袋，才算开球有效。开球后，母球进袋或被击出台面，对手获得自由球机会。若把除 9 号球之外的花球击出台面，离台的球不必拿回台面，对手获开自由球；若 9 号球被击出台面，要重新摆回置球点，若置球点上有球挡住，则把 9 号球摆在置球点与顶台边的垂直线上靠近置球点的位置上，由对手开自由球。

2）犯规行为

（1）母球击打的不是台面上分值最小的球。

（2）出杆后无球进袋，且母球、花球均未触台边。

（3）花球飞出台面，除 9 号球需拿回台面重排外，其他球不拿回。

（4）母球飞出台面。

（5）母球落袋。

（6）击球时台面上的球未完全静止。

（7）开球时，母球放在了开球线外，经裁判告知后，仍强行出杆。

（8）球杆、身体、衣服等碰触台面上的任何球。

（9）击球时双脚离地。

3）相关术语

（1）自由球。一方犯规后，接下来进攻的一方获得自由球。球手开自由球时，母球可至于球台任何位置但不能碰触任何花球。

（2）间接进球。选手根据规则，击打台面最小分值的花球后，花球或母球撞击其他花球进袋，进球有效，可继续击球。如果撞进了 9 号球，则赢得这一局。

（3）跳球。母球与目标球被其他花球挡住，选手可采取合法跳球方式跳越障碍，击打目标球。击球必须从母球的上半圆位置出杆，这样为合法跳跃。若从母球的下半圆位置出杆，铲球以达到跳球目的，属犯规行为。

（4）推球。开球时如花球进袋后，台面球势的位置不理想，选手有一次推球机会，把球击到另一个位置上，母球可不必碰到台边，推杆前必须先告知裁判或对手。如果选手开球后没有进球，对手击球时若发现台面球势位置不理想，也可采用推球。推球后对手有权不打，则选手必须自己继续打。

（5）连续三次犯规。同一局中，选手连续犯规三次，则输掉此局；当目标球与台边的距离在一球之内时，选手以轻微及合法的方式击球，以两次为限，若选手以相同方式第三次出杆，则三次球全属犯规，输掉此局。选手连续犯规达两次时，裁判或对手应予告知，否则其犯规记录仍为两次。

（6）故意犯规。选手每次的击球时间为 1 min，超时为犯规，裁判应在 45 s 时警告选手。如果第二次超时出杆，裁判可裁定其"故意犯规"。选手不可用任何东西在台面上做记号，不可用工具测量球与球之间的距离，违反规定可判故意犯规。故意犯规的处罚为选手第一次故意犯规时，应记录并丧失该局，当第二次发生故意犯规时，立即取消比赛资格。

知识窗

　　斯诺克中国公开赛是一项职业斯诺克赛事，是世界职业斯诺克协会〔WPBSA〕确定的 8 站斯诺克职业排名赛事之一。从 2013 开始，斯洛克中国公开赛的冠军奖金已经提升到 85000 英镑。世界职业排名前 16 位的选手可直接进入斯洛克中国公开赛的正赛，另外 16 个正赛参赛名额需要通过资格赛产生。中国选手丁俊晖曾经 2 次夺得该项赛事冠军。

第三节　高尔夫球运动

一、高尔夫的含义及高尔夫球运动的起源与发展

什么是高尔夫？从高尔夫的英文单词 GOLF 可以解读出：G 代表绿色（green），O 代表氧气（oxygen），L 代表阳光（light），F 代表步履（foot）。高尔夫球运动是在明媚的阳光下，踏着绿色的草地，呼吸着清新的空气，在大自然的怀抱中进行的。它结合了打球、散步和聊天，被誉为"在绿地和新鲜氧气中的美好生活"。高尔夫是一种集享受大自然乐趣、体育锻炼和游戏于一体的运动，也是在优美环境中进行的高尚娱乐活动。由于这项运动的设备较为昂贵，因此在一些国家被称为"贵族球"。

相传，苏格兰是高尔夫球运动的发源地，早在 15 世纪时，当地的牧羊人经常用驱羊棍击石子，比赛谁击得远且准，以此来消磨时光，这就是早期的高尔夫球运动。当然，中国的元代也有有关"捶丸"游戏的记载最早，与现在的高尔夫球有近似的游戏方法。

17 世纪，高尔夫球运动被欧洲人带到了美洲，19 世纪 20 年代传到亚洲，1896 年，上海成立了高尔夫俱乐部。1922 年，世界上第一次国际性比赛是美国对英国的"沃克杯"高尔夫球对抗赛。

随着社会发展对健身休闲的需求增强和绿色生活理念的倡导，高尔夫球运动已经成为一项全球性的体育运动，有许多影响较大的国际性大赛吸引着更多的人关注，世界各地越来越多的人参与这项运动。

二、高尔夫球运动的价值

高尔夫球运动能够吸引全世界的关注和参与，是由其特殊的功能决定的。

1. 健身功能

高尔夫球运动是在空气清新、环境优美的大自然中开展的，从事这项运动，有利于人们远离城市的喧嚣，搁置动作压力，尽情地享受灿烂的阳光、新鲜的空气和秀美的自然风光，愉悦身心，这些是与当前倡导的走进大自然、进入阳光下的阳光体育的理念是高度契合的。同时经常不断地参与这些运动，可以增强上肢和腰腹的力量，提高身体协调性，有效达到增强体质的效果。

2. 教育功能

高尔夫球运动之所以能够吸引众多的爱好者参与，还在于高尔夫球运动特有的文明礼仪、规范与要求，参与这项运动是一种精神的享受、地位的显现，更是一个感受文明、接受教育的过程。

高尔夫球运动是绅士运动，参与者的一举一动都要体现出高雅与礼让。如在着装方面，要求上衣要有领子，要穿长裤、长袜，不能穿奇装异服，这体现了它作为体育活动和社交

活动双重功能的礼仪要求。参与者上发球台互相礼让；球道上让打得近的人打；果岭上让离球远的人先推杆；打得慢的一组让打得快的一组超越先打；球技好的可以让杆给球技差的球员等，这些是高尔夫球运动规则的一部分，体现了高尔夫球运动倡导的传统美德。

高尔夫球运动的教育功能还在于这项运动过程中所始终体现的爱，首先是爱护场地设施，如果击球时草皮被铲起，应马上将其放回原处，使其恢复原貌；如果球打进了沙坑，要从球离沙坑最近的边缘进去打球，球打出沙坑后，要用平耙把沙坑耙平等。另外打球时要求尊重所有人，例如，对教练要尊重，对比自己打得好的人要尊重并虚心求教，对比自己打得差的球员要不遗余力地帮助；当其他人打球时，不能发出声响以免影响其击球时的注意力；对球童的劳动和权利同样要给与尊重。

在高尔夫球运动中，球员的诚信和正直与球技同等重要；同时，高尔夫球运动是为数不多的几项能让不同水平的选手公平竞技的运动项目之一，由于高尔夫球特有的差点系统，它让初学者能与职业选手同场竞技，并且有机会获胜，这一特征使高尔夫球运动成为最富于民主精神的运动。

高尔夫球运动不同于其他体育运动项目的特点还在于其特殊的胜负观，它不需要击败别人，而是靠自己的技术和能力，力争打得更远更准，向自己挑战、向更好努力，对于现代人适应社会、挑战自我具有广泛而深远的意义。

三、高尔夫球场与器材

高尔夫球运动是在室外广阔的草地上进行的，设9或18个穴。球手逐一击球入穴，以击球次数少者为胜。比赛一般分为单打、双打、1对2、循环赛等。比赛时，球手在开球区依次用球棍击出各自的球，然后走到球的落点处，继续击球，直到把球击入洞内。谁用最少的次数把球击入所有球洞，就获得胜利。

1. 高尔夫球场

高尔夫球场一般设在风景优美的草坪上，其中需要有一些天然或人工设置的障碍，如高地、沙地、树木、灌丛、水坑、小溪等。球场的形状没有统一的标准。9个球洞的场地长度为3034 m；18个球洞的场地长度为6400 m。

每个洞场地均设发球台、球道和球洞，以发球台为起点，中间为球道，果岭上的球洞是终点。

发球台是发球时用的，略高于球道地面、阶梯状地面是修理平整的较细的草皮。球道与发球台相连，是通往球洞的最佳草坪和线路，落在球道上的球容易被击起。球道两侧的深草、草丛和树木等为粗糙地带，这些地方击球难度较大。周围的沙坑、水塘、小溪则是最不理想的地带，击球难度更大，称为障碍地带。

果岭是经过精心整修的短草草坪，球能略有起伏地在果岭草坪上无障碍地滚动。果岭上设置球洞，球洞内有一个供球落入的金属杯，杯的直径为4.25英寸（约相当于

10.795 cm），深 4 英寸（约 10.16 cm）。置一旗杆插在杯中心，旗上有洞序号码，能为远离果岭的球手指示果岭的方位，当从果岭上击球入洞时，则需拔出旗杆。

2. 高尔夫器材

高尔夫球运动所需要的器材较多，最主要的器材包括球、球杆、球座、标记、果岭叉、球杆袋、推车、手套和鞋等。

1）球

高尔夫球是用橡胶制成的实心球，表面包一层胶皮线，涂一层白漆。球的直径 42.67 mm，质量不超过 45.93 g。高尔夫球从结构上可以分为单层球、双层球、三层球、多壳球；从硬度上可以分为硬度 90 ～ 105、硬度 80 ～ 90、硬度 70 三种。

2）球杆

高尔夫球杆分为木杆、铁杆和推杆三类。每一根球杆由杆头、杆颈和杆把组成。球杆分成不同的号码，号码越大杆身越短，杆面倾斜角度越大，打出的距离相对就短。球杆的质地随着科技的发展在不断地改进和变化，球杆的硬度一般分为特硬型、硬型、普通型、软型、特软型等。打高尔夫球主要靠使用长短不一的球杆控制击球距离和高度，一般需要一套不超过 14 根的球杆。

3）球座

木质或塑料锥状的球座是用来在发球台上发球时托架球用的。

4）标记

高尔夫球运动规则规定，在球打上果岭后，可以把球拿起来擦拭，为了记住球的位置，在拿起球前，需要在球的后面放上标记，击球时再把球放回原处，换回标记。标记是用塑料制成的，为图钉状。

5）果岭叉

果岭叉是修理果岭的工具。由高处落在果岭上的球，有时会在果岭上砸出一个小坑；或者使果岭出现裂痕；或者钉鞋不小心划坏了果岭等，出现上述情况时球手应主动进行修理。

6）鞋

高尔夫球鞋是用皮革制成的，鞋底带有粗短钉或摩擦力较大的平底鞋，主要起到防滑、提高击球时的稳定性等作用。

知识窗

> 高尔夫球运动被誉为绅士运动，为世人所瞩目。世界高尔夫球竞赛分为三大体系，即男子职业高尔夫球巡回赛（PGA）、女子职业高尔夫球巡回赛（LPGA）及区域对抗赛的莱德杯和总统杯。
>
> 美巡赛是全球高尔夫球赛事中奖金最高的巡回赛。高尔夫球运动的代表人物有美国的泰格·伍兹，中国的冯珊珊等。

第四节 电子竞技

电子竞技是一项新兴体育项目，集体育、文化、科技、益智于一体。从全球范围看，它正发展成一种具有广泛参与的阳光向上的互动运动产业，正朝着赛事品牌化、赛事组织规范化、竞赛规则标准化、俱乐部运作商业化的方向发展，以赛事为核心的全球电子竞技产业已创造了巨额产值。

一、电子竞技起源与发展

早在 1986 年美国 ABC 频道的直播上，通过电视直播两个孩子间比试玩任天堂游戏机，被视为电子竞技的开始。1990 年，任天堂在全美 29 个城市举办了游戏比赛（任天堂世锦赛）。该赛事是历史上第一个正式的电子游戏比赛，它的诞生比世界电子竞技大赛（WCG）早 10 年。

在亚洲，电子竞技最早盛行于韩国，后逐步向中国、日本、越南、泰国等国家发展。2003 年 11 月 18 日，国家体育总局正式批准，将电子竞技列为第 99 个正式体育竞赛项目。2008 年，国家体育总局将电子竞技改批为第 78 个正式体育竞赛项目。雅加达 2018 年亚运会将电子竞技纳为表演项目。2020 年 12 月 16 日，亚洲奥林匹克理事会宣布电子竞技项目成为亚运会正式比赛项目，并参与杭州 2022 年第十九届亚运会。2021 年 5 月在《"十四五"文化产业发展规划》中针对电子竞技作出了相应的规划，将促进电子竞技与游戏游艺行业的融合发展，并鼓励开发沉浸式娱乐体验产品。这将有助于推动电子竞技市场的进一步发展。2021 年 11 月 5 日，杭州亚组委竞赛部部长朱启南在发布会上代表杭州亚组委首次公布了杭州亚运会电子竞技小项设置，英雄联盟、王者荣耀（亚运版）、和平精英（亚运版）、炉石传说、刀塔 2、梦三国 2、街头霸王 5 和 FIFA Online 4 等 8 个项目入选。2023 年 9 月 6 日，国际奥委会官方网站发布消息，宣布成立国际奥委会电子竞技委员会，国际奥委会委员戴维·拉帕蒂恩担任该委员会主席。

二、比赛规则

电子竞技作为一种新型的体育项目，它的竞赛形式也随着品类及平台的不同而不同，对应的赛程赛制及规则繁多。目前较为知名的电子竞技赛事，如 WCG、IEM、WEG、CPL、NEST 等使用规则包括单败淘汰制、双败淘汰制、组内双循环制等，个人项目则使用单败制。不同项目类型适用的赛制也有差异，其中雅加达亚运会团体项目大多使用组内单循环赛制，个人项目则大多采用单败淘汰制。

"网络游戏 = 电子竞技"这种观点是错误的。随着游戏产业的发展，电子竞技项目的不断更替，电子竞技早已不再是局限于 IP 直连或局域网的单机游戏了。尽管网络游戏在发行、运营、付费方式，以及游戏的平台构建上都有很大的不同，但这并不能影响一些平衡性与对抗性很强的网络游戏加入电竞项目中。无论是单机游戏（单人游戏），还是网络游戏（多人游戏），只要符合"电子""竞技"这两个特征，就可以被称为广义上的电子竞技。

网络游戏与电子竞技主要区别如下。

（1）基本属性不同。网络游戏是娱乐游戏，电子竞技属于体育运动项目。网络游戏主要是在虚拟的世界中以追求感受为目的的模拟和角色扮演，电子竞技则是在信息技术营造的虚拟环境中，有组织进行的人与人之间的智力对抗。

（2）电子竞技有明确统一的比赛规则，最大特点是严格的时间和回合限制，而网游缺乏明确统一的比赛规则，没有时间和回合的限制，容易使人沉迷。

（3）电子竞技比赛是运动员之间秉着公正公平的体育精神的竞赛，通过人与人之间的智力和体力对抗，决出胜负。网络游戏主要是人机之间或人与人之间的交流互动，不一定需要人与人的对抗来评判结果。

（4）电子竞技注重于思维能力、反应能力、心眼四肢协调能力、大局观、意志力，以及团队精神，而部分网游只需充值就能取得优势，这也是电子竞技有别于网络游戏的主要不同。

三、重要赛事

中国玩家可直接参与的、定期的电子竞技赛事如下。

（1）NEST全国电子竞技大赛：由国家体育总局体育信息中心主办，2014年比赛项目为DOTA2、FIFA online 3、英雄联盟、SC2，表演赛项目为三国争霸2。

（2）Dota2：i联赛（imbatv）、G联赛、超新星公开赛、ISS中国网吧超级赛。

（3）英雄联盟：LPL（英雄联盟职业联赛）、LDL（英雄联盟发展联赛）、TGA（英雄联盟城市英雄争霸赛）

（4）星际争霸2：WCS（暴雪星际世界锦标赛）、GSL（星际争霸2联赛）。

（5）守望先锋：OWL（守望先锋联赛）、OWOC（守望先锋挑战者系列赛）、OWOD（守望先锋公开争霸赛）。

（6）终极火力：EFCUP冠军杯、EFM大师赛、TGA大奖赛。

（7）群雄逐鹿：群雄逐鹿冠军联赛。

（8）王者荣耀：TGA大奖赛、QGC职业联赛、王者冠军杯、王者荣耀职业联赛KPL。

（9）F1天王赛地下城与勇士职业联赛。

（10）英雄联盟全球冠军赛、MSI（英雄联盟季中冠军赛）。

（11）DOTA2国际邀请赛。

（12）WESG世界电子竞技运动会。

（13）世界休闲体育大会"铁幕杯"国际电子竞技。

电子竞技已在世界发展十余年，目前韩国拥有最完整的电子竞技产业链。

四、相关术语

1. 选手

选手即电子竞技运动员，是指那些出类拔萃，经过层层选拔，有资格参加电子竞技比赛的职业玩家。与传统体育项目的运动员一样，职业选手要对一款游戏（一个项目）经过长时间不断的练习。

选手一般分为职业选手和业余选手，区别在于业余选手只以业余的身份参加比赛，而不以游戏为职业。职业选手一般隶属某家俱乐部或战队，形成雇用关系。

2. 俱乐部

俱乐部也叫战队。和体育联赛（如 NBA）里的俱乐部一样，它是由运动员相聚而成的互益组织。职业战队一般有独特的标志（如队标、队服）和统一的安排。

随着行业的规范及游戏水平的不断提高，职业战队出现了越来越多的新角色，如领队、教练、分析师、青训管理等，他们一般负责战队的幕后工作，如选手指导以及比赛分析等。

3. 领队

领队是战队的重要成员之一，主要负责战队的日常管理和运营。他们需要与选手、教练、分析师等团队成员保持密切联系，确保战队的训练和比赛计划得到有效执行。此外，领队还需要处理战队的各种事务，如安排比赛日程、处理赞助商事务、协调选手和管理人员之间的关系等。

4. 教练

教练主要负责选手的技术指导和战术规划。他们需要根据选手的个人特点和比赛情况，制定适合战队的战术方案，并在比赛中给予选手必要的技术支持和指导。教练还需要对战队的比赛进行深入的分析和总结，找出战队存在的问题并提出改进措施。

5. 分析师

分析师主要负责战队的比赛分析和数据分析。他们需要对战队的比赛进行详细的记录和分析，找出对手的弱点和战队的优势，并根据分析结果为战队提供战术建议和改进方案。分析师还需要与教练和选手密切合作，帮助他们更好地理解比赛情况和对手的战术，以制订更加有效的战术方案。

6. 青训管理

青训管理是电子竞技俱乐部或团队中负责年轻选手的选拔、培养和管理的体系，其核心目标是通过系统性训练为俱乐部或团队培养并储备优秀的选手，以应对未来的人才需求。

7. 赞助商

俱乐部的运作离不开赞助商，赞助商主要提供经费、实物或相关服务等支持，而俱乐部或赛事组织者为赞助商进行商业宣传，形成互利关系。

知识窗 ——————————————————————————

2023 年 3 月 31 日，中央广播电视总台国家电子竞技发展研究院在京揭牌成立。

2023 年 4 月 16 日，人民网援引经济日报发文《正视电子竞技产业的价值》，文中指出中国已成为全球最大的电竞市场，作为数字经济的重要组成部分，电竞产业有序发展所呈现的价值正得到越来越多的肯定。

2023 年杭州亚运会，电子竞技首次成为正式竞赛项目。中国队在王者荣耀亚运版本、梦三国 2、和平精英亚运版本以及刀塔项目中摘金，在英雄联盟项目中获得了一枚铜牌。中国队在电子竞技项目中以 4 金 1 铜收官。

第十七章　养生保健类休闲体育运动

本章导语

　　养生保健类休闲体育运动有太极拳、八段锦、易筋经、五禽戏等，其特点是内向含蓄、自得其乐，在安逸的心境和清静的环境中身心双修，在自由自在中学会养生。

　　在我国传统文化思想里，不管是儒家、道家还是佛家，"天人合一、人和自然的和谐等养生的理念，调形生息、形神兼备，修身养性"等，都是休闲养生追求的一个境界。

　　这类运动是超然洒脱、颐养性情的好秘诀，是首选的中老年群体健身保健方式。

　　通过调形保持筋络畅通，调息理顺呼吸系统，能很好地防御、治疗疾病，让机体机能增强，让自己变得乐观向上。

第一节　太极拳

一、太极拳的起源与发展

　　太极拳属于中国拳术之一，是中华民族五千年传统文化的结晶，也是我国精神文明宝库的瑰宝。太极拳运动在我国源远流长，关于太极拳的起源与创始人，众说纷纭。纵观近现代太极拳的发展就可见一斑，太极拳并不是一人创造的，而是前人不断开发、总结、整理、创新、发展而来的。

　　太极拳数百年绵延不绝，名手辈出，流派纷呈。随着历史的发展和社会的变迁，太极拳的技术防御和祛病强身作用得到了不断的发展，在民间得以广泛流传，发展成为寓攻防技术和强身健体为一体的一种拳术。

　　中华人民共和国成立后，太极拳发展很快，打太极拳的人遍及全国。当前，仅北京市公园、街头和体育场就设有太极拳辅导站数百处，吸引了大批爱好者。卫生、教育、体育各部门都把太极拳列为重要项目来开展，出版了上百万册的太极拳书籍、挂图。

　　太极拳在国外也受到普遍欢迎。欧美、东南亚、日本等国家和地区都有太极拳活动。据不完全统计，仅美国就已有30多种太极拳书籍出版。许多国家成立了太极拳协会等团体，积极与中国进行交流活动。太极拳作为中国特有的民族体育项目，已经引起很多国际友人的兴趣。太极拳是中华民族辩证的理论思维与武术、艺术、气功引导术的完美结合，是高层次的人体文化。其拳理来源于《易经》《黄帝内经》等中国传统经典著作，并在其长期的发展过程中吸收了道、儒等文化的合理内容，故太极拳被称为"国粹"。

二、太极拳的特点和作用

1. 太极拳的特点

中正安定、舒展自然（姿势）、轻灵沉稳、圆活连贯（动作），基于腰腿、周身联合（协调），虚实刚柔、松整相济（劲力），动中寓静、意领神随（意念），开合有序、呼吸平顺（节奏），太极拳运动如"行云流水，连绵不断"。这种运动既自然又高雅，可亲身体会到音乐的韵律、哲学的内涵、美的造型、诗的意境。

2. 太极拳的作用

经常参加太极拳运动对神经系统有良好的影响，能使人精神饱满、思路敏捷，还能使人克服不良的身体姿态，提高肌肉的运动能力，特别是提高各肌群的协调能力，对提高肌肉的代谢有积极的作用。太极拳对预防、治疗疾病有一定的作用，是预防高血压、降低血脂和防治心血管疾病的最好锻炼方法。练习太极拳能有效地调节体内的阴阳平衡，使内气开合、升降、聚散有度，这种特殊的生理状态是祛病疗症、增强体质、提高健康水平的传统锻炼方法。

三、太极拳技术

由于太极拳有不同流派，其架势、风格和特点各有不同，其一般技术要领可概括如表17-1所示。

表 17-1　太极拳一般技术要领

虚灵顶劲	即"头顶悬"。练习太极拳时，要求练习者头正、顶平、项直、颔收。头顶百会穴上犹如有绳索向上提悬，使"头容正直，神贯于顶"。同时，头顶要保持平正，在练习时即使头顶上放一碗水，也不会洒出。要做到"头正、顶平"，就必须使"项直、颔收"，但又不可过分用力，否则就会导致颈项僵硬，气血不能流通
含胸拔背，气沉丹田	含胸是指胸廓自然向内略涵，使气沉于丹田和胸部。因含胸和拔背紧密相连，所以做到了含胸，自然就能拔背；气沉丹田，是宽胸实腹，身法端正，用意识将气沉于下丹田，则无血脉贲张之弊
松腰敛臀	（1）腰为一身之主宰。太极拳要求含胸及气下沉于丹田，则必须松腰，腰部松沉后，才会使坐身或蹲身时的姿势更加稳健，这样不仅能帮助沉气和增强下肢的稳定性，更主要的是它对动作的进退旋转、用躯干带动四肢的活动及动作的完整性起主导作用，即虚实变化皆由腰转动，有拳谚曰："命意源头在腰隙"。 （2）敛臀是指在含胸拔背和松腰的基础上臀部稍作内敛，敛臀时，应尽量放松臀部和腰部，使臀肌向外下方舒展，然后向前、向里轻轻收敛，像用臀部把小腹托起来似的。当然，也不能使臀部故意前攻而导致上体后倾。松腰敛臀有利于气沉丹田
沉肩坠肘	沉肩是指肩松开而下垂，在此前提下，使肩肘向下沉坠，产生上肢内在的如棉里裹针的遒劲，并使劲力贯穿到手臂

尾间中正	尾间中正，要求上体正直，无论是直的或斜的动作姿势，都必须保持尾间与脊椎呈直线，处于中正状态。在转身时，腰胯、肩要同时转动；否则，尾间一歪，则下盘重心偏斜，使下盘与躯干的劲力间断，上下劲力不整
内外相合	太极拳练习时，要求做到"内宜鼓荡，外示安逸"，即内在精神振奋，外则神色自然，并且"心与意合，意与气合，气与劲合"
上下相随	指整个身法、步法、腿法要有机配合，一动无有不动，一静无有不静，保持整个躯体的动态平衡和动态稳定
相连不断	指动作要势势相连，贯穿一气。自起势至收势，绵绵不断，周而复始，循环无穷，中间没有间断，没有停顿
用意不用力	不用力，指不用拙劲笨力，"意之所至，气即至焉"。动作用意不用力，则意到气到，力由意生，劲出自然
动静有常，势式均匀	练习太极拳时，必须保持均匀的速度（不同的太极拳流派有所不同），不可忽快忽慢，且所有动作势式，一般都要保持相同的高度

四、二十四式简化太极拳

二十四式简化太极拳是一种动作柔和、缓慢、稳静、轻灵的拳术，对健身和防治慢性疾病有显著效果。简化太极拳动作简单易学，练习时不受场地、器材、气候、年龄限制。全套动作分八组，共 24 个动作。二十四式简化太极拳图谱如表 17-2 所示。

表 17-2 二十四式简化太极拳图谱

1. 起势
肩下沉，两肘松垂，手指自然微屈。屈膝松腰，两臂下落和身体下蹲协调一致

2. 左右野马分鬃
两臂分开时保持弧形，身体转动时以腰为轴，弓步动作与分手速度均匀一致

续表

2. 左右野马分鬃

3. 白鹤亮翅
重心后移和右手上提、左手下按协调一致 
4. 左右搂膝拗步
推掌时要沉肩垂肘、坐腕舒掌，同时须与松腰、弓腿上下协调一致 
5. 手挥琵琶
身体重心后移和左手上起、右手回收协调一致 

6. 左右倒卷肱
手走弧线。转腰松胯，两手速度一致，避免僵硬

7. 左揽雀尾
绷臂时保持两臂弧形，分手、松腰、弓腿需协调一致，向前按时双手沿曲线推按

8. 右揽雀尾
与左揽雀尾相同，左右相反

续表

8. 右揽雀尾

9. 单鞭
完成势时，右臂肘部稍下垂，左肘与左膝上下相对 
10. 云手
身体转动以腰脊为轴，松腰、松胯。两臂随腰转动而运转，速度缓慢均匀 

10. 云手

11. 单鞭

完成势时，右臂肘部稍下垂，左肘与左膝上下相对

12. 高探马

右肘微下垂。跟步移换重心时，身体不要起伏

13. 右蹬脚
分手和蹬脚必须一致，右臂和右腿上下相对

14. 双峰贯耳
完成势时，两拳松握，沉肩垂甲，两臂均保持弧形

15. 转身左蹬脚
与右蹬脚势相同，左右相反。方向与右蹬脚成180°

16. 左下势独立
独立的腿要微屈，右腿提起时脚尖自然下垂

续表

17. 右下势独立
与左下势独立 相同，左右相反

18. 左右穿梭
完成姿势面向斜前方，一手上举一手前推，与弓腿、松腰上下协调一致

19. 海底针	20. 闪通臂
身体要先向右转，再向左转，上体不可太前倾	左臂不要完全伸直，推掌、举掌和弓腿协调一致

21. 转身搬拦捶
右拳回收时，前臂内旋画弧，再外旋停于右腰旁，打拳时，沉肩垂肘，右臂微屈

21. 转身搬拦捶

22. 如封似闭

后坐时，臀部不可凸出。两臂回收时，不要直着抽回。两手推出宽度不超过两肩

23. 十字手

站起后，身体自然正直，头微向上顶，下颌稍后收。两臂环抱时圆满舒适，沉肩垂肘

24. 收势

手左右分开下落时，注意全身放松，同时气也徐徐下沉

五、太极拳比赛欣赏

太极拳比赛时，运动员由静至动，暗合无极生太极、太极生两仪、两仪生四象、四象生八卦之高深哲理，其动作匀速缓慢，如同滔滔江河连绵不绝；其动作动静开合，虚实刚柔，姿态优雅，给人以心旷神怡之感。因此，太极拳具有很高的欣赏价值。如个人会练太极拳，再了解一些比赛规则，则可进一步提高自身欣赏太极拳比赛的水平。下面介绍一些太极拳比赛的简要规则。

（1）比赛裁判组成员为裁判长1人，副裁判长1人，裁判5人，计时、计分员1人，套路检查员1人。运动员结束套路演练后，5名裁判亮分，去其最高分和最低分，取中间3个分数的平均值，即为运动员的应得分。

（2）完成一套太极拳演练，时间为5～6 min，到5 min时，裁判长鸣哨示意，时间不足或超时均会被扣分。

（3）比赛规定套路时，运动员的动作应与规定动作相符；比赛自选套路时，整个套路至少要包括四种腿法和六种不同组别的动作，发劲及跳跃动作可要也可不要。

（4）太极拳的评分标准总分为10分，其中动作规格的分值为6分，即对手型、步型、手法、步法、身法、腿法等方面的要求；劲力、协调的分值为2分，即对运劲顺达、沉稳准确、连贯圆活、手眼身法步协调等方面的要求；精神、速度、风格、内容、结构、布局的分值为2分，即对意识集中、精神饱满、神态自然、内容充实、速度适中、结构合理、布局匀称等方面的要求。

另外，在观看运动员比赛时，应注意其拳架的高低（显示练习者功底是否深厚）、动作是否符合规格、重心是否有起伏、是否有断劲现象等，这样才能真正做到"内行看门道"。

知识窗

传统太极拳门派众多，常见的太极拳流派有陈式、杨式、武式、吴式、孙式、和式等，各派既有传承关系，相互借鉴，也各有自己的特点，呈百花齐放之态。太极拳由于是近代形成的拳种，流派众多，群众基础广泛，因此是中国武术拳种中非常具有生命力的一支。

2018年3月，全国人大代表将该项目的申遗紧迫性写进了提案。来自河南代表团的李光宇等33名全国人大代表向十三届全国人大一次会议提交了《关于加快推进太极拳申遗工作　进一步弘扬太极文化的建议》。

第二节　八段锦、易筋经、五禽戏

八段锦是我国的一种历史悠久的养生运动，与易筋经、五禽戏并称中国"武林三绝"。这种融合了气功与健身操功效的养生方式简单易学，受条件限制少，练习者可获得较好的养生效果，近年来广受人们尤其是中老年人的喜爱。

一、八段锦

八段锦与太极拳有异曲同工之妙。二者在练习时都需要"运气"，一方面通过躯体、四肢的运动锻炼骨骼、肌肉、关节、韧带等，另一方面通过"运气"调理身体的"气血"，使气血通畅、内外兼修，这与中医养生讲究的"内练精气神，外练筋骨皮"十分贴切。

八段锦的套路如表 17-3 所示。

表 17-3　八段锦套路

两手托天里三焦	（1）两脚平行开立，与肩同宽。两臂徐徐分别自左右身侧向上高举过头，十指交叉，翻转掌心极力向上托，使两臂充分伸展，不可紧张，恰似伸懒腰状。同时缓缓抬头上观，要有擎天柱地的神态，此时缓缓吸气。 （2）翻转掌心朝下，在身前正落至胸高时，随落随翻转掌心再朝上，微低头，眼随手运。同进配以缓缓呼气。 （3）如此两掌上托下落，练习 4～8 次。另一种练习法，不同之处是每次上托时两臂徐徐自体侧上举，且同时抬起足跟，眼必须平视，头极力上顶，亦不可紧张。然后两手分开，在身前俯掌下按，足跟随之下落，气随手按而缓缓下沉于丹田。如此托按 4～8 次	
左右开弓似射雕	（1）两脚平行开立，略宽于肩，成马步站式。上体正直，两臂平屈于胸前，左臂在上，右臂在下。 （2）手握拳，食指与拇指呈八字形撑开，左手缓缓向左平推，左臂展直，同时右臂屈肘向右拉回，右拳停于右肋前，拳心朝上，如拉弓状。眼看左手。 （3）、（4）动作与（1）、（2）动作同，左右相反，如此左右各开弓 4～8 次	
调理脾胃须单举	（1）右手自身前成竖掌向上高举，继而翻掌上撑，指尖向左，同时左掌心向下按，指尖朝前。 （2）右手俯掌在身前下落，同时引气血下行，全身随之放松，恢复自然站立。 （3）、（4）动作与（1）、（2）动作同，左右相反。如此左右手交替上举各 4～8 次	

五劳七伤往后瞧	预备姿势：直立，两臂自然伸直下垂，手掌向腿旁紧贴，挺胸收腹。 （1）两脚平行开立，与肩同宽。两臂自然下垂手后交叉或叉腰。头颈带动脊柱缓缓向左拧转，眼看后手后交叉方，同时配合吸气。 （2）头颈带动脊柱徐徐向右转，恢复前平视。同时配合呼气，全身放松。 （3）、（4）动作与（1）、（2）动作同，左右相反。如此左右后瞧各4～8次	
攒拳怒目增气力	预备姿势：两脚开立，成马步桩，两手握拳分置腰间，拳心朝上，两眼睁大。 （1）右拳向前方缓缓击出，成立拳或俯拳皆可。击拳时宜微微拧腰向左，右肩随之前顺展拳变掌臂外旋握拳抓回，呈仰拳置于腰间。 （2）与（1）动作同，左右相反。如此左右交替各击出4～8次	
双手攀足固肾腰	（1）两脚平行开立，与肩同宽，两掌分按脐旁。 （2）两掌沿带脉分向后腰。 （3）上体缓缓前倾，两膝保持挺直，同时两掌沿尾骨向下按摩至脚跟。沿脚外侧按摩至脚内侧。 （4）上体展直，同时两手沿两大腿内侧按摩至脐两旁。 如此反复俯仰4～8次	
摇头摆尾去心火	（1）马步站立，两手叉腰，缓缓呼气后拧腰向左，屈身下俯，将余气缓缓呼出。动作不停，头自左下方经体前至右下方，像小勺舀水似地引颈前伸，自右侧慢慢将头抬起，同时配以吸气；拧腰向左，身体恢复马步桩，缓缓深长呼气。同时全身放松，呼气末尾，两手同时做节律性掐腰动作数次。 （2）动作与（1）动作同，左右相反。 如此（1）、（2）动作交替进行各做4～8次	
背后七颠百病消	预备姿势：两脚平行开立，与肩同宽，或两脚相并。 两臂自身侧上举过头，脚跟提起，同时配合吸气。两臂自身前下落，脚跟亦随之下落，并配合呼气。两臂也可后背。全身放松。如此起落4～8次	

二、易筋经

在所有的中医导引术中，知名度最高的要数易筋经，易筋经相传为印度达摩和尚所创，宋元以前仅流传于少林寺僧众之中，自明清以来才日益流行，现演变为数个流派。"易"是改变的意思，"筋"指筋肉，"经"为方法。易筋经是动功导引术的一种。该功法重视姿势、呼吸与意念的锻炼，按人体十二经与任督二脉运行练习，锻炼起来气脉流注合度，无迟速痞滞的偏倚现象。

三、五禽戏

五禽戏的流传众说纷纭，传承近两千年，后世发展出了不少流派，基本传承了华佗五禽戏的思想。五禽戏是以肢体运动为主，辅以呼吸吐纳与意念配合，是行之有效的养生祛病导引功法。以外动内静、动静相兼、刚柔并济为要，坚持五禽戏的锻炼，确能起到导引气血、强身健体、祛病延年的功效。

五禽戏动作编排按照《三国志》的虎、鹿、熊、猿、鸟的顺序，分别仿效虎之威猛、鹿之安舒、熊之沉稳、猿之灵巧、鸟之轻捷，力求蕴涵"五禽"的神韵。五禽戏的动作图解如表 17-4 所示。

表 17-4 五禽戏动作图解

虎戏	练虎戏时，要表现出威猛的神态，目光炯炯，摇头摆尾，扑按搏斗等，有助于强壮体力	
鹿戏	要仿效鹿那样心静体松，姿势舒展，要把鹿的探身、仰脖、缩颈、奔跑、回首等神态表现出来。鹿戏有助于舒展筋骨	

续表

熊戏	练熊戏时，要像熊那样浑厚沉稳，表现出撼运、抗靠、步行时的神态。熊外似笨重，走路软塌塌，实际上在沉稳之中又富有轻灵	
猿戏	练猿戏时，要仿效猿猴那样敏捷好动，要表现出纵山跳涧、攀树蹬枝、摘桃献果的神态。猿戏有助于发展灵活性	
鸟戏	练鸟戏时，要表现出亮翅、轻翔、落雁、独立等动作神态。鸟戏有助于增强呼吸功能，调达气血，疏通经络	

知识窗

《后汉书·方术列传·华佗传》记载："吾有一术，名五禽之戏：一曰虎，二曰鹿，三曰熊，四曰猿，五曰鸟。亦以除疾，兼利蹄足，以当导引。体有不快，起作一禽之戏，怡而汗出，因以著粉，身体轻便而欲食。普施行之，年九十余，耳目聪明，齿牙完坚。"

第十八章　探险拓展类休闲体育运动

本章导语

> 　　探险拓展类休闲体育运动有郊游、野营、徒步、定向运动、登山、蹦极、攀岩、漂流、溯溪、驾车、自行车等项目，内容丰富、形式独特，具有很多的功能。
> 　　这些运动是征服自然的活动，是反璞归真的游戏，是勇敢者的活动。这类运动是一朵璀璨的奇花异卉，让很多喜欢冒险刺激、磨炼意志的人无法停止探索和体验，让人生的价值得以体现。

第一节　郊游、野营和徒步

　　郊游、野营和徒步是三种不同的户外活动，它们都能让人们亲近自然，享受风景，锻炼身体，放松心情，增进友谊。

一、郊游

　　郊游是指在城市周边或者乡村进行的短途旅行，通常不过夜，只需要携带简单的食物、水、衣物等必需品。郊游的目的是观赏景色、体验不同的风土人情、放松身心和增加知识。郊游的方式有很多，如骑行、驾车、乘船、乘火车等，郊游的地点也有很多，如公园、山林、湖泊、海滩、古镇等。

1. 制订郊游活动计划

　　郊游必须有一个周密的计划，计划与准备的好坏是决定郊游是否成功的首要前提。郊游活动的计划包括以下几个方面。

　　（1）郊游活动的目的及主题：一般，每次组织郊游活动都有其目的或主题，可以据此策划相应的方案，如登山、野餐、钓鱼、定向等，并做好相应的准备工作。

　　（2）郊游活动的地域：郊游活动的组织首先必须对郊游活动地域有一个大致的了解。如路况、气候及途径各地的情况等，据此制定一条合理的郊游路线。无论选择何种方式进行（徒步、借助交通工具等），路线的设计都应以有利于郊游的顺利进行为前提。

　　（3）郊游活动的时间安排：郊游活动的时间安排应力求合理，尽量给每次活动留有充裕的时间。

　　（4）郊游活动的方式：徒步郊游不借助任何交通工具，靠参与者用自己的双腿完成郊游；骑车、乘车、乘船等方式借助一定的交通工具完成郊游活动。

（5）郊游活动的分工：队员的分工关系到郊游活动能否圆满成功，只有让参与者发扬团队精神，才能顺利完成此次活动。人员分工一般有两个方面：一是后勤，包括吃、行及急救用品等；二是安全。

2.郊游活动的装备准备

（1）服装：为适合郊游气候、路况的需要，选择透气性能好、耐磨耐脏的休闲服装。

（2）鞋袜：在郊游前应选择一双质地好、透气、防滑的旅游鞋，对于新鞋注意先穿上一段时间，让脚与鞋"磨合"。袜子应选择吸汗好、较新、有一定弹性的棉袜，它可起到保护脚的作用。

（3）帽子：在郊游中帽子可直接保护头面部，以免晒伤或树枝划伤等。

（4）急救用品：郊游活动中有很多不可预见的事情发生，必须准备好必需的急救用品，如预防腹泻中暑、中毒的药物，止血带、创可贴、手电、救生哨等。在出现意外的情况下争取必要的时间进行救治或求救，以确保郊游活动的安全。

（5）食品与饮用水：选择既方便携带又营养丰富的食物，备足饮用水。

二、野营

野营原是军事或体育训练的特殊项目，用以锻炼成员的体魄和意志。在国外，很多年前就把野营引入人们日常的教育和休闲运动中，世界上有较大影响力的集体野营活动是"穆斯林青年野营"。在国内，野营作为一种前卫的户外运动方式，已经逐渐被越来越多的人尝试。随着人们对都市生活的厌倦及互联网的普及，越来越多的人利用休闲的时间作为"驴友"聚集起来进行户外野营生存活动。

1.野营类型

野营基本可以分为三种类型，即常规露营、拖车露营和特殊形式露营。

1）常规露营

常规露营是指露营者徒步或者驾驶车辆到达露营地点，通常在山谷、湖畔、海边，露营者可以生篝火、烧烤、野炊或者唱歌，这是最平常的露营活动。

2）拖车露营

拖车露营是指驾驶房车到野外露营，通常房车有供暖或者冷气设备，也有电力供应，设有厨房和休息空间。

3）特殊形式露营

特殊形式露营是指在特殊活动中的露营，如长距离攀岩可能需要几天的时间，为了休息，露营者将帐篷挂在悬崖边露营，这样的露营是非常危险而又刺激的。

2.野营的基本技巧

1）搭帐篷的方法和技巧

墙壁型帐篷搭设方法如下。

（1）选择位置：考虑风向及地形后选择一个平坦、地势较高、背风的位置。

（2）检查帐篷用具：将袋中的用品倒出，逐一检查各种零部件。为了撤收帐篷时不遗漏零部件，应先予以记录。

（3）铺设地面垫：铺好地面垫，用钉子将4个角固定。若在湿气大的地方，必须先铺上席子后，再铺置地面垫。

（4）竖起支柱、拉开主绳：将支柱下方穿入地面垫两端的孔中，同时，支柱上部的尖端，穿入布幕栋柱两柱的孔中，将左右主绳拉起，避免左右倾斜。这样，帐篷的主体外形就形成了。

（5）调整主绳，拉起角绳、腰绳：以附于主绳的支绳调整帐篷的形状，将两根支柱垂直立于地面。以支绳调整角绳、腰绳，固定帐篷的形状。

（6）固定墙壁：将帐篷底布、地面垫及墙壁下部连接起来。通常，为避免风雨、曝晒、严寒必须加上屋顶盖。在步骤（4）中，将支柱插入栋两端的孔中时，先加上屋顶盖，再把主绳拉上。主绳以钉子固定后，以屋顶之栋的端点为顶点，形成等边三角形的两边，将底边拉成与支柱相等的长度。从屋顶正上方看角绳应在对角线的延长线上，腰绳则与角绳并排成一直线。

2）野外辨别方向的技巧

在野外活动时，如果在较明显的山路步行，可以循着明显的足迹或路标到达目的地。如果常规的路径被浓雾笼罩，那么在浓雾中或者夜晚容易迷路。野外辨别方向的技巧如下。

（1）以太阳辨别方向：太阳从东方出西方落，这是最基本的辨识方向的方法。可用木棒成影法来测量，在太阳足以成影的时候，在平地上竖一根直棍（1 m以上），在木棍影子的顶端放一块石头（或作其他标记），木棍的影子会随着太阳的移动而移动。30～60 min后，再在木棍的影子顶端放一块石头，在两个石头之间画一条直线，在其中间画一条与之垂直相交的直线，然后左脚踩在第一标记点上，右脚踩在第二标记点上，这时站立者的正面是正北方，背面为正南方，右手是东方，左手为西方。

（2）以星宿辨别方向：在北半球通常以北极星为目标。夜晚利用北极星辨认方向的关键在于准确地找到北极星。首先寻找勺状的北斗七星，以其勺柄上的两颗星的间隔延长5倍，使在此直线上的就是北极星。北极星所在的方向就是正北方。

（3）以手表辨别方向：将小树技竖立在地面，把手表水平地放在地面，使小树技的影子和短针重叠，表面12点的方向和短针所指刻度的中间是南方，相反的一边是北方。若从事挑战性的野外生存活动，建议戴上机械手表，其时针、分针在必要时能成为求生的重要工具。

（4）以指北针辨别方向：利用指北针可使地图和实际地形的方位一致，探知所在的地点和寻找的目的地的方位。指北针务必持平，而且要远离以下物品，才可避免磁针发生错乱。指北针应离铁丝网10 m，高压线55 m，汽车和飞机20 m，磁性容器等10 m。

3）野营注意事项

（1）向导引路：通常野外森林的面积较大，无明显标志物。因此进入森林时一定要结伴而行并请向导引路。穿越森林时注意留意路边的自然标志物，如植物、溪水、河流、怪石等。万一迷路时不要慌乱，可以按照这些标志物慢慢回到来时的路。

（2）营地选择：营地应选在干燥、平坦、视线辽阔、上下都有通路、能避风排水、取水方便的地方。营地选择禁忌有6点：不可在峡谷的中央，避免山洪；不可在近水之处，避免涨水；不可在悬崖之下，避免落石；不可在高凸之地，避免强风；不可在独立树下，避免电击；不可在草树丛中，避免蛇虫。

（3）帐篷搭建：帐篷的入口要背风，要远离有滚石的山坡；应在篷顶边线正下方挖一条排水沟，以免下雨时帐篷被淹；帐篷四角要用大石头压住；帐篷内应保持空气流通，在帐篷内做饭要防止着火；临睡前要仔细检查，是否熄灭了所有火苗，帐篷是否固定结实。帐篷要依次搭建：首先搭建公用帐篷。在营地的下风处先搭好炊事帐篷，建好炉灶，烧上一锅水，然后依次向上风处搭建用于存放公用装备的仓库帐篷与各自的宿营帐篷。当整个营地的帐篷搭建好时，烧的水已开锅，可以马上饮用并开始做饭。

（4）厕所挖掘：选择在营地的下风处稍低一些并远离河流（至少20 m以外）。最好是挖一个宽30 cm、长50 cm、深50 cm左右的长方形土坑，里面放些石块和杉树叶（消除臭味）。三面用塑料布或包装箱围住固定，开口一面应背风。准备一些沙土、一把铁锹和一块纸板。便后用一些沙土将排泄物及卫生纸掩埋，用纸板将便坑盖住以消除异味。在厕所外立一明显的标志牌，使别人在较远处即可看到是否有人正在使用。露营结束时，用沙土将便坑掩埋，并做好标记。

（5）饮水安全：出发前要准备足够的净水，野营时节约饮用水。断水时，慎用野外天然水源，切勿摘食不认识的植物果实。紧急时可以野外取水。山区寻找水源首选之地是山谷底部地区，高山地区寻水应沿着岩石裂缝去找，干涸河床沙石地带往往会挖到泉眼。饮用凹地积水处的水时，必须做到先消毒、沉淀后煮沸饮用。另外，竹类等中空植物的节间常存有水，藤本植物往往有可饮用的汁液，棕榈类、仙人掌类植物的果实和茎干都包含丰富的水分。

（6）生态保护：野营时须保护生态环境，不能随意猎杀、捕捉野生动物、采摘植物。不在营地留下一点垃圾是野营人必须恪守的纪律。纸类垃圾可以焚烧后就地掩埋，塑料瓶、易拉罐等要装入垃圾袋带走，待回途中经过垃圾站时再丢弃，千万不可随处抛弃。

4）野营的基本装备

（1）背包，负重15 kg左右。

（2）睡袋，根据季节不同调配。

（3）帐篷，建议采用防风抗水的帐篷。

（4）防潮垫。

（5）铝膜地席，必要时可以做摄影的反光板。

（6）头灯，可以腾出双手。

（7）手电，这个是必要的。

（8）营地灯，可以在营地或者帐篷里用。

（9）炉头、气管、套锅（或者军用水壶的饭盒），有条件可以带烧烤架。

（10）户外水壶或保温水壶。

（11）指北针。

（12）应急药品等。

三、徒步

徒步是指在山地或者平地上进行的长距离步行活动，通常需要几个小时或者几天的时间，需要携带一定的装备和物资，如背包、鞋子、衣服、水壶、地图等。徒步的目的是锻炼身体、提高耐力、探索未知的路线、欣赏沿途的风光。徒步的方式有很多，如山地徒步、平地徒步、沿海徒步等，徒步的地点也有很多，如长城、黄山、西藏、丝绸之路等。

1. 徒步的概念及分类

徒步指步行，是各种长短途拉练活动。徒步是基本的户外运动，是步行、攀登、负荷训练和有氧健身运动的组合。徒步运动是"艰苦跋涉"的意思，最早源自欧洲。相比那些带有探险性的户外运动，大众徒步具有如下特点：绝大部分有路可循；可进可退；路途中有村落（间距不过两天路程），可作补给休整；沿途风景秀丽，令人流连忘返，不会轻易产生疲劳感。有规律且持续地徒步就像存入生命银行的"健康生活储金"，你在徒步运动中付出时间，"生命银行"给你的利息是更长的寿命。

徒步根据穿越区域的不同，可分为穿越城郊、乡村、山地、丛林、沙漠荒原、雪原冰川、峡谷、山岭、古道、草地、环湖、江河等，大多数情况下是在城郊和乡村间进行。根据距离的不同，通常有15 km内的短距离徒步、15 ～ 30 km的中距离徒步、30 km以上的长距离徒步。

2. 徒步的基本技巧

徒步运动主要靠的是双脚，即用自己的双脚步行平路、攀登山岭、过桥涉水等。由于旅途较长，要穿软底鞋、平底鞋或防滑鞋，防止脚底起泡。徒步时起步宜缓，使自己的身体逐步适应运动状况，否则会出现心慌、头晕及无力等问题。行走时保持背部挺直、前胸展开的姿势，大步健行。大步健行是指在平路及登缓坡时尽量用大步，即比平常的步幅大，这样在等距离情况下减少了双脚的摆动次数，其耗能相对减少达到节省体力的目的。徒步时尽量提臀，微微踮起脚尖，脚后跟先着地，身体重心先转移到脚底外侧，随即转至脚掌下靠近脚趾根部。行走时注意力集中，特别是在一些比较危险的路段、过桥或上下坡等情况时，千万不能分散注意力，防止突如其来的危险。因此，欣赏景色、交流问题、娱乐等都必须在休息时进行。徒步时尽量使身体放松，步姿正确，呼吸有节奏。如遇空气质量不佳时可戴口罩或用手绢敷鼻呼吸。当徒步达到一定的距离时，人们就会出现身体的疲劳现象，这是到了体力的临界点，此时须坚持下去，过了这个临界点，肌体就会适应大运动量的活动，疲劳感会渐渐变弱。当然这要视具体身体情况而定，注意不能到了极限疲劳才休息。

徒步时注意通过摆臂来平衡身体、调整步伐。最好的行走速度是走而不喘，脉搏尽量不要超过120次/min。背部应保持肩沉背挺，用腹部深呼吸，全脚掌触地，从脚跟到脚尖位移。按自己的行走节奏，不要时快时慢，时跑时停，尽量保持匀速。

3. 徒步的注意事项

徒步开始可以放缓速度，让身体每个部分先预热，5～10 min后再加快步伐。行走中从安全角度出发，队员之间应该保持一个合理的距离，一般为2～3 m，这样可以避免有人因各种原因暂停时，如系鞋带、脱衣服、喝水等，影响队员。一般情况下，暂停队员靠右边停留，后方进队员从左边超越。与迎面而来的人相遇时，按我右他左，礼貌让行。暂停人员与队伍的安全距离一般情况下白天必须在10 min或者200 m以内，夜晚在5 min或者20 m以内。在行走中，要养成良好习惯，集中注意力，不要边走边笑，打闹嬉戏，更不能大声歌唱，这样不但分散其他队员的注意力，同时还会无谓消耗自己的体能。

坡道徒步上坡时，重心放在脚掌前部，身体稍向前倾。下坡时，重心放在后脚掌，同时降低重心，身体稍微下蹲，无论上坡下坡，对于坡度较大的坡道应走之字形，尽量避免直线上下。上下坡时，手部扶拉的石块、树枝、藤条，一定要用手试拉，看看是否能够受力，才去做其他动作。经常有人因为拉的是枯萎腐烂树枝、藤条，造成跌倒受伤，导致意外。

徒步的休息一般是长短结合，短多长少。途中短暂休息尽量控制在5 min以内，不卸掉背包等装备，以站着休息为主，调整呼吸。长时间休息以每60～90 min一次为好，休息时应卸下背包等所有负重装备，先站着调整呼吸2～3 min，才能坐下，不要一停下来就坐下休息，这样会加重心脏负担。休息时，自己或者队员之间可以互相按摩腿部、腰部、肩部等肌肉，也可以躺下，抬高腿部，让腿部血液尽量回流心脏。谨记休息是主动的积极的，而不仅仅是躺下休息这么简单。

徒步时，应带足饮用水，每人每天约需要3 L的水量，根据天气情况增减，宁多勿少。万不得已时，如果途中遇溪流、湖塘、沟河等，一定要先观察水源污染情况，是否有人畜活动、是否有动物尸体倒于水旁，有无粪便、毛虫污染，水质是否发黑发臭。根据观察到的情况，采取沉淀、过滤、离析等方法处理后才可少量饮用。喝水要以量少次多为原则，喝水也是主动的，不要等口渴了才被动喝水。每次喝两三小口为好，太口渴了可以缩短喝水的时间，增多喝水次数，如果一次喝水太多，身体吸收不了会浪费宝贵的水源，而且增加心脏的负担。一般消耗水分的最好补充方式是250 mL/15 min为好。徒步时排尿也应4 h一次，可以通过观察尿液颜色了解自己体内水分脱失情况。尿液呈深黄色，微感口渴，脉搏速度正常为轻微脱水症状；尿液呈暗黄色，口内黏膜干燥，口渴，脉搏速度加快但弱为中度脱水症状；重度脱水时无尿液，脸色皮肤苍白，呼吸急促，口渴昏睡，脉搏快而无力。

4. 徒步运动基础装备

（1）必备用品：背包、快干衣裤必须是长袖长裤、徒步鞋、防晒品、帽子或墨镜等。个人药品：跌打药、创可贴、胃药、防蚊药、食品、饮用水等。

（2）推荐用品：登山杖、毛巾、塑料袋、后备衣物、照相机、头灯、防水袋等。

知识窗 ———————————————————————————————

　　野营活动不同于一般的旅游，绝对能让你充分享受到冒险的乐趣，因此每位参与者及组织者都需要有自己统一的活动原则及相应的组织纪律，否则，可能乐极生悲。

第二节　定向运动

一、定向运动起源与发展

定向运动起源于瑞典，最初是一项军事体育活动。真正的定向比赛于 1895 年在瑞典斯德哥尔摩和挪威奥斯陆的军营内举行，标志着定向运动作为一种体育比赛项目的诞生。定向运动作为一种体育项目是从 20 世纪初在北欧开始的。到 20 世纪 30 年代已在芬兰、挪威、瑞典、丹麦立足，1932 年举行了第一次世界定向运动比赛。

1961 年，国际定向联合会在丹麦哥本哈根成立。国际定向联合会是世界定向运动的行政实体，是国际体育联合会总会之一。定向运动是国际承认的奥林匹克体育项目。1966 年，第一届世界定向锦标赛在芬兰举行，男女冠军分别由瑞典的林德克·维斯特和挪威的里斯塔夺得。开始时世界定向锦标赛仅进行个人赛和接力比赛，1991 年，短距离项目成为在芬兰举行的世锦赛的正式比赛项目。2001 年，在芬兰的世锦赛上增加了超短距离项目。

国际定向运动联合会将定向运动定义为一项参赛者借助地图和指北针在尽可能短的时间内到达若干个被分别标记在地图上和实地中检查点的运动。也就是说，参赛者利用一张详细精确的地图和一个指北针，按顺序到达定向运动地图上指示的各个点标，以最短时间到达所有点标者为胜利者。

通常任何一张普通的地图都可以用来进行定向运动，但定向运动比赛需要专用的定向运动地图。专用的定向运动地图标绘的路线称为定向比赛路线，它包括一个起点（等边三角形）、一个终点（两个同心圆）和若干个带有序号的检查点（单圆圈）。并从起点开始，用直线将检查点按序号连接，直到终点。在实地，检查点位于检查点圆圈圆心处的地形特征上，并用一个橘黄色和白色相间的点标旗在这个特征上或特征旁标记出来，这个特征被称为检查点特征。每个检查点都有一个或多个带有唯一编码的打卡器，为参赛者提供到访记录。参赛者手持检查卡，由起点开始，按顺序到访比赛线路上的各个检查点，并在检查卡上留下打卡器的编码，直到终点完成比赛。

在比赛前，运动员还会得到一张检查点说明表，如图 18-1 所示。这是国际定向运动联合会制定的一套对检查点位置进行精简说明的通用符号体系，它的应用减少了路线选择的偶然性，使路线选择技能在比赛中变得更加重要。定向运动通常在森林、郊外和城市公园里进行，也可在大学校园里进行。按照运动模式，国际定向运动联合会将定向运动分为徒步定向和工具定向。其中徒步定向又称为定向越野，工具定向分为滑雪定向、山地车定向、残疾人轮椅定向等。下面主要介绍徒步定向。

全国定向越野比赛					
M45, M50, W21					
5		7.6 km		210 m	
▷			╱	⟋	⅄
1	101		⋰		⌃
2	212	↘	▲		1.0	◯
3	135		✺	✺	⊡
4	246	⫯⫯⫯	⬭		◉
5	164	→	⬚		◉
◯ ---- 120 m ---→					
6	185		⟋	⌐	⌐
7	178	⊩			⚲
8	147	⚌	⌐⌐	2.0	
9	149		╱	⟋	✕
◯ ---- 250 m ---→◎					

赛事名称/项目		
组别：M45、M50、W21		
路线代码：5	路线长度：7.6km	爬高量：210m
起点（取图点）		公路和石墙的交汇
1	101	细沼拐弯处
2	212	西北边那个比高1m的石头东侧
3	135	两块通行困难植被之间
4	246	中间那个凹地的东部
5	164	东边那个废墟的西侧
从检查点沿标记记路线行进120m到达下一个检查点		
6	185	破坏石墙的东南拐角外侧
7	178	山凸西北面的脚下
8	147	上面那个陡崖，比高2.0m
9	149	小路交叉处
从最后一个检查点沿标记记路线行进250m到终点		

图 18-1 检查点说明表

按照国际定向运动联合会赛事规则，定向运动按照比赛时间分为日间赛和夜间赛；按照比赛性质分为个人赛、接力赛和团体赛；按照比赛成绩的计算方法分为单程赛、多程赛和资格赛；按照比赛距离分为长距离赛、中距离赛、短距离赛和其他距离赛；按照参赛者性别、年龄和运动等级，分为男或女少年组、青年组、老年组，或分为初级组、高级组、精英组等。

二、定向运动的基本技术

1. 识定向地图

地图一般分成普通地图和专题地图。其中普通地图是全面反映地球表面一定区域的自然和社会经济的一般概貌，包括地形图和国家基本地形图。专题地图是以普通地图为基础，根据专业需要，突出反映一种或几种主题要素的地图。

定向地图是专题地图的一种。定向地图是在基本地形地图的基础上，通过专门的制图软件制作，用于定向运动训练和比赛的专用地图。这种地图上的地貌和地物符号要求更准确精细地表示实际地形中的状况，且用各种颜色和符号表示不同的地貌和地物，以及实际地形的可通行状况。它是一种附加了地面妨碍通行信息和易跑性信息，用磁北方向线定向的详细的地形图。

为了能为高速奔跑中的参赛者导航提供帮助，定向地图强调在确保地图清晰易读的前提下，详细描述所有可能影响读图、路线选择及对导航有重要意义的特征，特别是强调描述奔跑时可以观察到的明显特征、妨碍奔跑或通行的特征和植被的易跑性和通视度。因此，定向地图要求对读图和选择路线有影响的因素都表示出来。一张标准的定向运动地图，如图 18-2 所示，一般包括比例尺、等高距、地貌符号、地物符号、图例说明、检查点符号说明等内容。

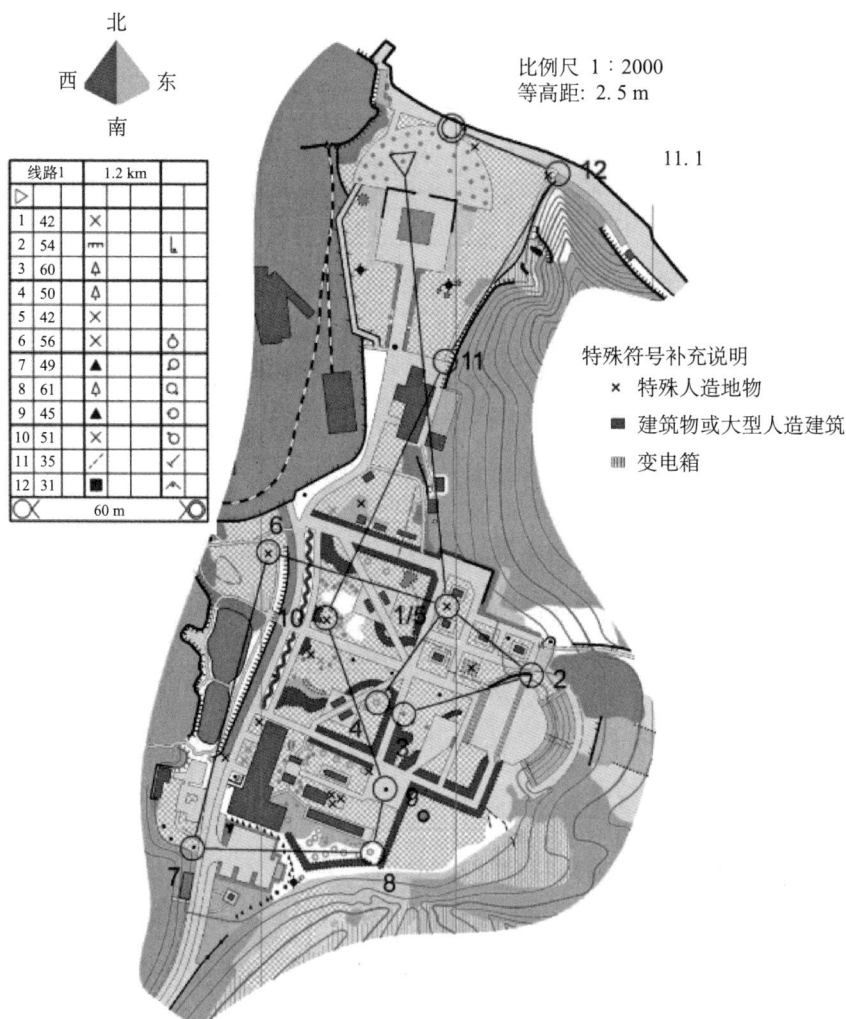

图 18-2　定向运动地图

1）定向运动地图上的比例尺

定向运动地图中的比例尺是指地图上某一线段的长度与相应实地的水平距离之比，算术表达式为：

$$地图比例尺＝图上距离／实地距离$$

国际定向运动联合会规定，定向运动地图比例尺一般为 1∶15000，1∶10000 的地图一般用于接力赛和短距离赛，同时也用于年龄较大（≥45岁）的组别和年龄较小（≤16岁）的组别，因为年龄较大会看不清地图上的细线条和小符号，年龄小的还不具有识别复杂地图的能力。大比例尺使地图容纳更多的细节，而且线条尺寸也将扩大 50%。可见，比例尺中的分母越小，地图比例尺就越大，地图上的描绘就越详尽；分母越大，地图上比例尺就越小，地图上描绘的内容就越简略。

2）定向地图的地貌符号

定向地图是利用等高线来表示山的形态及起伏状态的。等高线是地球表面上高度相等的各点连接而成的曲线，国家基本地形图和定向地图都采用等高线显示地貌。利用等高线，不仅可以了解地面上各处的高差和地势起伏的特征，还可以根据地图上等高线的密度和图像分析地貌特征。在地物稀少的地方及森林中，地貌就是主要的甚至是唯一的行进参照物。

等高线显示地貌的特点如下。

（1）在同一条等高线上，各点的高度相等，并各自闭合。

（2）在同一幅地图上比较，等高线条数较多，山就高；等高线条数少，山就低。

（3）在同一幅地图上比较，等高线间隔大，坡度平缓；等高线间隔小，坡度较陡。等高线的弯曲形状与相应的实地地貌形态相似。

定向地图上基本地貌形态包括山顶、山谷、鞍部、山脊等，如图 18-3 所示。

（1）山顶：在地图上以等高线形成的小环圈表示，有时在小环圈外侧绘制用示坡线表示的凸出的山顶。若在圈内绘制，则表示如火山口似的凹形山顶。

（2）山谷：相邻两山之间低凹狭窄的地方。在地图上用等高线表示山谷时，以等高线所围成的闭合曲线的凹入部分表示；成组等高线向内凹入部位等点的连线称为合水线。

（3）鞍部：相邻两山之间的地形如马鞍状的部分。在地图上用一对表示山背的等高线和一对表示山谷的等高线组合来表示鞍部。

（4）山脊：山头、鞍部突出的高处连绵相连，如同兽脊凸起的部分。在地图上为山头、鞍部突出的高处连绵相连的曲线为山脊线。

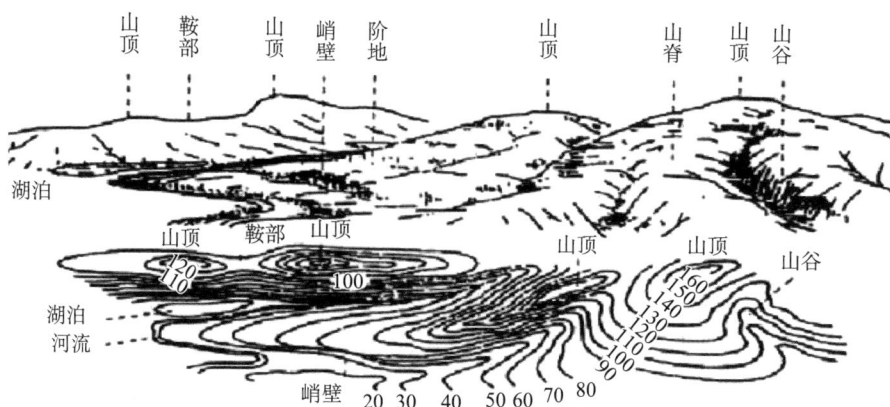

图 18-3　基本地貌形态

3）定向地图中的地物符号

实地面积较大的地物，如城镇、湖泊等，其符号图形的外部轮廓是按比例尺缩绘的。实地线状的地物，如道路、沟渠、电线、围墙等，其符号的长度是按比例尺缩绘的，但宽度不是。因此，在地图上只能量取其长度，而不能取其宽度。实地面积很小、对定向越野有影响和有方位意义的独立地物，如窑、独立坟、独立树等不依比例尺绘制。大多数独立地物突出地面，明显易跑，有利于运动员概略定向和精确定向。

定向地图中的地物符号的图形、大小、颜色具有不同作用。

（1）符号的图形具有图案化和系统化的特点。所谓图案化，就是符号图形类似于事物本身的形状，既形象，又简单、规则，便于根据符号图形联想实际事物的形态。符号图形系统化，是指各种符号图形具有内在的联系，通过图形的变化，可以把事物的量和质等特征表现出来。

（2）符号的大小主要反映事物的重要程度及数量差异。一般表示重要的、数量多的符号较大；反之，则符号较小。

（3）符号的颜色主要表示事物的质量差异、数量差异和区分事物的重要程度。在定向地图上有多种颜色。棕色用于描绘地貌和人工铺砌的地表，如等高线表示地表起伏；黑色和灰色用于描述岩石和石头、人造地物以及磁北线和套印标记在内的技术符号；白色用于描绘开阔易跑的林地；蓝色用于描绘水系；绿色用于描绘植被，以不同网点疏密的绿色、线条或复色表示植物的疏密和对奔跑的影响度，绿色块越深，线条越密，植物越密，对奔跑影响也越大；黄色用于描绘植被，黄色和绿色结合而成的黄绿色用于描绘禁止进入的居民区和植被区，以不同网点疏密及花纹图案表示植物与地面开阔、空旷度，黄色越深，通视度和奔跑度越好；紫红色用于描绘比赛线路，多表示越野点标位置、线路方向、禁区等。在黑色占较大面积，而蓝色所占面积较小的情况下，也常用蓝色表示磁北线。

4）定向地图中的图例注记

定向地图中的图例注记除了比例尺注记和等高距注记，还有图例说明、检查点说明及图名和出版单位说明等。

（1）图例说明可以帮助定向运动参与者理解地图所表示的事物。它采用的是国际语言符号，所有符号全球通用。根据国际定向联合会的《国际定向图制图规范》，定向地图上的言语符号分为地貌、岩面与石块、水体与湿地、人工地物、植被、技术符号、线路符号7个类别。

（2）检查点说明。一般情况下，检查点说明采取符号化的形式，特殊情况可以同时提供符号和文字说明。检查点说明符号是为定向运动参与者提供一种无须语言翻译就能够准确理解的可靠方法。

5）磁北线

定向地图的方位是上北下南、左西右东。图上绘制的若干条相等距离、平行、北端带有箭头的红色细线条就是磁北线。磁北线所指的方向是地图的北方。可用这些线确定地图的方位、标定地图、测量磁方位角和估算距离等。

6）运动路线

一条完整的定向运动路线由一个起点、若干个检查点和一个终点组成。

（1）起点或发图点（假如不在起点）：用等边三角形表示，其一角指向第一个检查点。

（2）检查点：用圆圈表示。其大小受检查点周围细部地形影响，为使某些重要细部更完整，圆圈也可以部分断开。检查点要依次编号并使字头朝北。必经路线在图上用虚线表示。

（3）终点：用双圆圈表示。圆圈的中心表示地物的精确位置。

2.读定向地图

地图阅读是指读图者通过对地图符号的识别与解释，认知地图所表达的对象的过程，也称读图。定向运动中的读图是在行进过程中，将在二维平面上表达的特征转换为三维空间中的特征，并将其与实地特征进行核对的过程。

1）确定站立点

定向运动的起点为参赛者提供了一个明确的站立点，因此定向运动中站立点的确定实际上是一个在新的站立点与已知站立点之间建立联系的过程。

2）标定地图

标定地图就是为了使定向地图的方位与现地的方向相一致。这是使用定向地图的最重要的前提。通常利用实地的特征来标定地图，只在特征较少或通视度不良的情况下可用指北针标定地图。

3.使用指北针

指北针是定向运动中最重要的、唯一合法使用的仪器。常用的定向运动指北针是拇指指北针。

用拇指指北针确定方向时，将指北针的右侧顶角放在地图上自己目前的位置上，使基板上的前进方向线与目前站立点和目标点的连线平行。水平持握指北针于身体前正中位置，高与腰或胸齐，转动身体直到指北针磁针与磁北线平行，磁针的北端（红端）与磁北标定线的北端一致，箭头所指的方向即前进方向或目标所在方向。

4. 实地判定方位

了解实地的方位是使用地图的前提。除了利用指北针帮助判断方位的方法，还可以利用地物特征、太阳和手表及夜间利用星体来判定方位。

1）利用地物特征判定方位

房屋门一般朝南开，在我国北方尤其如此。庙宇通常也南向设门，尤其是庙宇群中的主要殿堂。树木通常朝南的一侧枝叶茂盛，色泽鲜艳，树皮光滑，向北的一侧则相反。同时，朝北一侧的树干上可能生有青苔。凸出地物，例如墙、地埂、石块等，其向北一侧的基部较潮湿，并可能生长苔类植物。凹入地物，如河流、水塘、坑等，其向北一侧的边缘（岸、边）的情况与凸出地物相同。

2）利用太阳与手表判定方位

上午9：00—下午4：00按下面的方法进行操作，就能较快地辨别出大致的方向："时数折半对太阳，'12'指的是北方"。如在上午9：00，应以下午4：30的位置对向太阳；如在下午2：00，则应以上午7：00的位置对向太阳，此时"12"字的方向即为北方。为提高判定的准确性，可在"时数折半"的位置上竖一细针或草棍，并使其阴影通过表盘中心，如图18-4所示。

图18-4　时表判定方位

注意：

（1）"时数"是按一日24小时而言的，如13：00，就是13时。

（2）在判定方向时，时表应平置（表面向上）。

（3）此方法在南、北纬度 20°30′ 之间地区的中午前后不宜使用。

（4）要注意时差的问题。即要采用"以标准时的经线为准，每向东 15° 加 1 小时，每向西 15° 减 1 小时"的方法将标准时间换算为当地时间。

　3）夜间利用星体判定方位

（1）利用北极星。北极星位于正北天空，观察时，其距离地平面的高度约相当于当地的纬度。寻找时，通常要根据北斗七星（即大熊星座）或 W 星（即仙后星座）确定。北斗七星是 7 颗比较亮的星，形状像一把勺子，将勺头甲、乙两星连一直线并向勺口方向延长，约为甲、乙两星间隔的 5 倍处有一颗略暗的星，即北极星。当地球自转看不到北斗七星时，则可利用 W 星来寻找它。W 星由 5 颗较亮的星组成，形状像 W 字母，向 W 字母缺口方向延伸约为缺口宽度的 2 倍处就是北极星。

（2）利用南十字星。在北纬 23°30′ 以南的地区，夜间有时可以看到南十字星，它也可以用于辨别方向。南十字星由 4 颗较亮的星组成，形同十字。在南十字星的右下方，沿甲、乙两星的连线向下延长约该两星的 4 倍半处（无可见的星）就是正南方。

　5. 标定地图

标定地图是使地图和实地保持一致，是定向运动的基本技能之一。标定地图可以帮助我们迅速查看地图，了解实地地物的分布和地貌的起伏及它们之间的关系，还可以帮助我们根据地图上的路线选择具体的实地运动路线。常见的标定地图的方法有概略标定、利用指北针标定和利用地物标定。

　1）概略标定

如果已知实地方位和站立点的图上位置，只要将地图正置，使地图上方（即磁北方向）与实地北方向保持一致，地图就被标定了。越野图上的方位是上北、下南、左西、右东。当我们在现地正确地辨别了方向之后，只要将越野图的上方对向现在的北方，地图即已标定。这种方法简便迅速，是定向越野比赛中最常用的方法。

　2）利用指北针标定

使指北针的北方向与地图北方向保持一致，地图即被标定。先使透明式指北针圆盒内的定向箭头朝向地图上方，并使箭头两侧的平行线与越野图上的磁北线重合（或平行），然后转动地图，使磁针北端对正磁北方向，地图即已标定。

　3）利用地物标定

（1）利用明显地貌、地物点的标定。利用地图、实地对应的明显地貌或地物作为参照点标定地图。例如，作为地貌参照点的有山头、鞍部、山凸、山谷等，作为地物参照点的有塔、桥、独立房等。

利用地貌和地物参照点标定地图的前提是：必须知道实地站立点在地图上的位置，以及地图上和实地都有明显的同一地貌或地物。

（2）利用地貌、地物的线标定。利用线状的地貌或地物作为参照物标定地图。可作为线状地貌参照物的有山脊、分水线、长形陡崖、长堤等，作为线状地物参照物有江河、沟渠、道路、围墙、电力线等。

（3）利用明显面状地物标定。如利用池塘标定地图，只要将图上池塘与实地池塘外形轮廓对应，即图上池塘与实地池塘概略重合，地图就被标定。

（4）利用直长地物标定。利用直长地物（如道路、土垣、沟渠、高压线等）标定地图，首先应在图上找到这段直长地物，对照两侧地形，使图与现地各地形点的关系位置概略相符，然后转动地图，使图上的直长地物与现在的直长地物方向一致，地图即已标定。

6. 图地对照，确立站立点和目标点

图地对照就是将地图与相应实地的地物、地貌进行逐一对照。确定站立点，就是在实地确定自己站立点在地图上的相应位置。

1）确定站立点

（1）直接确定。当自己所处位置是在明显地形点上时，只要从图上找出该地形点的站立点即可确定。这是一种在行进中，特别是奔跑中最常用的方法。但是，采用直接确定法的困难在于，在紧张的进程中，怎样才能很快地发现可供利用的明显地形点；当同一种明显的地形点互相靠近时，怎样才能够正确地区别它们，防止"张冠李戴"。因此，需要记住一些可以称得上是明显地形点的地物和地貌，如现状地物的拐弯点、交叉点（呈十字形）、交汇点（呈丁字形）和端；面状地物的中心或者有特征的边缘；山地、鞍部、洼地；特殊的地貌形态，如陡崖、冲沟等；谷地的拐弯。交叉和交汇点；山脊、山背线上的转折点和坡度变换点。

（2）利用位置关系确定。当站立点位于明显地形点附近时，可以采用位置关系法。

利用位置关系法确定站立点主要依据两个要素：一是站立点至明显点的方向，二是站立点至明显点的距离。在地形起伏明显的地方，还可以结合高差情况进行判定。

（3）利用交汇法确定。当站立点附近无明显地形点时，可以利用交汇法确定站立点。按不同情况，它又可以具体分为90°法、截线法、后方交汇法和磁方位角交汇法。

这些方法的优点是：不需要判断或测量距离，也能确定出较为准确的站立点位置，这对于初学者学习和巩固使用定向地图的训练是很有意义的。但是，它们中的一些方法只能在某些特定的条件下才能运用，或者步骤烦琐、费时费力，因此在定向越野比赛中一般较少使用。

2）确定目标点

确定目标点就是确定实地某一目标在地图上相应的位置。在进行地图与实地对照训练时，以及在运动途中需要明确运动方向和运动的具体路线时，都需要确定目标点的图上位置。主要用分析法确定，即在已知的站立点标定地图，以站立点为准，向目标点瞄准，根据站立点到目标点的距离，依据比例尺确定目标点的图上位置。利用此法确定明显目标点的精度较高，但确定一般目标点时，由于站立点到目标点的距离不容易确定，容易失误。

因此，重要的是在此基础上，根据目标点所在的实地的细部地形特征进行分析比较，确定其图上的位置。在快速奔跑时，可用目测瞄准，然后根据目标点所在实地位置的细部特征确定。

图地对照、确定站立点和目标点，三者互为条件，有密切联系。通过对照地形，可以确定站立点与目标点；知道站立点或某个目标点的图上位置，可以提高图地对照的速度和精度。同时，知道站立点的图上位置，可以确定目标点；知道了目标点的图上位置，可以确定站立点。在三者中，虽然重点是站立点的确定，但由于互为条件，因此，图地对照、确定站立点和确定目标点没有固定的先后顺序，可根据具体情况而定。

7. 路线选择

定向运动参与者必须在两个点标之间选择一条最佳行进线。必须考虑所选择路线的难度及安全性，提高速度。

在不同地貌上的运动速度是不同的，在不同的地形上行进每千米所需要的时间如表18-1所示。如果走在丘陵起伏、树木遍布的乡间，绕道的距离可能比走公路的 2 倍还多。该表中给出的时间是随具体情况而变化的，如在早春，穿越湿草地所花的时间比在盛夏走干草地的时间要长。选择路线时要综合考虑自己的能力和外界条件的变化。

表 18-1　不同地形上行进每千米需要的时间　　单位：min

方式	大路	小径	森林	较难通行的林地
步行	12	17	22	27
慢跑	6	8	10	14
快跑	4	6	8	10

8. 基本运动方法

1）沿线运动法

沿线运动法也称导线法。当站立点距离检查点较远，途中地形又很复杂时，可以采用此法。"线"是指道路、沟渠、高压线等，运动员依靠线状地物控制运动方向。在行进过程中，可多次利用明显地形点，确保前进方向与路线的正确性。注意，切勿将相似的地形点用错。

2）连续运动法

连续运动法是从某一检查点到达第一个辅助目标之前，在奔跑过程中边跑边分析下一段通视地域内的地形，并在图上选择好下一个辅助目标和目标点的具体路线。到第一个辅助目标后，如果观察到的地形与到达之前从地图上分析地形一致，即可不在此停留连续进行。到达检查点前，同样可分析检查点之后的路线，到达检查点后，只需打卡即可迅速向下一个检查点运动。这种方法需要参赛者做到"人在实地走，心在图前移"。

3）一次记忆运动法

一次记忆运动法是在出发点把在地图上选择的从出发点到第一号检查点的最佳路线，一次性地记在脑子里，运动中按记忆的路线运动。通过记忆，实地的情景可以不断地与记忆的内容进行叠影和印证。

三、定向运动部分规则

1. 规则

定向运动必须按顺序到访指定路线上的所有点标；在起点处领取 IC 指卡，在所到点标处打卡，在终点处将 IC 指卡交回，并记录时间，领取成绩单。

2. 注意事项

（1）在森林中运动时，最好穿长袖和长裤运动服，以免划破肌肤。

（2）在行进路线中，必须按序号运动，否则成绩无效。

第三节　登山运动

一、登山运动概述

登山运动也称为阿尔卑斯山运动，是在特定的地理环境中，从低海拔的平缓地形向高海拔山峰进行攀登的一项体育活动。

1. 登山运动的产生与发展

横贯法国、意大利、瑞士和奥地利等国家的阿尔卑斯山是登山运动的诞生地。1786年，山村医生巴卡罗与当地山区水晶石采掘工人巴尔玛结伴登上阿尔卑斯山最高峰——勃朗峰，因此人们将 1786 年称为登山运动的诞生年。19 世纪，登山运动得以迅猛发展，一是以阿尔卑斯山脉为中心的经济登山运动受到广泛关注；二是世界各地著名山脉如安第斯山脉、喜马拉雅山脉等地的登山活动也开始形成。目前人类已经登上了 8000 m 以上世界所有的独立山峰。

我国素有"靠山吃山，靠水吃水"的俗语，人们的生产生活一直与山紧密相连，民间有许多登山习俗，如九九重阳节登山远眺插茱萸，流传下"会当凌绝顶，一览众山小"绝句。

2. 登山运动的分类

登山运动可分为高山探险、竞技攀岩和旅游登山。

（1）高山探险。高山探险是一项运动员在器械和装备辅助下，经受各种恶劣环境考验，以攀登高峰绝顶为目的的登山活动。

（2）竞技攀岩。竞技攀岩是一项在天然岩壁或人工岩壁上进行的向上攀爬的运动项目。攀岩运动要求人们在各种高度及不同角度的岩壁上，连续完成转身、引体向上、腾挪甚至跳跃等惊险动作，集健身、娱乐、竞技于一身，被称为"峭壁上的芭蕾"。

（3）旅游登山。旅游登山结合旅游和登山两项活动，一般在旅游景点进行。山高通常在 3000 m 左右，安全设施、生活设施、交通设施等较为完善，以观赏游览为目的，如我国著名的"五岳"每年都吸引着大批的登山旅游爱好者。

3. 登山装备

登山装备包括登山活动的专用装备、保障装备和生活装备。此外，登山食品、燃料等是登山活动的物质保证。

（1）专用装备包括被服装备、技术装备和露营装备等，与登山活动直接相关。①被服装备，如御寒服装、风雨衣、高山鞋、行囊、防护眼镜等。②技术装备，如冰镐、冰爪、安全带、主绳、辅助绳、铁锁、钢锥、铁锤、雪铲等。③露营装备，如帐篷、睡袋、炊具等。

（2）保障装备是为应付各种意外情况及其他目的而备的一些器械，如氧气装备、通信器材、摄影器材、自卫武器、交通工具、观察仪器、医药救护器等。

（3）生活装备即生活用具，一般有起居用品、卫生用品、简单工具、常备药品、辨向图仪、娱乐用品、纸张文具、缝纫用品、照明设备等。

4. 登山的技术等级

为推动登山运动发展，我国《登山运动员技术等级标准》将登山运动划分为六个等级：国际级登山运动健将、运动健将、一级登山运动员、二级登山运动员、三级登山运动员、登山运动员。

"登山运动员"称号仅需登上海拔超过 3000 m 以上的山峰即可；"三级登山运动员"要求男子需登上海拔高度 6500 m 以上的独立山峰，女子需登上 6000 m 以上的独立山峰；在此基础上每增加 500 m 高度，上升一级称号，直到"国际级登山运动健将"称号（8500 m）。

二、登山运动的基本方法

1. 相关术语

1）保护

保护分自我保护和相互保护。自我保护是指依靠自己采取保护措施做好本人的保护工作，如在身后的可依托保护物上固定保护自己的绳索等；相互保护是指在攀登陡峭的岩壁或冰裂地带等带有一定危险性的地区时，队员间互相进行的保护措施。

2）冲顶

冲顶是攀登高山过程，在适应性训练、运输和建营等一系列登顶前准备工作就绪后，向顶峰的冲击。

3）单攻

单攻是以一座山为冲顶目标，登顶后沿原路下撤。

4）登山营地

登山营地是为满足登山运动员适当休息和储备物资等需要而设置的营地。如攀登海拔5500 m以上的高峰时，一般设基地营和中间营地两种。

5）低压舱

低压舱是用于测试和锻炼登山运动员缺氧耐力的装备。通过运动员在低压舱的耽留时间，测试其对缺氧的耐力，由此判断登高能力。

6）高山病

高山病也称为"高山适应不全症"，是由人体对高山缺氧环境适应能力不足而引起的各种临床表现症状，如头晕、头痛、耳鸣、恶心、呕吐、脉搏和呼吸加快、四肢麻木等，严重的甚至出现昏迷症状。

7）高山反应

高山反应是急速进入高山地区或在高海拔地区居住期间，由于对缺氧状况不能完全适应而出现头晕、心慌、气短等症候群，一般无器质性病变，多在一周左右可痊愈。

2. 山间行进原则

在山区行进时，首先要了解山区的地理条件和环境气候，坚持"走梁不走沟""走纵不走横""缓慢攀登""大步走"等原则，无路时尽量选择在山脊、山梁、林木稀疏地方、河流小溪边缘行走，行进过程中合理控制节奏和速度，行进全程合理分配体力，一般采取登用1/3、下用1/3、留下1/3的余力。

3. 保护方法

1）固定保护

固定保护是对攀岩者预设的专门保护。保护者将主绳固定，选择有利位置专门负责保护，在一些危险性大路段多采用此法。具体可分为交替保护、上方保护和下方保护。

（1）交替保护。用于组队攀登陡峭岩壁或登雪山陡坡。一个组内只能有一人行进，其他人停止行进，将冰雪锥或冰镐打入坡面作为支点，并将主绳缠绕，根据行进者的速度做收放绳动作。行进者走完主绳间隔距离后停下重复做保护者动作，依次反复进行。

（2）上方保护。保护支点在攀登者上方，用于攀登峭壁。保护者在岩壁顶部利用自然物将主绳一端固定，再将身体通过安全带、铁锁等结在主绳的相应位置构成自我保护，将主绳通过保护器与自己相连；主绳另一端抛给岩壁底部的人，底部攀登者将绳端结在自己的安全带上，保护者随着攀登者的行进，不断收绳前进。

（3）下方保护。保护支点位于攀登者下方，用于攀登上方无预设保护点的岩壁。在上升过程中，攀登者须不断把保护绳指入途中安全支点上的铁锁中。

2）行进中保护

行进中保护是在出现险情后依靠同伴或保护措施而采取的一种应急保护方法。最简便的方法是用主绳将2～5名队员的身体连接在一起，构成一个结组。

3）自我保护

在登山过程中如出现意外情况，不要消极依赖别人保护，而要尽量做出各种自救动作进行自我保护。注意失误滑坠时，向同伴高呼"保护"的同时，迅速成俯卧姿势，用全力摩擦冰镐与坡面，以减轻下滑速度。

4. 攀登的基本技术

1）基本动作技术要领

（1）拉。抓住前上方牢固支点，用力拉引身体向上攀登。

（2）撑。利用缝隙、台阶或其他地形，以手掌和前臂使身体向上或向左右方移动。

（3）推。利用侧面或下面的岩体或物体，借助手臂力量使身体移动。

（4）靠。利用能容纳身体的裂缝，用背部靠住一侧岩面，四肢顶住对面岩石，使身体上移。

（5）张。将手伸进岩缝中，弯曲手掌或握拳，以此抓住岩石缝隙并移动身体。

（6）蹬。用前脚掌内侧或脚趾蹬力将身体支撑起来，以此减轻上体负荷。

（7）挂。用脚尖或脚后跟挂住岩石，维持身体平衡并使身体移动。

（8）踏。用前脚掌下踏在支点上，以此减轻上肢负荷，移动身体。

2）三点固定法

攀登时，攀登者的双手和双脚构成人体的四个支撑点，当移动一手或一脚时，其他三个支点保持固定状态使身体平衡，这是攀岩保持平衡、稳定、省力和成功的关键。

（1）身体姿势。身体自然放松，以三个支点稳定身体重心，随着动作的转换身体重心随之移动，身体和岩壁保持一定距离，上下肢协调舒展，上拉和下蹬同时用力，身体重心落在脚上，保持面向岩壁，三点支撑固定的直立姿势。

（2）手臂动作。手是抓握的支点，是维持身体平衡、使身体顺利向上攀登的关键所在。攀登时手的动作变化需要根据支点的不同而采取不同方法，如抓、握、挂、抠、扒、拉、撑等。

（3）下肢动作。双脚是全身重量的主要支撑点。两脚外旋、微屈以踩稳支点来维持身体重心，膝部不接触岩壁；尽可能用全脚掌踏在凸出或凹入的岩石上。

（4）全身协调配合。练习攀岩时注意先练好上肢力量，以手指、手腕和前臂力量为主；再配合脚腕、脚趾及腿部力量，使身体重心随用力方向的不同而协调移动。

3）上升技术

（1）上升器攀登法。第一个攀登者到达峰顶后，在上方将主绳一端固定，另一端扔至崖壁下方，固定拉紧。攀登者将上升器用扁带连在安全带上，调好长度，一手握上升器另一手握主绳，沿绳子方向蹬伸双腿向上快速推上升器，使身体不断沿主绳上升。

（2）抓结攀登法。这是一种用两根辅助绳在主绳的手握端打成抓结，另一端打成双套结，不断向上攀登的方法。攀登时可利用岩壁的摩擦力向上抬腿，始终保持面朝岩壁直立姿势。

4）下降技术

（1）下降器下降法。将主绳一端在峭壁顶部用牵引结固定，另一端抛至下方，下降者在腰部系好安全带，腹前挂好铁锁，然后主绳按"8"字形缠绕在下降器上，再将下降器和铁锁连接在一起。左手握住主绳上端，右手在胯后紧握从下降器穿绕出来的主绳，下降者面向岩壁，两腿分开约成80°角，蹬住崖棱，身体后坐，使躯干与下肢约成100°角，将上方主绳搭于崖棱上，开始下降。

（2）坐绳下降。主要是利用主绳与身体的直接摩擦下降。面向固定绳端，两脚夹住上方固定的主绳，将身后主绳沿右腿外侧绕至体前，经腹、胸、左肩至背后，拉至右侧，用右手在胯后将其握紧。下降时右手始终握住主绳，随身体下降逐渐松动主绳，注意保持身体平衡。

知识窗 ————————————————————————————————

　　几乎所有的世界大型攀岩赛事仍是在欧洲举行，并且大部分赛事都是由当地俱乐部、政府或国家攀登协会等发起组织的。

　　世界攀岩锦标赛是世界上最具竞争力的攀岩赛事，每两年（奇数年）举行一次。通常在周末举行，最长赛程为5天。

　　世界青年攀岩锦标赛是世界青少年最高级别的攀岩赛事，每年举行一次，参赛运动员主要是14～19周岁的青少年。

　　全国攀岩锦标赛是国内最高级别攀岩赛事，每年举办一次；全国青年攀岩锦标赛是我国青少年最高级别攀岩赛事，每年举办一次；全国大学生攀岩锦标赛是中国高校最高级别的攀岩赛事，每年举办一次。

参考文献

［1］曹景川．体育与健康［M］．北京：清华大学出版社，2021．

［2］张小田，叶江平．高职体育与健康［M］．北京：高等教育出版社，2021．

［3］杨铁黎，陈钧．中职体育与健康［M］．北京：国家开放大学出版社，2022．

［4］雪涵，王萍丽．大学体育［M］．北京：高等教育出版社，2021．

［5］王静，戴彬，苟婷婷．高职体育与健康教程［M］．重庆：重庆大学出版社，2023．

［6］张立军．高职体育与健康教程［M］．北京：北京体育大学出版社，2023．